Aus personenrechtlichen Gründen wurden die Namen einiger im Buch vorkommender Personen von der Autorin verändert. Die im Bildteil verwendeten Fotos stammen aus dem Privatarchiv der Autorin. Die Karikaturen wurden gezeichnet von Bernd Bücking (*1936; †2021), Karikaturist und Werbeillustrator.

Beatrice Altman-Schevitz, geboren 1955 in Buffalo, New York, USA, studierte Politik und Soziologie an der Universität in Buffalo und erlangte 1995 an der Fachhochschule in Frankfurt am Main ihr Diplom als Sozialpädagogin. 1976 siedelte sie mit ihrem heutigen Ehemann Jeffrey Schevitz nach Deutschland über. Ab 1977 arbeiteten beide als Inoffizielle Mitarbeiter für die Hauptverwaltung Aufklärung (HV A) des Ministeriums für Staatssicherheit (MfS) der DDR. Im Frühjahr 1994 wurden sie im Zuge der Auswertung der von der CIA illegal in der DDR beschafften »Rosenholz«-Dateien enttarnt. Das Ehepaar lebt heute in Bayern. Mit *Der Schatten im Schatten* legt Beatrice Altman-Schevitz ihr erstes Buch vor.

Beatrice Altman-Schevitz

Der Schatten im Schatten

Eine US-Amerikanerin als DDR-Spionin gegen den heißen Krieg

Verlag Das Freie Buch
München 2024

Verlag Das Freie Buch GmbH
Tulbeckstr. 4f • 80339 München
www.VerlagDasFreieBuch.de
Printed in the Federal Republic of Germany
München 2024

ISBN 978-3-942876-10-0

Vergangenes besser verstehen,
um Gegenwärtiges
mutiger anzugehen

Inhalt

Vorwort

Wenn ich jetzt, im Jahr 2024, Bilder aus Gaza sehe, denke ich an die Bilder von Berlin im Mai 1945 zurück. Was ich damals sah und heute sehe, war das, was ich in den 1980er Jahren in Europa zu verhindern suchte.

Ich fordere Sie, die Leser, auf, jetzt zu tun, was ich damals getan habe – alles, was in Ihren Möglichkeiten liegt und unter Ihren Umständen möglich ist, um den Völkermord zu beenden. Um Israel zu zwingen, einen Weg zu finden, mit den Palästinensern in Frieden zu leben, ohne sie zu beherrschen. Die NATO zu zwingen, ihre Expansion zur Bedrohung Russlands und ihren Stellvertreterkrieg in der Ukraine zu beenden. Zur friedlichen Lösung aktueller politischer und wirtschaftlicher Konflikte mit einer Politik der Entspannung und Diplomatie beizutragen, wie wir es in den 1980er Jahren zu erreichen versucht haben.

Investigative Journalisten, Whistleblower und Friedensaktivisten sind wichtig. Wir hatten damals die einmalige Gelegenheit, unsere Energie, unser Engagement und unsere Fähigkeiten zu nutzen, um Vorwarnungen und vorausschauende Informationen zu sammeln.

Ich fordere Sie auf, darüber nachzudenken, wie Ihre Energie und Ihre Fähigkeiten in dieser gefährlichen und tückischen Zeit dem Frieden am besten dienen können. Wir haben dies 1977 bis 1989 für die DDR und bis heute in der offenen Arbeit in der Friedensbewegung in Deutschland getan.

WO AUCH IMMER SIE SIND, STEHEN SIE AUF UND TUN SIE, WAS SIE TUN KÖNNEN!

Beatrice Altman-Schevitz
Januar 2024

1. Kapitel

Kindheit und Studium

Ein Kind des Kalten Krieges

Ich bin ein Kind des Kalten Krieges. Als 1962 die Kubakrise ausbrach und ein Atomkrieg zwischen der Sowjetunion und den USA drohte, übten wir in der Grundschule regelmäßig »Schutzmaßnahmen« ein. Wir saßen mit Hunderten Mitschülern in einer Reihe im Flur des Schulgebäudes, wie kleine Indianer im Schneidersitz. Unsere Hände drückten wir über den Nacken, um unser Genick zu schützen, das nicht brechen durfte.

Meine kleinen Hände als Schutz vor einer Atombombe wie der in Hiroshima? Schon mit acht Jahren kam es mir komisch und unglaubwürdig vor, dass diese Maßnahme das Leben von uns Kindern retten könnte. In dieser Zeit baute mein Vater Atomschutzkeller für seine Pflegeheime und erhielt dafür von der Bundesregierung in Washington hohe finanzielle Hilfen. Ich fragte mich, wie die dreißig Bewohner der Heime, alle zwischen fünfundsiebzig und neunzig Jahren alt, in so einem Keller einen Atomkrieg überleben sollten?

Uns Kindern fiel es schwer, einzuordnen, was da passierte. Im Sandkasten versuchten wir die Bedrohung der Kubakrise durchzuspielen, ohne eine friedliche Lösung zu finden. Ich wollte die Situation besser verstehen. Aber in der Schule stand das Thema »Krieg und Frieden« nicht auf dem Lehrplan. Die Gefahr durch die UdSSR wurde hingegen in den Abendnachrichten befeuert.

Doch Amerika war das Land »der Freien und Mutigen«. Und das feierten wir jedes Jahr am Unabhängigkeitstag mit Feuerwerk. Die Kubakrise wurde durch diplomatische Verhandlungen zwischen dem Weißen Haus und dem Kreml beendet. Dieser diplomatische Erfolg hat mich geprägt.

My Pink Ghetto in Buffalo

Ich wurde 1955, genau zehn Jahre nach dem Ende des Zweiten Weltkriegs geboren. Meine Familie war in Kenmore zu Hause, einer der ersten Schlafstädte von Buffalo im Bundesstaat New York. Hier hatte jedes Haus einen Garten. Als Kinder spielten wir direkt vor der Haustür auf der Straße, fuhren Rollschuh und erkundeten die Umgebung mit unseren Fahrrädern.

Ich gehörte zu einer Clique von sechs Mädchen aus der Nachbarschaft. Elaine war meine beste Freundin, wir spielten jeden Tag miteinander. Wir waren wie Yin und Yang: ich selbstsicher und voller Ideen für Spiele und Projekte in der Schule, Elaine dagegen nachdenklich und oft unsicher, ob sie mit unserer Clique Abenteuer unternehmen sollte. Die anderen vier Mädchen waren älter als ich, doch wir hielten fast zehn Jahre zusammen, haben miteinander gelacht und geweint.

Die Beatles waren unsere Lieblingsband und *Beatle Mania* war in den Sechzigerjahren in Kenmore extrem angesagt. Es gab sogar Geschirr mit den Köpfen der Beatles drauf. Wir kauften jede Woche

Kaugummipäckchen, um die Sammelkarten mit Bildern von John, Paul, George und Ringo zu ergattern. Diese tauschten wir untereinander. Im Laufe der Zeit aßen wir sehr viele rosafarbene Kaugummis. In unseren Mädchen-Schlafzimmern hängten wir Beatles-Poster auf und küssten unsere Stars an der Wand. Wir waren amerikanische Teenies und genossen unser Leben mit Coca Cola, Chips und Pyjama-Partys.

Meine Mutter und mein Vater hatten sich 1942 kennengelernt. Max Altman war ein erfolgreicher Geschäftsmann in Buffalo und kam aus einer bekannten jüdischen Großfamilie. Seine Mutter, Mary Goldman, stammte aus Berlin. Die Familie Goldman war 1886 nach Amerika eingewandert. Etwa zur selben Zeit kam sein jüdischer Vater mit fünf Brüdern, zwei Schwestern und den Eltern aus Litauen nach Amerika. Sie hatten in Europa ein Tabakgeschäft geführt, die Familie hieß Tabachnik. Bei der Ankunft in Ellis Island stand mein Urgroßvater, der kein Wort Englisch sprach, mit seinem Gepäck mehrere Stunden in der langen Schlange. Vor ihm wartete ein Mann aus Deutschland, der für meinen Urgroßvater dolmetschte. Er erklärte dem Einwanderungsbeamten: »Das ist ein *alter Mann*, und er versteht kein Englisch.« Der Beamte notierte: »Herr *Altman* mit Ehefrau und sieben Kindern ist heute mit dem Schiff in New York angekommen.« So bekam meine Familie den Familienamen Altman.

Meine Großeltern mütterlicherseits, beide evangelische Christen, waren unabhängig voneinander Ende des neunzehnten Jahrhunderts mit ihren Familien nach Buffalo gekommen. Großmutter Beatrice stammte aus St. Agnes in Cornwall, Großvater Raymond aus Baden-Baden.

Ab 1952 waren meine Eltern Inhaber von drei Alten- und Pflegeheimen. Sie waren sehr eingespannt in ihre Arbeit, vierundzwanzig Stunden am Tag mussten sie erreichbar sein. Finanziell waren wir als Familie abgesichert, doch nur ein Drittel unserer Patienten konnte die Pflege- und Unterbringungskosten selbst zahlen, zwei Drittel waren auf Sozialhilfe angewiesen. In manchen Monaten war die Kassenlage der Heime so angespannt, dass meine Eltern für die Pflegekräfte keine Beiträge in die Rentenkasse einzahlen konnten. Diese Liquiditätsschwierigkeiten trafen vor allem die Pflegerinnen und Krankenschwestern. Aber auch meine Mutter arbeitete jahrelang in den Pflegeheimen. Sie machte die Buchhaltung, ohne ein Gehalt zu bekommen, und zahlte nicht regelmäßig in die Rentenkasse ein, da mein Vater dies nicht für notwendig erachtete.

Meine Eltern stellten sowohl weiße als auch afroamerikanische Mitarbeiterinnen und Mitarbeiter ein. Für sie spielte die Hautfarbe keine Rolle. Einmal in der Woche hatte meine Mutter zu Hause Unterstützung von Jessie, einer schwarzen Frau, die bei uns putzte und die Wäsche bügelte. Jessie lebte im Ghetto der *Inner City* Buffalos, von dort fuhr sie mit dem Bus zu uns nach Kenmore hinaus. Ihre Kinder gingen in Ghetto-Schulen in Buffalo mit schlechten Lehrern. Jessie und meine Mutter saßen oft zusammen und tauschten sich über das Leben und ihre Familien aus. Sie wurden fast so etwas wie Freundinnen. In meiner Familie waren Toleranz und der Glaube an eine bessere Zukunft in Amerika sehr wichtig. Liberale Ideen prägten meine Kindheit. Aber politisch aufgeklärt waren wir Kinder nicht. Und radikale linke Ideen waren tabu.

Die Farbe meiner Kindheit in Kenmore war Rosa – von den Kaugummis über die Kleider bis zu den Blumen auf unseren Schlafzimmertapeten. Wir waren das »*Pink Ghetto*«, wie man es in den Filmen mit Doris Day und Gene Kelly im Kino sah.

Wir fühlten uns sicher. Wir Kinder stammten aus katholischen, evangelischen und jüdischen Familien, allesamt aus der sogenannten Mittelschicht. Alle unsere Nachbarn hatten weiße Gesichter. Bis 1980 gab es in unserem Vorort von Buffalo keine Nachbarn, die Schwarze oder Latinos waren. Die Banken am Ort bewilligten solchen Familien keine Hypotheken für den Kauf eines Hauses. So blieb Kenmore weiß.

Doch die Jahre meiner Kindheit waren auch geprägt von vielen politischen Ermordungen: John F. Kennedy, Malcom X, Martin Luther King Jr., Bobby Kennedy, George Jackson – alle kaltblütig erschossen. Überall in Amerika brachen sich Rassismus gegen Schwarze und Hass gegen fortschrittliche Menschen Bahn. Ich erinnere mich auch an den Vietnamkrieg als ständigen Begleiter, der jeden Abend in den Nachrichten kam. Der Krieg war auf dem Bildschirm präsent, wir Kinder sahen die Zerstörung von Dörfern und die Ermordung von Vietnamesen. In meiner Schule wurde das Leiden der amerikanischen Kriegsgefangenen thematisiert. Die Bürgerrechtsbewegung war ebenso in den abendlichen Nachrichten präsent. Meine Eltern lobten Martin Luther King Jr. für seinen Mut in den Fünfziger- und Sechzigerjahren. In meiner Familie herrschte große Achtung für diesen Mann, der immer wieder gewaltfreie Massenproteste in vielen südlichen Bundesstaaten organisiert hatte. Und so diskutierte meine Familie beim Abendessen progressive Ideen: Sollten Schwarze gleichberechtigt in Beruf, in der Schule, an der Universität und in der Wirtschaft behandelt werden. Sollten sie beispielsweise Bankhypotheken aufnehmen dürfen, wie die Weißen auch?

Ab 1965 begleiteten uns im Fernsehen die Bilder der Massenproteste. Allmählich hatten Lehrer, Studenten und manche Professoren den Mut gefunden, ihre Meinung frei zu sagen. An der Universität von Kalifornien in Berkeley sowie in vielen amerikanischen Großstädten wurde gegen den Vietnamkrieg demonstriert. Obwohl die Polizei die Demonstranten der Kriegsproteste und der Bürgerrechtsbewegung mit Wasserwerfern und Tränengas bekämpfte, gingen mehr und mehr Menschen auf die Straße.

Glück bedeutete zu jener Zeit für die Frauen in Kenmore, einen Bikini zu tragen, einen Ehemann und Kinder zu haben. Frauen arbeiteten nicht für Geld, sondern putzten zu Hause, sie kochten, nähten und hielten natürlich den Garten in Schuss. Meine Spielkameradinnen und ich gehörten zur ersten weiblichen Generation Kenmores, die über ein Studium und ihre Karrieren diskutierte. Wir wollten in unserem Leben mehr erreichen als unsere Mütter, und fünf von sechs Mädchen machten tatsächlich Karriere. »Karriere« bedeutete für mich, finanzielle Selbständigkeit zu erlangen und nicht von einem Ehemann abhängig zu sein.

Ich wollte gern Grundschüler unterrichten und war beeindruckt vom *Peace Corps* (Friedenscorps), einem von Präsident John F. Kennedy geschaffenen freiwilligen Dienst in den Ländern der sogenannten Dritten Welt. *Peace-Corps*-Mitarbeiter bauten Schulen und Umweltprojekte in Entwicklungsländern auf. Die verschiedenen Kulturen und das Leben in Europa, Afrika und Asien faszinierten mich.

Die Sechzigerjahre waren von Musik und von Woodstock beeinflusst. Neben den Beatles hörten wir Joan Baez, Pete Seeger, Bob Dylan, Arlo Guthrie, Simon and Garfunkel regelmäßig im Radio. Es war eine stimmungsvolle musikalische Atmosphäre. Lieder wie »*Blo-*

wing in the Wind« und »*We shall overcome*« gaben uns Teenies Hoffnung, dass sich die Gesellschaft zum Besseren verändern würde.

Mein erster Arbeitsplatz

Meinen ersten Arbeitsplatz bekam ich 1971 mit sechzehn Jahren. Fortan arbeitete ich abends und am Wochenende in einer Eisdiele in Kenmore. Steve, ein Kollege, zwölf Jahre älter als ich, diskutierte mit mir stundenlang über Alternativen zum Kapitalismus. Da für meinen Vater das kapitalistische System das beste System war, kannte ich solche Diskussionen von zu Hause nicht. Es war neu für mich, darüber nachzudenken, wie ein Gesellschaftssystem funktionieren könnte, in dem der Arbeitgeber nicht alle Bedingungen diktiert.

Steve stammte aus einer reichen Arbeitgeberfamilie, die unter anderem eine Rennpferdezucht in Kentucky besaß. Er hatte in Chicago Politikwissenschaft studiert und sich während des Studiums der Gewerkschaftsbewegung angeschlossen. Schließlich brach er das Studium ab, um politischer Aktivist zu werden. Wie so viele Studenten stellte er den Vietnamkrieg und das amerikanische Wirtschaftssystem in Frage. Inzwischen wohnte Steve in Buffalo mit anderen linken Studenten zusammen. Abends in der Eisdiele, während der fünfzehnminütigen Pause, las er in Büchern von und über Marx, Lenin und Mao.

Wir arbeiteten zwei Jahre zusammen und debattierten; diese Gespräche waren für mich sehr spannend, und ich begann zu grübeln. Ich wollte mehr wissen. Also ging ich in unsere Vorort-Bibliothek und las dort das Buch *Today's Isms* (Heutige Ismen), in dem Kommunismus, Faschismus, Kapitalismus und Sozialismus erklärt werden. Ich hatte Angst das Buch auszuleihen und mit nach Hause zu nehmen. Denn weder gehörten Sozialismus und Kommunismus zum Lernstoff in unserem Schulunterricht, noch diskutierten wir darüber in der Familie. Die Credos hießen vielmehr: »Freie Wirtschaft«, »Individuelle Freiheit«, »Vom Tellerwäscher zum Millionär«. Es galt: Im Kapitalismus kann ein Mann mit nur einem Dollar starten, wenn er kreativ ist, produziert er etwas, das er verkaufen kann, und wird damit reich!

Herr Anderson, der Inhaber der Eisdiele, hatte genauso angefangen. Seine Ehefrau und die fünf Kindern arbeiteten mit ihm im Geschäft. Im Sommer und am Wochenende stellte er junge Leute aus meiner Highschool ein, um das Geschäft bis abends um dreiundzwanzig Uhr offen halten zu können.

Ich verdiente zwei Dollar fünfzig pro Stunde. Die Arbeit machte Spaß, sie war aber auch anstrengend. Abends waren wir alle miteinander sehr müde. Nach Geschäftsschluss mussten wir noch den Laden putzen und auf dem Parkplatz klebrige Servietten und Kaugummis einsammeln. Aufgrund meiner Müdigkeit schnitt ich mir einmal tief mit einem Messer in den Finger. Ich hätte dringend in die Notaufnahme gefahren werden müssen, doch Herr Anderson spielte meine Verletzung herunter und lehnte es ab, mich ins Krankenhaus zu bringen. Auf dem Parkplatz wuchs Unkraut. Er erklärte mir, ich solle ein großes Blatt Drachenwurz pflücken und um meinen Finger wickeln. Er war sicher, bis zum nächsten Tag wäre die Wunde verheilt.

Warum reagierte Herr Anderson so? Er wollte keinen Unfall am Arbeitsplatz melden! Stattdessen rief er meine Eltern an: Sie sollten mich abholen. Zu Hause reinigten wir die Wunde und versorgten sie mit einem großen Pflaster. Es wäre notwendig gewesen, mich zum Arzt zu fahren, aber mein Vater lehnte dies ebenso ab, wie Herr Anderson. Er meinte, der Arbeitgeber habe korrekt gehandelt. Hätte er einen Arbeitsunfall in der Eisdiele gemeldet, hätten die Behörden Fragen über die Sicherheit am Arbeitsplatz gestellt. Dies war mein erster Kontakt mit den Überlegungen, die einen kapitalistischen Unternehmer leiten.

Aufstand im Gefängnis Attica

Im August 1971 wurde der schwarze Gefangene George Jackson im Staatsgefängnis San Quentin in Kalifornien ermordet. Zwei Wochen später begann im Hochsicherheitsgefängnis Attica im Bundesstaat New York, weniger als sechzig Kilometer von Buffalo entfernt, der Attica-Gefängnisaufstand. Mehr als die Hälfte der rund zweitausendzweihundert Insassen randalierte und übernahm die Kontrolle des Gefängnisses, wobei zweiundvierzig Mitarbeiter als Geiseln genommen wurden. In den folgenden vier Tagen wurde im Gefängnis verhandelt. Die Häftlinge stellten achtundzwanzig Forderungen auf und erzielten mit den Behörden in den meisten Punkten eine Einigung.

Rassenhass und Rauschgift waren unter den Häftlingen in Attica so verbreitet wie in allen anderen Gefängnissen der USA. Die Justizbeamten verdienten Mindestlohn, waren Stiefkinder des Systems. Manche von ihnen sahen in den Häftlingen Bestien und Abschaum der Gesellschaft. Ein Häftling, Elliot James »LD« Barkley, schrieb aus dem Gefängnis an die *New York Times*: »Wir sind *Menschen*! Wir sind keine Tiere, und wir wollen nicht wie Tiere geschlagen oder getrieben werden. Die gesamte Gefängnisbelegschaft, das heißt jeder von uns hier, ist entschlossen, die rücksichtslose Missachtung der Gefangenen in Attica und in den Vereinigten Staaten für immer zu verändern.«

Die Forderungen beinhalteten eine bessere medizinische Behandlung, faires Besuchsrecht und ein Ende der Brutalität gegen die Insassen von Attica. Die Gefangenen forderten ferner bessere sanitäre Einrichtungen sowie eine verbesserte Lebensmittelqualität in der Kantine. Außerdem wollten sie, dass bei ihren Verhandlungen mit den Verwaltern des Gefängnisses ein Team von Beobachtern hinzugezogen werde. Zwei Journalisten, ein Senator und ein Bürgerrechtsanwalt kamen daraufhin nach Attica. Die Situation wurde komplizierter, als sich Gouverneur Rockefeller weigerte, sich mit den Insassen zu treffen.

Vier Tage später wurden siebzehntausend Polizisten, Gefängnisbeamte und Nationalgardisten vor dem Gefängnis in Position gebracht, sogar unter Einsatz von Hubschraubern. Sie erstickten den Aufstand in einem Kugelhagel. »Wir versuchten, sie alle zu erwischen, bevor sie etwas tun konnten. Und wir haben sie alle erwischt«, prahlte ein Polizist. Am Ende starben zehn Gefängniswärter, von ihren Polizeikollegen erschossen, und dreiunddreißig Gefangene. Es handelte sich um einen der blutigsten Gefängnisaufstände in der amerikanischen Geschichte. Das Massaker von Attica zeigte, wie tief der Hass zwischen schwarzen Großstadthäftlingen und weißen Kleinstadtwächtern war, der hier zwangsläufig zur Explosion kam.

Am nächsten Morgen erklärte meine Lehrerin im Mathematikunterricht: »Heute werden wir nicht Mathe lernen, sondern wir werden über das Massaker von Attica diskutieren.« Ich war sprachlos. Noch nie war in meiner Schule über aktuelle Themen diskutiert worden, besonders nicht im Matheunterricht. Wir debattierten intensiv mit Frau Smith. Sie sprach sich energisch gegen die Vorgehensweise der Polizei und des Gouverneurs Rockefeller aus. Ich wusste: Es war extrem mutig von ihr, so offen mit uns zu reden.

Nachhilfe im schwarzen Ghetto

Bewegt durch den Attica-Gefängnisaufstand, begann ich 1971, Kindern im schwarzen Ghetto von Buffalo Nachhilfe in Lesen und Mathematik zu geben. Gemeinsam mit anderen Schulkameraden fuhr ich samstagmorgens in die zehn Kilometer entfernte Ghetto-Schule.

Mit einem der jungen Schüler ging ich nach Hause.

Auch sein Vater wollte Lesen lernen, und so kam es, dass ich mit sechzehn Jahren der gesamten Familie in ihrem kleinen Wohnzimmer Leseunterricht erteilte.

Hier erlebte ich das Ghetto zum ersten Mal. Ich war schockiert. Armut, fehlende Bildung, Schmutz auf der Straße: Das alles lag nur zwanzig Minuten von meinem bequemen Zuhause in Kenmore entfernt. Das Leben im Ghetto so hautnah kennenzulernen, erfüllte mich mit Trauer und Wut.

Ich konnte die Gründe für die extreme Armut nicht verstehen. Etwas stimmte in dem System nicht! Die schwarzen Schüler waren nicht dumm, dennoch waren sie nicht in der Lage, die Schule mit guten Noten zu meistern. Der Schulunterricht war nicht auf diese Kinder ausgerichtet. Oftmals hatten sie vor dem Unterricht kein Frühstück gegessen, viele waren müde und konnten ihre Augen kaum offen halten. Sie erkannten nicht, warum es notwendig war, zu lernen. Die Eltern konnten ihren Kindern wenig Unterstützung geben.

In diesem Schuljahr gab mir mein Englischlehrer den Rat, Bücher schwarzer Amerikaner zu lesen, die von ihrem Leben in Amerika erzählten. Was für eine Entdeckung! Ich begann, politisch zu denken.

An der Universität in Buffalo

Von da an las ich immer mehr Bücher über andere Wirtschaftssysteme und alternative Lebensformen. Als ich mich im September 1973 an der Universität immatrikulierte, war ich eine begeisterte Liberale, einer deutschen Sozialdemokratin vergleichbar. Ich wohnte im Studentenwohnheim und wollte »durch die Institutionen marschieren«. Mein Ziel war es, mich für gerechte Bildungschancen für Kinder und Jugendliche aus allen gesellschaftlichen Schichten, unabhängig von Hautfarbe und Religion, stark zu machen. Ich glaubte, man könne die Bildungseinrichtungen in der amerikanischen Gesellschaft ändern. In meiner Bewerbung für einen Studienplatz am Buffalo State College hatte ich geschrieben:

»... mein Ziel im Leben ist einfach und konsequent, weil ich glaube, dass Kinder die Tür zu unserer Zukunft sind.Ich beabsichtige Lehrerin in der Grundschule zu werden. Ich möchte meine Kenntnisse und Träume mit Kindern teilen, besonders in den schwarzen innerstädtischen Schulen. Zwei Jahre lang habe ich jedes Wochenende in der Innenstadt von Buffalo Nachhilfeunterricht erteilt. Ich habe diese Aufgabe als die größte Herausforderung meines Lebens erlebt, aber auch als eine Aufgabe, die mich mit Kraft erfüllt.«

Der Leiter des *Independent Study Program*, einem Sonderprogramm an der Uni, Dr. Richard Meisler, schrieb 1984 in seinen Memoiren: »Bea war nicht anders als viele junge Menschen in den Siebzigerjahren, die von Elan und Visionen angetrieben waren. Sie verlor im September 1973 keine Zeit an der Universität. Sie war voller Kraft und Ernsthaftigkeit. Ich habe sie respektiert. Sie lernte mit fünfzig anderen Studenten in einem *Independent Study Program*, ohne Seminarräume, unabhängig von Vorlesungen entwickelte sie eigene Lernziele mit Vereinbarungen und arbeitete mit Professoren unabhängig vom Unterricht. Sie lernte schnell und knüpfte Kontakte an der Universität und in der Stadt Buffalo. Jeder Tag war anders, und sie wollte alles verstehen: durch Lesen und Gespräche mit Menschen, die bereits längere und vertiefte Erfahrungen hatten.« Er berichtete auch davon, dass ich im September 1974 als angehende Lehrerin in der innerstädtischen Schule der Stadt Niagara Falls arbeitete. Ich gab dort in der Grundschulklasse Unterricht in Lesen und Schreiben und las den Kindern Gedichte und Kinderbücher afro-amerikanischer Schriftsteller vor. Dr. Meisler schrieb weiter: »Nach zwei Tagen in dieser innerstädtischen Schule wurden die Bücher aus der Klasse entfernt. Ihr Vorgesetzter und Lehrer erklärte Bea, die Gedichte wären zu radikal und sprachlich vulgär. Die Schilderungen des Lebens in dem Ghetto waren aus Sicht ihres Vorgesetzten für die Kinder zu drastisch. Die Schulbehörden hätten bereits entschieden, welche Bücher und Gedichte diese Kinder lesen dürften. Afroamerikanische Literatur war für Kinder in der Grundschule zu gefährlich, sogar wenn alle Schüler, wie in Beas Klasse, schwarz waren.«

Mit Lares zur politischen Kundgebung

Um Geld für mein Studium zu verdienen, fand ich eine Stelle als Teilzeit-Aktmodell in der Kunstabteilung der Universität. Dort lernte ich Lares kennen. Lares war fast fünfzig Jahre alt, stammte aus dem Süden, hatte farbige Haut, lange, dunkle Haare, war schlank und auffallend schön. Aktmodelle in ihrem Alter waren selten. Lares hatte in den Fünfziger- und Sechzigerjahren eng mit Martin Luther King Jr. und seinem Team von Bürgerrechtlern zusammengearbeitet. Mit ihm hatte sie auf den Straßen der Südstaaten demonstriert. Lares arbeitete als Saison-Erntearbeiterin im Norden im Feldund Ackerbau und pflückte Obst. Sie versuchte, die Arbeiter gewerkschaftlich zu organisieren. Nach Buffalo war sie gekommen, um den Attica-Gerichtsprozess zu begleiten und die Gefangenen während der Gerichtsverhandlung moralisch zu unterstützen.

Mit Lares diskutierte ich über das Leben als Frau und politische Aktivistin in der Bürgerrechtsbewegung. Sie war bereits so lange politisch aktiv, ruhig und klar in ihren Gedanken über die Notwendigkeit für friedliche Änderungen in Amerika, dass ich von ihr einiges lernen konnte. Was ich jedoch anders machen wollte als Lares: Ich wollte nicht wie sie ohne Ausbildung und Beruf sein. Ich wollte einen Arbeitsplatz, an dem ich sinnvolle politische Arbeit leisten könnte.

Lares machte mich darauf aufmerksam, dass es im Oktober 1974 eine große Kundgebung vor dem Rathaus in Buffalo mit Angela Davis, dem Bürgerrechtsanwalt William Kunstler sowie anderen fortschrittlichen Aktivisten geben würde. Die Kundgebung war an der gesamten Ostküste bekannt gemacht worden, Busse brachten rund zehntausend Teilnehmer nach Buffalo. Vor dem Rathaus hörte ich zum ersten Mal in meinem Leben solch bewegende Reden. Viele der Redner erklärten, dass nach inoffiziellen Schätzungen zwischen fünfzig und sechzig Prozent der Insassen in den Gefängnissen der USA Afro-Amerikaner waren. Ihr Anteil an der Bevölkerung betrug hingegen nur elf Prozent. Angela Davis erklärte, dass sich die *Attica Brothers* gegen das System zur Wehr gesetzt hätten. In Attica, wo fünfundachtzig Prozent der Häftlinge Farbige waren, säßen angeblich Mörder und Vergewaltiger, aber in Wirklichkeit, so hätte es William Kunstler gesagt, seien sie politische Gefangene. Denn die meisten schwarzen Strafgefangenen fühlten sich nicht schuldig, was immer sie auch getan haben sollen. Sie betrachteten sich als Opfer der Gesellschaft – was sie in der Tat auch oft seien.

William Kunstler, Bürgerrechtler und Anwalt für die *Attica Brothers*, erklärte in seiner Rede auf der Kundgebung, die afroamerikanischen Gefangenen erlebten in den Gefängnissen der USA die Fortsetzung einer Entwicklung, die auf den Baumwollfeldern des Südens begonnen hatte und sich in den Ghettos der großen Städte im Norden widerspiegelte. Angela Davis rief alle auf, Teil der Bürgerrechtsbewegung zu werden und gemeinsam mit den *Attica Brothers* dafür zu kämpfen, *Black Power* umzusetzen. Nach dieser Kundgebung ging ich zurück in meine Wohngemeinschaft, in der ich inzwischen lebte und mir drei Zimmer mit Margarit und Sam teilte. Margarit, eine Kunststudentin, sah das Leben fast nur durch Künstler-Augen. Sie war zwar daran interessiert, mit uns über linke Politik zu diskutieren, mit politischen Aktivitäten wollte sie aber nichts zu tun haben. Sam wollte Sonderpädagoge werden. Sein Schwerpunkt lag darin, Kinder mit verschiedenen Behinderungen kreativ zu unterrichten. Sein Steckenpferd war die Inklusion: Wie könnte er als Lehrer behinderte Menschen gut unterrichten und sie gleichberechtigt in den Schulklassen integrieren? Auch Sam war nicht bereit, politisch aktiv zu werden. Dennoch diskutierte ich nach der Kundgebung mit meinen Mitbewohnern und mit Sandy, einem Freund von Sam, der aus Boston nach Buffalo gekommen war, bis spät in die Nacht. Sandy, den Sam aus der Grundschule in New York City kannte, war nur wegen der Kundgebung nach Buffalo gekommen. Er war seit fünf Jahren Anarchist, Aktivist und überzeugt, dass Emma Goldman – eine Friedensaktivistin und Feministin am Anfang des zwanzigsten Jahrhunderts, die 1974 durch das Theaterstück *Red Emma, Queen of the Anarchists* (Rote Emma, Königin der Anarchisten) populär wurde – und die Anarchismus-Theorien den Weg zu einer besseren Gesellschaft wiesen.

Ich suchte in dieser Zeit Kontakt zu vielen Studierenden, denn durch mein Selbststudium hatte ich mich im ersten Jahr an der Uni zwar intensiv mit Büchern in der Bibliothek beschäftigt, nicht aber mit Menschen. Durch die Gespräche verstand ich nun wesentlich mehr, sie ergänzten, was ich aus meinen Büchern lernte.

Nach links

Im April 1975 sprach ich mit dem Leiter des Universitätsprogramms. Mich hatte das Schuljahr in Niagra Falls, die Monate, in denen ich in unserem Schulsystem gearbeitet hatte, erschreckt. Um Lehrerin in diesem System zu bleiben, hätte ich meine Identität komplett aufgeben müssen. Nach neun Monaten als Lehrerin in der Ausbildung gab ich den pädagogischen Teil meines Studiums auf. Ich entschied, mich dem Studium der Politikwissenschaft und der Soziologie zu widmen. Etwas hatte sich in mir verändert: Ich wollte mich nicht länger als »Liberale« bekennen. Die Bedeutung von »frei« im Sinn von »freigeistig« und »tolerant« sowie die Idee der Freiheit des Individuums genügten mir nicht länger.

Ich schloss mich einer Gruppe Studierender an, die sich als politische Aktivisten engagierten. So betrieb unsere Gruppe im Gerichtsprozess gegen die *Attica Brothers* in Buffalo Aufklärung über den Gefängnisaufstand von 1971. Für mich war die Attica-Tragödie ein weiterer schlagender Beweis dafür, dass in Amerika etwas schrecklich falsch lief. In Attica waren die Gefangenen so weit gebracht worden, lieber zu sterben, als noch einen Tag länger in diesem Gefängnis zu leben. Später schrieb ich regelmäßig Artikel für die Uni-Zeitung über den noch lange andauernden Attica-Gerichtsprozess.

In der Studentengruppe diskutierten wir über die Theorien von Lenin und Trotzki, aber auch über Alternativen der »Neue Linken«, die in den Sechzigerjahren aufgekommen waren. Die Theorien der »Alten Linken« schienen mir 1975 überholt. Ich las Bücher über radikale linke politische Theorie und Soziologie: *Who Rules America* und *The Higher Circles* von George William Domhoff, Professor an der Universität von Kalifornien, und *The Power Elite* von Charles Wright Mills, Professor an der berühmten Columbia Universität in New York. Mills Buch beschreibt die wechselseitigen Beziehungen und Klassenseilschaften zwischen den Eliten in Politik, Militär sowie Wirtschaft.

Wir organisierten als Studentengruppe ein Selbststudium. Charlie, der unsere Gruppe leitete, gab uns jede Woche Lesestoff zum Durcharbeiten, über den wir eine Woche später in seiner Wohngemeinschaft debattierten: Kann Kapitalismus überleben? Kann Sozialismus funktionieren? Kann Sozialismus demokratisch sein? Durch diese Gespräche verstand ich wesentlich mehr als in der Auseinandersetzung mit der Theorie.

Charlie war überzeugt, dass Leo Trotzki recht damit gehabt hatte, eine Weltrevolution anzustreben. Doch eine Revolution schien mir 1975 in Amerika weit, weit entfernt. Meine politische Position war zwar weiter nach links gerückt, aber ich blieb realistisch und pragmatisch.

Erwachen als Frau

Zu Beginn des Studiums, als ich 18 war, hatte ich in einer Kindertheater-Produktion an der Uni die Hauptrolle im Stück *Alice im Wunderland* gespielt. Wir waren in mehreren Grundschulen in Buffalo aufgetreten und hatten jede Menge Spaß dabei gehabt. Eines Tages, als wir gerade eine Szene auf der Bühne spielten, sprang der *Mad Hatter* (Hutmacher), so wie es seine Rolle verlangte und wir es oft in den Proben geübt hatten, auf den Esstisch. Der krachte jedoch plötzlich und unerwartet zusammen. Die Kinder im Publikum brachen lachend in wilde Begeisterung aus. Diese ungeplante Szene war so ein großer Erfolg, dass wir sie bei jeder weiteren Vorstellung wiederholten.

Ich hatte den Darsteller des *Mad Hatter* bereits bei meiner Arbeit als Aktmodell an der Kunstabteilung der Uni kennengelernt. Durch die Zusammenarbeit auf der Bühne kamen wir uns näher. Es war ein Flirt. Hinter der Bühne lebten wir unsere sexuelle Freiheit aus. Mit dem *Mad Hatter* erlebte ich meinen ersten wirklichen Kontakt zur erwachsenen Erotik. Mein Elternhaus stand mir nicht länger im Weg, ich konnte mir mein Leben als junge Frau so gestalten, wie ich es wollte, natürlich mit der Pille in meiner Tasche.

Die Siebziger waren besondere Jahre für Frauen, die Welt war uns nicht länger verschlossen. Meine Beziehungen suchte ich mir selbst aus: Männer in verschiedenem Alter und mit verschiedenen politischen Ideen.

Liebe und den Austausch von Politik sowie Vorstellungen über alternative Gesellschaftsformen fand ich extrem reizend. Das Leben in meinem Heimatort Kenmore war sehr bequem gewesen, aber bei weitem nicht so stimulierend, wie es mein Leben an der Universität nun war.

Jeffrey kommt in mein Leben

Im Frühjahr 1975 lernte ich Jeffrey kennen. Er war Professor für Soziologie an meiner Universität. Ich stand in der großen Mensa am Infotisch für die *Attica Brothers* und verteilte Informationen über den laufenden Gerichtsprozess, über den die Zeitungen jeden Tag berichteten. Am Infotisch sprachen viele Studierende mit mir, in jeder Mittagspause vielleicht fünfzig Personen, aber nur *ein* Professor hat jemals Halt gemacht. Das war Jeffrey Schevitz.

Jeffrey war ein schlanker, gut aussehender Mann mit langen, buschigen Haaren, braunen leuchtenden Augen und einem braunroten Vollbart. Er hatte einen herzlichen Blick und ein warmes Lächeln. Jeffrey und ich diskutierten lange am Infotisch. Es überraschte mich, dass er meine Informationen und Flugblätter für die Studierenden in seine Vorlesungen mitnehmen wollte.

Ich fragte meinen Freund Charlie, wer wohl dieser gutaussehende Professor sei. Charlie studierte bei ihm Soziologie und war sehr beeindruckt von Jeffreys Vorlesungen. Sein Stil zu unterrichten, imponierte ihm. Charlie besuchte den Professor sogar zu Hause und diskutierte dort über politische Themen mit ihm.

Jeffrey war vierunddreißig Jahre alt, unterrichtete Marx und die radikale Soziologie der Gegenwart. Der aktive politische Einsatz für grundlegende gesellschaftliche Änderungen gehörte für ihn zur akademischen Theorie und Analyse. Er forderte in jedem Semester seine Studierenden auf, politisch aktiv zu werden und ihren Einsatz mit Kurzfilmen zu dokumentieren. Er bot auch Abendunterricht an der Universität an, um die berufstätigen Studierenden zu erreichen. Viele arbeiteten tagsüber bei der Polizei oder in Fabriken. Charlie wusste, dass Jeffrey zwei kleine Kinder hatte und schon länger von seiner Ehefrau getrennt lebte. Er meinte, ich solle mit dem Professor Kontakt aufnehmen und mein *Independent Study Program* mit ihm besprechen. Vielleicht hätte er Zeit, mit mir zu arbeiten.

Ich forschte weiter nach: Wer war Jeffrey und wo wohnte er? Eines Tages traf ich ihn in der Wäscherei und einmal in einem Tante-Emma-Laden. Bei diesen Gelegenheiten plauderten wir ein wenig miteinander. Ich fand ihn attraktiv. Von Charlie wusste ich, dass Jeffrey zwischen 1962 und 1969 in Berkeley, Kalifornien, studiert hatte. Er war Aktivist in der *Free-Speech*-Bewegung und sehr aktiv in der Anti-Vietnamkrieg-Bewegung in Berkeley und auch später, an der Washington Universität in St. Louis, an der er seinen ersten Arbeitsvertrag als Professor unterschrieben hatte. Jeffrey war sehr selbstsicher. Er hatte seinen Bachelor-Abschluss an der Elite-Universität Princeton erlangt. Princeton gehört zu den sechs traditionsreichen Universitäten, die unter dem Namen »*Ivy League*« zusammengefasst werden. Die Bezeichnung »*Ivy League*« wird auch für einen bestimmten Lebens- und Kleidungsstil verwendet, der besonders elitär und fein ist. Seinen Doktor hatte Jeffrey an der Universität von Kalifornien in Berkeley gemacht.

Ich war mir ziemlich sicher, worauf ich die Schwerpunkte in meinem Studium legen wollte: Ich interessierte mich für die Geschichte der Ureinwohner von Amerika und für die Problematik der Entfremdung am Arbeitsplatz. Für den Sommer hatte ich deshalb sehr konkrete Pläne. Im Juni wollte ich eine vierwöchige Studienreise in ein Indianer-Reservat der Sioux in Wounded Knee, South Dakota, machen. Ich kannte den evangelischen Jugendpfarrer, der die Reise im Rahmen eines Landschulheim-Programms der Evangelischen Kirche organisierte, an dem zwanzig Jugendliche aus Ohio teilnahmen. Ich bekam dort eine Art Erzieherinnenstelle als Begleiterin der Reise. Nach der Rückkehr aus South Dakota wollte ich in einer Fabrik in Buffalo am Fließband stehen. Ich wollte erleben, wie solche Arbeitsplätze für die Menschen, die dort arbeiteten, tatsächlich waren.

Ich wusste auch schon, wie ich die lange Fahrt nach South Dakota nutzen würde: Ich wollte die traurige Geschichte von Wounded Knee und des Indianeraufstands lesen. *Bury my heart at Wounded Knee* von Dee Brown wurde im Deutschen unter dem Titel *Begrabt mein Herz an der Biegung des Flusses* veröffentlicht. Das Buch beschreibt die Geschichte der Indianerkriege auf dem Gebiet der heutigen USA von den Sechzigerjahren des neunzehnten Jahrhunderts bis zum titelgebenden Massaker von Wounded Knee im Jahr 1890. Mir war klar, dass ich, um meine zwei Themenbereiche im Studium der Soziologie zusammenbringen zu können, noch wesentlich mehr lesen musste.

Einige Wochen nach meinem ersten Zusammentreffen mit Jeffrey war ich zu einem *Potluck* eingeladen, einem lockeren Abendessen für Professoren und Studenten. Auch Jeffrey war da, und ich sprach ihn an, ob ich einen Termin in seinem Büro bekommen könne. Ich erzählte ihm kurz, dass ich mein Studium als Grundschullehrerin aufgeben musste, weil ich politische Änderungen in dieser Gesellschaft verfolgte. Wir vereinbarten einen Termin für die nächste Woche.

Wie entsteht die erwachsene Liebe?

Im Mai 1975 ging ich in die Abteilung für Soziologie zum Büro von Professor Schevitz. Er verspätete sich, und während ich wartete, schaute ich mir alle Türschilder auf dem Flur an. Es gab viele Soziologie-Professoren, mit denen ich zusammenarbeiten könnte. Sollte Professor Schevitz nicht bald erscheinen, würde ich irgendeinen anderen Professor anfragen.

Zwanzig Minuten geduldete ich mich, dann kam Jeffrey und entschuldigte sich für die Verspätung. Er öffnete seine Bürotür. Das Zimmer stand voller Regale, die bis zur Zimmerdecke mit Büchern gefüllt waren. Es gab kein Fenster, nur seinen Schreibtisch, der ebenfalls mit Büchern bedeckt war. Ich sah keinen Platz, an dem wir hätten sitzen können.

So entschieden wir, rauszugehen und etwas zu Mittag zu essen. Nicht weit entfernt befand sich das beliebte Restaurant *Greenfield Street*, ein kooperatives Projekt von alternativen, vegetarisch kochenden jungen Köchen und Unterstützern. Wir bestellten Soja-Burger mit Käse und Salat und begannen zu erzählen. Oder besser: Ich habe erzählt. Zuerst berichtete ich von meinen Plänen für den

Sommer 1975, die bereits so gut wie feststanden: das Indianer-Reservat im Juni und die Arbeit in einer Fabrik im Juli und August.

Jeffrey erachtete es als sehr gute Idee, dass ich vier Wochen lang mit amerikanischen Ureinwohnern leben und meine Fragen stellen wollte. Ebenso wichtig fand er mein Vorhaben, in der Fabrik am Fließband zu arbeiten. Dies würde mein Verständnis des marxistischen Konzepts der »Entfremdung von der Arbeit« verbessern. Ich würde lernen, wie die Zeit und der Takt in der Fabrik das Leben der Arbeiterinnen und Arbeiter prägten. Er wusste: Sie konnten ihre Arbeit nicht leichtfertig aufgeben, sie brauchten das Gehalt, um ihre Familien zu ernähren und die Miete zu bezahlen.

Dann fragte ich Jeffrey nach Literatur, um für meine Semesterarbeit, die im Dezember anstand, lernen zu können. Er empfahl mir Bücher über Theorien der Soziologie, die ökonomischen Wurzeln des Rassismus und die Ungleichheit und Arbeit unter dem Monopolkapitalismus. Er war begeistert davon und voller Ideen. Er selbst arbeitete zu dieser Zeit an einem Dokumentarfilm über einen »wilden« Streik in einer Stahlfabrik in Buffalo. Eine der rivalisierenden Gewerkschaften hatte versucht, den Streik zu verhindern.

Jeffrey erzählte, dass er mit seinen Studierenden öfters solche Dokumentarfilm-Projekte realisierte. Er erzählte weiter, dass er mit einem holländischen Filmemacher in Kalifornien zusammengearbeitet hatte. Mit Begeisterung in der Stimme berichtete er, wie sie gemeinsam zwei Filme über Ingenieure und Wissenschaftler gedreht hatten, die Waffensysteme für den Krieg gegen Vietnam entwickelten. Die Waffenmacher beschrieben im Film, wie sie die Antikriegsbewegung erlebten und erzählten von ihren Bemühungen, ihre Kollegen gegen militärische Arbeit zu mobilisieren.

Der erste Film heißt *But what do we do?* (Aber was sollen wir denn tun?). Es ist die wahre Geschichte eines Ingenieurs, dem die Folgen seiner Arbeit bewusst werden. Er zeigt, wie er mit dem wachsenden Widerspruch zwischen seinen persönlichen Überzeugungen und seiner Arbeit ringt und diesen auflöst. Der Film zeigt, wie verschiedene Ereignisse das Denken des Ingenieurs beeinflusst haben: Nachrichten über den Krieg in Vietnam, eine Einführung in das Konzept der Gewaltlosigkeit durch Joan Baez, Demonstrationen von Studenten und Studentinnen gegen Auftragnehmer des Militärs und »Friedensspiele« der gewaltlosen Zivilverteidigung. *But what do we do?* verlangt von Studierenden, Ingenieuren, und Naturwissenschaftlern, sich der moralischen und politischen Wahl zu stellen, die sie bei der Arbeitssuche treffen müssen, und konfrontiert Ingenieurinnen und Ingenieure sowie Naturwissenschaftler und Naturwissenschaftlerinnen, die schon eine Arbeitsstelle haben, mit der Notwendigkeit, Verantwortung für die Folgen ihrer Arbeit zu übernehmen.

Der zweite Film, *The Schizophrenia of Working for War* (Die Schizophrenie der Kriegsarbeit), schildert das Dilemma der Ingenieure, die, obwohl sie den Krieg in Vietnam ablehnen, Waffenhersteller sind und an einigen der angesehensten Institutionen Kaliforniens arbeiten, spezialisiert in der Herstellung von Kriegsmaterial. Die Männer spielen sich selbst. Die Analyse unterscheidet drei Arten von Reaktionen auf das Dilemma: der Wegrationalisierende, der Aussteiger und der Aktivist. Der Wegrationalisierende äußert sich folgendermaßen: »Wir stellen keine Tötungswaffen her; wir stellen Schutzgeräte für die Flugzeuge her, um das feindliche Radar zu verwirren. Wir töten also sozusagen niemanden, unsere Instrumente sind konstruiert, um das Leben der Piloten zu retten.« Der Aussteiger entscheidet sich tatsächlich, seine Stellung aufzugeben. Der Aktivist, stellt sich offen gegen den Krieg. Er wird infolgedessen entlassen, wird aber später einer der Hauptorganisatoren des Technology and Society Committee, einem gemeinnützigen Verein, der Ingenieuren aus der Verteidigungsbranche hilft, ihre Arbeit zu wechseln. Der Film handelt nicht nur von Waffenherstellern. Er handelt vom Dilemma eines jeden, der sich in Opposition zum System, in dem er lebt und für das er arbeitet, wiederfindet.

Diese Thematik war der Kern von Jeffreys Doktorarbeit *The Weaponsmakers* (Die Waffenmacher), mit der er 1974 seinen Doktor der Soziologie erlangte. Jeffrey machte mir deutlich, dass das Dilemma der Wissenschaftler und Ingenieure, die nicht so einfach ihre Arbeitsstellen in der Rüstungsindustrie aufgeben konnten, Parallelen zum Dilemma der Fabrikarbeiter hätte, die ebenfalls ihre Arbeit nicht aufgeben konnten. Das würde ich hautnah erfahren, wenn ich im Sommer in der Fabrik arbeiten würde.

Jeffrey erzählte mir auch, dass er zwischen 1969 und 1971 mit seinen Studenten und Studentinnen an der Washington Universität in

St. Louis einen Dokumentarfilm über den Beitrag der Rüstungsfirma McDonnell-Douglas zum Völkermord in Vietnam gedreht hatte. Der Geheimdienst der US-Marine hatte die mitwirkenden Angestellten der Firma McDonnell-Douglas besucht und sie eingeschüchtert, damit sie nicht weiter mit Jeffrey und seinen Studierenden kooperierten. Während der Zeit der Dreharbeiten und der Produktion hatte außerdem die Polizei in St. Louis einen Kollegen in Zivil beauftragt, Jeffrey monatelang zu überwachen. Diese Verfolgung war so offensichtlich, dass Jeffrey den Polizisten ansprach und sich manchmal vor seinem Haus mit ihm unterhielt. Doch damit nicht genug: Der Firmenchef von McDonnell-Douglas war Vorsitzender des Aufsichtsrats der Universität. Der Film gefiel ihm überhaupt nicht, so dass die Universitätsverwaltung nicht geneigt war, Jeffreys Dozentenstelle in eine unbefristete Professorenstelle umzuwandeln.

Die Zeit verflog an diesem Nachmittag, wir waren so vertieft ins Gespräch, dass wir dabei nicht bemerkten, dass es inzwischen schon vier Uhr nachmittags war. Als wir aufstanden, fragte Jeffrey mich, ob ich ihn am Abend in das *Statler Hilton Hotel* auf ein Jazz-Konzert begleiten wolle. Jeffrey liebte Jazz. Seine Wohnung befand sich nur einen fünf minütigen Fußweg vom Hotel entfernt, und er ging regelmäßig in den Jazzklub, in dem berühmte Musiker wie etwa der Trompeter Dizzy Gillespie spielten.

Begeistert von unserem Gespräch und von seiner angenehmen Gesellschaft, dachte ich nicht lange nach und stimmte zu. Ich würde um zwanzig Uhr zu seiner Wohnung am Erie See kommen, wir wollten dann zu Fuß zum Hotel gehen. Es war ein besonders warmer Mai, und an diesem Abend hüllte uns die laue Luft in eine romantische Atmosphäre ein.

Als junger Professor mit zwei Kindern und seit zwei Jahren getrennt lebend, war Jeffrey recht knapp bei Kasse. Deshalb lebte er in einer Sozialwohnung. Alle vierzehn Tage kamen seine Kinder Tanya und Andrei zu ihm – mit dem *Greyhound Bus* aus Binghamton, New York, wo seine Frau lebte. Dieses Wochenende war er frei, die Kinder würden erst in der nächsten Woche kommen.

Ich kostete die Stimmung in dem alten Hotel-Jazzklub aus und genoss die Musik. Wir beide spürten etwas ganz Besonderes füreinander. Als ich mich nach dem Konzert von Jeffrey verabschiedete, umarmte er mich und wir küssten uns. Es hatte zwischen uns gefunkt.

Als junge Frau war ich geschmeichelt, doch Jeffrey war mein Professor. Was sollte ich tun? Trotz meiner Bedenken rief ich ihn am nächsten Tag an und wir verabredeten, dass ich ihn in seiner Wohnung besuchen würde. Zwei Tage später war Jeffrey verblüfft, als er seine Wohnungstür öffnete und ich mit einer Reisetasche in der Hand vor ihm stand. In diesem Moment erzählte ich ihm, dass ich zu übernachten plane. In seiner Begeisterung gab er mir einen Seelenkuss.

Jeffrey und ich genossen in diesem Mai sehr viele Stunden der Liebe miteinander. Ich fand ihn immer attraktiver, besonders ohne seine Kleider. Wir unternahmen kurze Ausflüge miteinander und übernachteten in einem kleinen Zelt am Ufer des Niagara-Flusses. Jeffrey besaß einen VW-Bus, mit dem wir auch zu den Niagarafällen fuhren. Mit unseren Fahrrädern erkundeten wir die Straßen von Buffalo. Jeffrey genoss das Leben, wir lachten viel miteinander und kamen uns sehr schnell näher. Wir wollten diese Beziehung trotz der Unsicherheiten vertiefen.

Jeffrey war sehr belesen. Man merkte schnell, dass er an der berühmten Princeton Universität studiert hatte. Jeffrey war zudem ein echter Gentleman der *Ivy League*, trotz seiner sehr langen, lockigen Haare und seines dichten Barts. Er war niemals hochnäsig. Sein Vater führte eine Schusterwerkstatt in Wilmington, Delaware. Seine Familie war nicht reich, sie waren Handwerker und jüdische Geschäftsleute wie meine Familie.

Ein Angebot aus Berlin

Mein Leben war inzwischen kompliziert geworden und ich spürte, dass ich erwachsen wurde. Da war also Jeffrey: vierzehn Jahre älter als ich, bereits Familienvater, getrennt von seiner Ehefrau lebend, mit einer noch nicht sicheren Dozentenstelle an der Universität. Ich war noch so jung und hatte viele Pläne. Jeffrey blieb stets optimistisch, diese Beziehung war so besonders, wir sollten weiter versuchen, unser Leben gemeinsam zu gestalten.

Ich spürte, dass Jeffrey in der Liebesbeziehung oft ein Träumer war. Er lebte aber auch für seine Arbeit. Er las stundenlang in seinen Büchern, oft bis ein Uhr nachts. Ich schlief zumeist früh ein. Wenn ich dann mitten in der Nach aufwachte, fand ich Jeffrey im Wohnzimmer, wie er seine Vorlesungen vorbereitete. Er verband seinen Unterricht stets mit der aktuellen politischen Situation, die er den Zeitungen entnahm.

Jeff war ein mindestens so engagierter Journalist wie Wissenschaftler. Er stellte immer wieder neue Fragen, und gemeinsam analysierten wir die politischen Zustände. Ich war fasziniert von seiner Hingabe an die Lehre. Doch ich wollte ihn auch für mich und konnte ihn regelmäßig überzeugen, zurück ins Bett zu kommen. So ernsthaft war Jeffrey dann doch nicht, um die Liebe in den Hintergrund rücken zu lassen.

In Jeffreys Nachbarschaft in der Innenstadt von Buffalo lebten Afro-Amerikaner, Latinos und arme weiße Familien. Das Leben in einem sozialen Brennpunkt mit so vielen verschiedenen Hautfarben war für mich neu.

Drei Wochen nach unserem ersten Date erhielt Jeffrey einen Brief mit einem Angebot für eine Stelle als Assistenz-Professor an der Freien Universität in Westberlin. Er sollte für mindestens zwei Jahre am John-F.-Kennedy-Institut für Nordamerika Studien Soziologie unterrichten. Jeffrey würde seine Vorlesungen in Deutsch oder Englisch halten können. Das Angebot war fantastisch und bot gute Chancen für seine Zukunft.

Jeffrey konnte gut Deutsch, weil seine erste Frau Rita eine Deutsche war. Er hatte sie im Sommer 1961 in München kennengelernt und sich Hals über Kopf verliebt. Die beiden waren gemeinsam in der Anti-Kriegsbewegung in Berkeley und St. Louis aktiv gewesen. Rita hatte sich in den USA politisch engagieren wollen und erkannt, dass es dafür sicherer wäre, die amerikanische Staatsbürgerschaft anzunehmen. So wurde sie in San Francisco eingebürgert. Rita machte ihren Bachelor-Abschluss in Berkeley und ihren Master an der Universität in Binghamton. Nach zwölf Jahren Ehe trennten sie und Jeffrey sich 1974.

Jeffrey hatte Ritas Weiterbildung über viele Jahre unterstützt, das gab mir die Zuversicht, dass auch ich für meine akademische Zukunft auf ihn zählen könnte.

Jeffrey telefonierte mit dem Professor in Berlin. Karl Pütz war sehr freundlich und sagte, Jeffrey solle das Angebot sofort annehmen. Danach müsse nur noch der Berliner Senat seiner Einstellung zustimmen. Jeff war überzeugt und sagte nach diesem Telefonat sofort zu.

Im Reservat und in der Fabrik

Ich fuhr im Juni nach South Dakota und freute mich auf die Bildungsreise mit den zwanzig jungen Highschool-Schülern aus Ohio. Als Erzieherin begleitete ich das Projekt mit der Indianerfamilie. Wir lebten bei Celia, einer alleinstehenden Mutter mit fünf Kindern, und schliefen in Zelten auf dem Land hinter ihrem Haus, das dem Indianerstamm gehörte. Vier Wochen lang halfen wir ihr bei der täglichen Arbeit. Die Schüler waren begeistert bei der Sache.

Celia wollte im Lebensmittelladen des Reservats arbeiten. Das tat sie jedoch nicht, denn hätte sie mehr als vierhundert Dollar Gehalt pro Monat verdient, hätte sie sofort ihre Sozialhilfe verloren und ihre Miete sowie die Lebensmittel nicht länger bezahlen können. Die Familie wurde von einem Tafel-Programm der Bundesregierung versorgt, das insbesondere Weißmehl, weißen Zucker und alte Dosen mit gemischtem Obst oder Gemüse sowie Milchpulver verteilte. So musste Celia hilflos dabei zusehen, wie ihre Kinder krank wurden und von dem zuckerhaltigen Essen braune, schlechte Zähne bekamen. Für mich waren das neue Erfahrungen.

Für die Armut der Sioux-Indianer im Reservat gab es viele Faktoren. Die Kultur der amerikanischen Ureinwohner in Wounded Knee war durch Generationen weißer Eroberer und aus Profitgier von Großunternehmern zerstört worden. Das Land im Reservat wurde schon lange nicht mehr mit Ackerbau bewirtschaftet. Nun jedoch stampften die zwanzig Jugendlichen aus Ohio für Celias Familie einen kleinen Gemüsegarten aus dem Boden. Danach packten alle an und gruben einen Keller für Kartoffeln und Wurzelgemüse aus, ohne einen Bagger. Die ersten drei Wochen verliefen gut, mit harter Arbeit, aber auch mit viel Spaß, Tanzen und Singen. Fast an jedem Abend saßen wir an einem großen Lagerfeuer, an dem wir gemeinsam kochten. Dabei führten wir mit Celia und ihren Nachbarn lange Gespräche über die politische Situation.

In der letzten Woche unseres Camps kündigte der Wetterbericht einen Wirbelsturm an. Wir mussten schnell reagieren. Innerhalb einer Stunde räumten wir sämtliche Werkzeuge weg, brachten alle Schlafsäcke ins Haus und verstärkten die Befestigungen der Zelte. Trotz dieser Vorkehrungen entschieden wir Erwachsenen, alle Kinder im Keller von Celias kleinem Haus in Sicherheit zu bringen.

Gegen fünfzehn Uhr am Nachmittag wurde es draußen schnell sehr dunkel, die Luft wurde schwer und still. Aus der Ferne sahen wir einen Wirbel aus Staub, der mit enormer Kraft über die Wiesen und Felder tanzte und auf das Haus zu flog. Alle Erwachsenen stemmten sich mit ihren Rücken gegen die Kellertür, um sie zuzuhalten: Wir waren gewarnt worden, dass so ein Sturm ein Vakuum erzeugen und dadurch die Tür herausreißen könnte. Die Stille um uns herum war beängstigend, und wir beobachteten gebannt den Wirbel. Glücklicherweise wurde das Haus nicht getroffen. Nach dreißig Minuten war der Sturm vorbei.

Als wir uns wieder hinaus trauten und auf die Wiesen hinter dem Haus gingen, konnten wir kein einziges Zelt der Kinder mehr sehen. Celia handelte sehr schnell und telefonierte mit einem Bauern, der vier Kilometer weit weg wohnte. Er war sofort bereit, die jungen Leute aufzunehmen. Wir fuhren sie zum Bauernhaus, und sie machten es sich dort mit ihren Schlafsäcken bequem. Auf der Fahrt entdeckten wir die Zelte, die über zwei Kilometer entfernt herumlagen und völlig zerrissen waren. Eine solch existentielle Erfahrung wie bei diesem Sturm hatte ich zuvor noch nicht gemacht.

In dieser letzten Woche im Indianer-Reservat erhielt ich eines Abends einen Brief aus Buffalo. Jeffrey schrieb, wie sehr er mich vermisste. Er hatte Liebeskummer, weil wir nicht zusammen waren. Ich freute mich, diesen Brief zu bekommen, aber Buffalo war irgendwie weit, weit weg. Meine Gefühle an diesem Abend wirbelten so schnell in meinem Kopf herum wie der Sturm kurz zuvor über die Felder. Ich erkannte durch Jeffreys Brief, dass er eine feste Beziehung mit mir wollte.

Als ich Anfang Juli nach Buffalo zurückkehrte, verschwendeten Jeffrey und ich keine Sekunde, um uns zu lieben. Im Anschluss kochte er etwas zu essen und ich erzählte ihm von meinen Erlebnissen. Wir verbrachten eine ganze Woche als neu verliebtes Paar in seiner Wohnung, danach kamen die Kinder, die Schulferien hatten und zwei Wochen blieben. Ich hatte ihnen Geschenke aus dem Reservat mitgebracht und konnte ihnen spannende Kindergeschichten erzählen. Die Bildungsreise bot so viel Stoff für Erzählungen, dass Andrei und Tanya begeistert waren, mit mir und ihrem Papa Zeit zu verbringen.

Andrei war sechs Jahre alt und litt an einer leichten Lernbehinderung. Das Lernen dauerte bei ihm stets ein bisschen länger. So waren wir im Sommer 1975 sehr beschäftigt damit, ihm das Fahrradfahren beizubringen. Er übte auf der Straße in der Wohnsiedlung, lernte dort, Verkehrsschilder richtig zu lesen, und schaffte es, ein guter Fahrradfahrer zu werden. Jeffreys Tochter Tanya war vier Jahre alt. Durch meine Geschichten und Kinderlieder fanden wir sofort einen Draht zueinander. Tanya malte gern, und als sie in dem Kinderzimmer in Buffalo Flipchart-Papier und Plakatfarben fand, war sie sofort aktiv am Malen. Durch eigene Erfahrung wusste ich, wie kompliziert eine Patchwork Familie sein kann, und war deshalb ungemein beruhigt, dass beide Kinder mich so schnell akzeptierten.

Zeitgleich arbeitete ich, wie geplant, in der Fabrik in Buffalo. Fünf Tage nachdem ich das Indianer-Reservat verlassen hatte, stand ich am Fließband und baute kleine handliche Aerosol-Dosen für Pfefferspray zusammen, die gegen Hunde oder Kriminelle zum Einsatz kommen sollten, und verpackte sie in Kartons. Mir war wichtig, meine Arbeitskraft in einer Fabrik zu »verkaufen«, primär ging es mir aber darum, die Erkenntnisse für mein *Independent Study Program* im Herbst an der Uni zu dokumentieren.

Es war mit viel Stress verbunden, Hunderte Dosen auf dem Fließband korrekt zu verarbeiten. Die Maschinen erzeugten eine solche Lautstärke, dass es für mich schwierig war, meinen Kopf und meine Gedanken klar zu halten. Die Temperatur stieg in der Werkhalle nachmittags auf fast vierzig Grad. Wir Frauen verdienten dabei nur zwei Dollar zehn pro Stunde.

Es fiel mir schwer, mit den anderen Arbeiterinnen ins Gespräch zu kommen. Sie waren erschöpft durch die Hitze, den Lärm der Maschinen und die schnellen Bewegungen ihrer Hände, die nötig waren, um mit dem Fließband mitzuhalten. Die Frauen hatten keine Zeit, ihre Situation zu reflektieren. Nach der Arbeit mussten sie sofort nach Hause fahren, um den Haushalt und ihre Kinder zu versorgen. Sie hatten keinerlei Freude bei der Arbeit. Ich war nur eine Aushilfe und sie wussten, dass ich im September wieder zurück zur Universität gehen würde. Unsere Welten waren weit voneinander entfernt.

Eigene Zukunftspläne machen

Meine Beziehung zu Jeffrey wurde enger und enger. Wir standen uns auf Augenhöhe gegenüber und unsere körperliche Nähe wuchs. Jeffrey wusste, was einen Frauenkörper glücklich machte. Ich fühlte mich schön und geborgen in dieser Zeit.

Wir unternahmen Ausflüge mit unseren Fahrrädern und übernachteten in Jeffreys Zelt. Ich fand Zelten romantisch und genoss es, wenn sich draußen in der warmen frischen Luft der Geruch der Felder und unsere Liebe harmonisch vermischten. Im Zelt waren wir allein, wir konnten jeder für sich Bücher lesen, manchmal lasen wir uns gegenseitig vor. Jeffrey las von der Politik und den Machtkämpfen in Chicago rund um den Bürgermeister Richard J. Daly, der 1968 Polizisten gegen Antikriegsdemonstranten eingesetzt hatte. Ich las über Soziologie und die Arbeitergeschichte. Jeffrey fand für alles Zeit: für die Liebe, das Lesen und politische Diskussionen. Er spielte sich nie als Besserwisser auf, war immer bereit, über alles zu diskutieren. Wenn ich seine Meinung nicht akzeptierte, war das in Ordnung. Das Leben war fast perfekt mit Jeffrey.

Im September wollte ich ihm meine Eltern vorstellen, die nur zwanzig Minuten von Jeffreys Wohnung entfernt lebten. Bei dieser Gelegenheit wollten wir ihnen auch erklären, dass wir im September oder Oktober zusammenziehen würden. Für die Menschen in Kenmore galt ein Zusammenziehen ohne Trauschein als radikal. Wir waren erst seit Mai zusammen und nun wollten wir schon ohne Eheringe zusammenleben? Ich wusste, dies würde ein Schock für *Mom* und *Dad* sein.

Meine Eltern waren freundlich, sie hörten uns zu, sagten aber nicht viel. Mein Vater schaute uns nachdenklich an. Ich vermutete, dass er an seine erste Hochzeit in Buffalo dachte. 1924 hatte er mit nur neunzehn Jahre geheiratet und sich 1946 wegen meiner Mutter scheiden lassen. Ich wusste nicht, worüber er noch nachdachte, aber er blieb ruhig.

Wir fuhren zurück in Jeffreys Wohnung und dachten, alles sei in Ordnung. Es war Herbst, und ich machte neue Pläne für das Wintersemester. Ich wollte mehr über die Arbeitergeschichte und die radikale Politik in den USA lesen. Und ich wollte Deutsch lernen, sollte ich mich entschließen, doch mit Jeffrey nach Berlin zu gehen.

Nach einer Woche rief meine Mutter an, ich solle allein nach Hause kommen, um mit ihr und meinem Vater zu sprechen. Ich war bereit, über alles zu diskutieren, aber ich wollte mir mein Leben auch selbstständig nach meinen eigenen Vorstellungen aufbauen. Im Oktober würde ich zwanzig Jahre alt sein, alt genug, für mich selbst zu entscheiden.

Meine Eltern wussten nicht, dass Jeffrey ein Stellenangebot an einer Universität in Berlin in der Tasche hatte. Sie sagten, dass er schon sehr alt sei, immerhin trennten uns vierzehn Jahre. Ich argumentierte, dass auch sie beide vierzehn Jahre auseinander wären, genauso wie meine Großeltern. Mein Vater lachte. Er musste zugegeben, dass er schon immer gedacht hätte, ich würde einen älteren Mann attraktiver finden als die jungen Kerle, die ich zuvor nach Hause gebracht hatte. Meine Mutter machte sich Sorgen wegen Jeffreys Typ 1 Diabetes. Sie warnte mich davor, mit einem Mann zu leben oder einen solchen zu heiraten, der Diabetes hätte. Meine Oma Beatrice litt an Typ 2 Diabetes, und für meine Mutter war dies eine tägliche Sorge. Unterzucker kannte sie sehr gut, Beatrice war mehrmals fast ins Koma gefallen. Sie wollte nicht, dass ich mit dieser Krankheit leben müsste.

Auch meine Idee, gleich in eine gemeinsame Wohnung zu ziehen, war für meine Eltern schwierig. Was würden die Nachbarn sagen?

Meine Eltern sprachen mit mir auch darüber, wie sich mein Studium weiterentwickeln würde. Unsere drei Alten- und Pflegeheime waren in Gefahr, geschlossen zu werden. Zwei von drei erfüllten die neuen Brandschutzauflagen nicht. Doch mein Vater hatte gerade eine neue Idee entwickelt: Weil viele Familien ihre Angehörigen zu Hause pflegten, wollte er ein Pflegeheim mit Tagespflege für Demenzkranke und Behinderte sowie alte Menschen bauen. Mein Vater war damals bereits siebzig Jahre alt, aber er wollte nicht aufgeben. Mit viel Mühe und Not hatte er ein Darlehen über eine Million Dollar bekommen. Sein Vorhaben war riskant, aber meine Eltern hatten gehofft, dass ich in Buffalo bleiben und in Zukunft die Leitung des Heims übernehmen würde. Ich fand die Idee meines Vaters gut und notwendig, kein anderer hatte in Buffalo so ein Angebot entwickelt. Aber ich wollte nicht in der Gerontologie arbeiten, sondern mit Kindern und Jugendlichen.

Ich fuhr zurück nach Buffalo und nahm viel Kummer von meinen Eltern mit. Sollte ich, die einzige Tochter meiner Eltern, ihre Wünsche berücksichtigen? Ich habe drei Stiefgeschwister, die Kinder meines Vaters aus seiner ersten Ehe, aber sie lebten in Kalifornien und Albany, New York, alle mehr als zwanzig Jahre älter als ich. Niemand war bereit, meine Eltern zu unterstützen. Auch ich konnte es nicht. Mein Leben sollte anders weitergehen. Es war schwierig, meine Verantwortung für die Familie und meine eigene Zukunftspläne auszubalancieren. Doch ich wollte ein gemeinsames Leben mit Jeffrey ausprobieren, bevor ich mich entscheiden würde, ob ich mit ihm nach Berlin ziehen könnte.

Um meine Entscheidung zu besprechen, nahm ich Kontakt zu Lares auf, die mir mittlerweile eine gute Freundin geworden war. Mit ihrer Lebenserfahrung würde sie mir helfen. Als ich erzählte, dass Jeffrey in Westberlin als Professor arbeiten wollte, gab sie mir den Kontakt zu Walter Kaufmann und drängte mich, ihn anzurufen. Er war jüdischer Kommunist und Schriftsteller in Ostberlin. Lares schärfte mir ein, wie wichtig es sei, Deutsch zu lernen. Nur mit der deutschen Sprache könnte ich mich gut integrieren und in Deutschland politisch aktiv sein.

Auch mit einem Professor, mit dem ich seit drei Jahren befreundet war, sprach ich über meine Entscheidungsfindung. Er meinte, ich solle es unbedingt probieren, und riet mir, noch in Buffalo mit Jeffrey zusammenziehen, weil es viel komplizierter wäre, erst im Ausland eine neue Beziehung aufzubauen. Ich nahm seinen Rat an und war einige Tage später in Jeffreys Wohnung angemeldet. Die Wohngemeinschaft ließ ich hinter mir.

2. Kapitel

Von Amerika nach Deutschland

Entscheidung für Berlin

In den nächsten Monaten sollte in Jeffreys Fachbereich entschieden werden, ob er einen unbefristeten Vertrag an der Uni in Buffalo bekommen würde. Wir waren optimistisch, da Jeffrey mehr als die anderen Professoren veröffentlicht hatte. Aber Jeffrey war politisch viel radikaler und viel weiter links als die anderen. Zusätzlich verband er die akademischen Themen mit aktuellen politischen Themen. Im November wurde entschieden: Sein Vertrag wurde nicht verlängert.

Kurz danach wurde Jeffrey sehr krank, sein Diabetes spielte verrückt. Er war nicht in der Lage zu unterrichten. Die Schwankungen seiner Blutzuckerwerte waren nicht zu erklären. Es dauerte bis zum Februar 1976, ehe Jeffrey sich stabilisierte und wieder unterrichten konnte. Ich hatte mich während dieser Zeit endgültig entschieden, mit ihm nach Berlin zu ziehen. Ich liebte Jeffrey sehr und wollte diesen Lebensabschnitt gemeinsam in Berlin erleben.

Meine Aufgabe bestand nun darin, mein Studium bis April abzuschließen und mich von der Universität beurlauben zu lassen. Alles verlief gut, meine Arbeit in den neuen Fächern Soziologie und Politik wurde gelobt, und ich erhielt einen ausführlichen Zwischenbericht über meine Leistungen. Mit diesem Zeugnis konnte ich nach Berlin aufbrechen.

Eine wesentlich größere Herausforderung stellten meine Eltern dar. Sie waren entsetzt, dass ich nach Berlin wollte. Erstens wäre Deutschland kein Ort für mich als Jüdin: Für meine Eltern war das Land noch immer Nazi-Deutschland. Zweitens wollten sie nie auf deutschem Boden stehen, sie würden mich dort nie besuchen. Das konnte ich verstehen. Alle Deutschen waren Nazis, die hasserfüllten Erzählungen meiner Mutter konnte ich nicht widerlegen. Seit ich zwölf war, hatte sie mir immer wieder die Zeitungartikel aus der *Buffalo Evening News* von 1945 bis 1947 gezeigt, die von der Befreiung von Dachau, Buchenwald und anderen Konzentrationslagern in Deutschland und vom Holocaust handelten. Sie meinte, die Deutschen wären nicht bereit, die Wahrheit des Naziterrors zu akzeptieren. Sie rechnete damit, dass die Deutschen eines Tages sagen würden, der Holocaust sei nicht geschehen, und hatte deswegen diese Pressemappe für mich vorbereitet. Ich sollte sehen, was in Auschwitz und Dachau und anderen Konzentrationslagern tatsächlich passiert war. Ihre antideutsche Haltung hatte ich jedoch nicht übernommen. Deutschland war nicht »das Böse«. Und seit dem Krieg waren dreißig Jahre vergangen.

Von Buffalo nach Westberlin

Im April 1976 machten wir uns auf den Weg nach Westberlin. Jeffreys Bücher, fast hundertfünfzig Kartons, waren aus dem Büro der Uni abgeholt und in einem Lagerraum in Buffalo eingelagert worden. Auch meine Eltern hatten Lagerplatz in ihrer Garage in Kenmore bereitgestellt. Unser restliches Hab und Gut wurde von einer Spedition mit dem Schiff nach Berlin befördert. Unser Plan war es, in zwei Jahren nach Amerika zurückzukehren.

Die letzte Nacht in Buffalo verbrachten wir mit den Kindern in dem nagelneuen, aber noch unbewohnten Pflegeheim Altman Manor. Andrei und Tanya hatten Spaß, sie rannten und tobten durch das leere Haus. Diese letzten Stunden vor unserer Abreise nach Deutschland machten den Abschied erträglicher.

Am nächsten Morgen brachten wir die Kinder zum Busbahnhof. Jeffrey verabschiedete sich mit vielen Umarmungen und Küssen von ihnen. Sie fuhren zurück zu ihrer Mutter. Sie hatte währenddessen die endgültige Scheidung vor der Abreise verlangt.

Für mich waren die letzten Tage mit Abschiednehmen gefüllt gewesen: Abschied von Kenmore und Buffalo sowie von einigen Nachbarn und Professoren. Bis dahin hatte ich nirgendwo anders gelebt. Jeffrey war es gewohnt, Abschied zu nehmen, und er war froh, das Angebot aus Berlin erhalten zu haben.

Vor dem Abflug hatten wir Jeffreys Mutter in Philadelphia besucht. Dort war sie nach dem Tod von Jeffs Vater 1972 selbstbewusst allein hingezogen. Sie sagte wenig, die Stimmung war wie üblich extrem angespannt. Jeffreys Mutter hatte ihm oft deutlich zu verstehen gegeben, wie enttäuscht sie von ihm war. Dass er Eigenschaften von ihr übernommen hatte – wie beispielsweise ihre Chuzpe – konnte daran nichts ändern. Er war weder Rechtsanwalt geworden, noch hatte er eine Frau aus einer reichen jüdischen Familie geheiratet. Nach der Hochzeit mit seiner ersten Frau, war er für sie wie gestorben. Sie entzog ihm ihre Liebe und distanzierte sich mit jedem Telefonat weiter von ihm. Zwar hatte sie Jeffrey und Rita in Berkeley besucht, doch monierte sie bei diesen Besuchen allzu oft, dass Jeffs Haare zu lang und sein Bart zu buschig seien. Ich konnte auf Jeffreys Gesicht ablesen, wie sehr ihn die Vorwürfe seiner Mutter trafen. Zu meiner Überraschung und Erleichterung akzeptierte sie mich jedoch als seine Freundin und wünschte uns Glück. Kurz vor dem Abflug besuchte ich auch Lares zum letzten Mal an der Universität in Buffalo. Sie war wunderschön. Mit ihrer weichen braunen Haut und den langen dunklen Haaren sah sie wie eine Indianerin aus, ihr strahlendes Lachen war voller Wärme und Herzlichkeit. Als Abschiedsgeschenk überreichte mir Lares ein kleines handliches Wörterbuch »Englisch–Deutsch« mit einem selbstgemalten Buchdeckel, den ein Indianermotiv zierte. Sie warnte mich, nicht lange in Berlin zu warten, sondern mich gleich bei Walter Kaufmann zu melden. Wer Walter Kaufmann wirklich war, erfuhr ich erst in Berlin. Trotz der emotionalen Abschiede war ich froh, von der Universität wegzufahren. Das Leben in Buffalo gehörte meiner Kindheit an, nun wollte ich mein erwachsenes Leben in Berlin beginnen.

Schweinshaxen zum Frühstück

Am 12. April 1976 kamen wir um acht Uhr morgens in Berlin Tegel an. Professor Karl Pütz holte uns am Flughafen ab. Die berühmte »Berliner Luft« begrüßte uns. Als wir in Karls Auto durch die sauberen Straßen fuhren, gaben uns die grünen Blätter an den Bäumen einen Vorgeschmack auf die grüne Stadt Berlin. Trotz des langen Fluges, fühlten wir uns sofort wohl.

Karl nahm uns zu einem gemütlichen uralten Restaurant unweit des Kurfürstendamms mit. Jeffrey und ich aßen zum Frühstück zwei große Schweinshaxen und tranken zwei Maß Bier. Karl meinte, wir sollten uns sofort an deutsches Essen gewöhnen. Nie zuvor in meinem Leben hatte ich so ein großes Stück Fleisch gesehen, geschweige denn so eine Kruste, mit der ich kämpfte. Geschmeckt hat es trotzdem.

In den ersten zwei Wochen lebten wir in einer Wohngemeinschaft von vier Professoren der Freien Universität. Sie lag im Zentrum Berlins, unweit vom Kurfürstendamm, in der Bregenzerstraße, Ecke Olivaerplatz. Oft lief ich an der Konditorei Mozart am Kurfürstendamm vorbei, deren Osterdekorationen besonders schön waren.

Danach kamen wir für zwei Wochen bei Karl Pütz unter. Wir konnten seine schöne kleine Wohnung in Dahlem nutzen, während er mit seiner Familie für die Osterferien verreist war. Nach den anstrengenden letzten Wochen in Buffalo kamen wir hier zum ersten Mal zur Ruhe. Wir genossen den Sonnenschein, badeten ausgiebig in der großen Wanne des geräumigen Badezimmers, liebten uns und lernten den Alltag in Berlin kennen.

Auf der Straße war alles grün und frühlingshaft. Überall in den Gärten blühten Blumen. Die Menschen waren freundlich zu mir. Berlin kam mir riesig vor. Ich fand es abenteuerlich, mit Bus, U-Bahn und S-Bahn quer durch die Stadt zu fahren.

Ich musste schnell Deutsch lernen und meldete mich für einen Sprachkurs am Goethe-Institut an. Ich wählte den Nachmittagsunterricht. Vormittags wollte ich als Aktmodell Geld verdienen.

1. Mai in Westberlin

Am 1. Mai 1976 ging ich zum ersten Mal in meinem Leben auf eine Maikundgebung. Es gab so viele linke Gruppierungen in der Stadt, und wir waren nicht sicher, mit welcher Gruppe wir marschieren sollten. Wir schlossen uns zuerst maoistischen Studenten an, die Parolen gegen die DDR skandierten. Später besuchten wir mit Kommunisten und deren Familien ein Kinderfest in Charlottenburg. Wir feierten mit ihnen, aßen zum ersten Mal Bratwurst mit viel Senf, sammelten Flugblätter ein und nahmen Bücher mit. Ich war begeistert, in der Öffentlichkeit ein solches rotes Meer aus Fahnen zu sehen. Politik war lebendig in Westberlin – und es gab so viel für mich zu lernen.

Aus Buffalo hatte ich mein Rennrad mitgebracht, und in Berlin kaufte sich Jeff auch eines. Wir fuhren täglich mit den Rädern zum John-F.-Kennedy-Institut und fingen an, Jeffreys Büro zu gestalten. Als Erstes hängten wir die politischen Plakate aus den USA auf, die wir mitgebracht hatten. Als Karl Pütz das Büro sah, warnte er uns eindringlich: Wir sollten uns nicht so weit aus dem Fenster lehnen. Viele Professoren am Institut waren nicht so linksorientiert. Sie würden Jeffrey sofort als radikalen Linken festnageln, er solle erst einmal mit seinen Vorlesungen beginnen.

Karl warnte Jeff vor allem vor einem Mann: »Nimm dich bloß vor James Rock in Acht!«

Das sei ein gefährlicher Mann, der glaube, das Recht zu haben, die Richtung des Kennedy-Instituts zu bestimmen. Wir verstanden nicht. Welche Richtung? Warum sollte Jeff aufpassen?

Karl klärte uns auf. Rock war ein Macher mit viel Einfluss in der amerikanischen und in der Berliner Politik. Als Direktor der Abteilung für Internationale Angelegenheiten der Ford Foundation hatte er Spenden in Millionenhöhe für Berliner Institutionen vermittelt, unter anderem für den Aufbau der Freien Universität und das Kennedy-Institut. Er betrachtete das Institut als sein »Baby« und wollte es maßgeblich lenken.

Das Ziel von James Rock und damit auch des Instituts bestand darin, die Herausforderungen des Freiheitsideals in der nordamerikanischen Gegenwart zu untersuchen und die Einstellungen zu den USA positiv zu beeinflussen. James Rock wollte in seinem Sinne auf die bundesdeutschen Eliten in Politik, Wissenschaft, Bildung und Kultur einwirken und diese Felder dadurch mitgestalten. 1962, als Präsident John F. Kennedy mit seiner Erklärung »Ich bin ein Berliner!« große Euphorie ausgelöst hatte, war das nicht schwierig gewesen. Aber 1976 hatte sich die Stimmung gewandelt. Viele Menschen kritisierten den Krieg, den die Amerikaner gegen Vietnam geführt hatten. Es gab eine starke Studentenbewegung, die den Krieg als imperialistischen Feldzug betrachtete, um den Sozialismus in der Welt zurückzudrängen. Diese Einstellungen machten keinen Halt vor den Toren des Kennedy-Instituts. James Rock tat alles, um das Institut wieder in die richtigen Bahnen zu lenken. Und er nutzte all seine politischen Erfahrungen und Beziehungen, um seine Ziele zu erreichen. So kam Anfang der Sechzigerjahre heraus, dass die Grundfinanzierung einer weiteren Institution, die Rock mithilfe der Ford Foundation gefördert hatte, von der CIA gekommen war.

Jeffrey sollte James Rock auf jeden Fall aus dem Weg gehen, um seine Stelle als »linker« Soziologieprofessor zu behalten. Wir hatten damals keine Ahnung, dass sich Jeffrey in einigen Jahren zum Vertrauten von James Rock entwickeln würde, um sich als aufrechter Amerikaner zu präsentieren und sich beruflich und privat mit mitterechts-orientierten Personen bekannt zu machen, zuerst an der Universität, später in der Politik. Der Verkehr in diesen Kreisen sollte Türen öffnen. Und James Rock sollte ein Türöffner werden.

Einleben in Westberlin

Nach Karls Warnung nahmen wir die Plakate von den Bürowänden. Jeffrey fing an, seine Vorlesungen zu planen und alles für seine Studenten vorzubereiten. Das Institut war sehr groß, in seinem Büro hatte Jeffrey viel Platz für Bücher und seinen Schreibtisch. Die Fenster waren drei Meter hoch, so dass viel Sonne und Licht hineinfielen. Was für ein Kontrast zu seinem fensterlosen Büro an der Universität in Buffalo. Das Zimmer war so groß, dass ich in einer Ecke sogar einen kleinen Tisch und einen Stuhl für mich hinstellen konnte.

Die Bibliothek für Nordamerikanische Studien eignete sich ausgezeichnet für Jeffreys Arbeit. Alle Bücher, die er seinen Studenten und Studentinnen im ersten Semester empfahl, waren vorhanden. Karl Pütz und andere Professoren hatten über die Jahre dafür gesorgt, dass trotz des Einflusses von James Rock linke und andere kritische Literatur über Amerika für die Studierenden vorhanden war. Die Seminare waren klein und Jeffrey fand sofort einen Draht zu seinen Studenten. Er war zuversichtlich, dass er endlich, mit fünfunddreißig Jahren, die perfekte Stelle in der Soziologie gefunden hatte.

In Lankwitz fanden wir schnell eine schöne Mietwohnung. Die Straße vor dem Haus war mit Kopfsteinen gepflastert. Solche Straßen gab es in Buffalo nicht. Wir hatten alles, was wir brauchten, in nächster Nähe: den S-Bahnhof Lankwitz, einen Wochenmarkt, der zweimal in der Woche vor dem Lankwitzer Rathaus stattfand, einen Garten mit duftenden Rosen und einen Kinderspielplatz um die Ecke. Mit unseren Fahrrädern erledigten wir die Einkäufe und erkundeten die Gegend.

Die über einhundert Quadratmeter große Altbauwohnung aus den Zwanzigerjahren befand sich im dritten Obergeschoss und besaß einen Balkon. Sie war komplett möbliert und für zwei Jahre zu mieten. Die Wohnung gehörte einem Berliner Rechtsanwalt, der eine Stelle bei der Evangelischen Kirche im südafrikanischen Johannesburg bekommen hatte. Welche Aufgaben er dort genau haben würde, wusste er noch nicht. Sein Leben war mit siebenunddreißig Jahren ebenfalls im Umbruch, und es gefiel ihm, dass er uns mit seiner gemütlichen Wohnung unterstützen konnte. Er wusste, seine Wohnung wäre in guten Händen.

Wir konnten unser Glück am Gluckweg kaum fassen. Mit so viel Platz und Zimmern konnten wir ohne weiteres Jeffreys Kinder für die Sommerferien einladen. Sofort vereinbarten wir mit Rita einen Besuch der Kinder im Juli.

Ich wollte unbedingt Arbeit finden und weiterhin lernen, wie ich es in Buffalo getan hatte. In der Hochschule der Künste fand ich eine Anstellung als Aktmodell. So radelte ich in der Früh über das Kopfsteinpflaster von Lankwitz in die Hardenbergstraße. In der Hochschule arbeitete ich bis zwölf Uhr als Modell. Ich verspürte zwar ein wenig Schamgefühl, doch in meiner Fantasie versetzte ich mich in die Kunstszene des Berlins der Zwanzigerjahre und fühlte mich als Teil dieser. Die Hochschule befand sich in einem wunderschönen Altbau mit fünf Meter hohen Decken. Die Kunststudios waren groß, besaßen jedoch keine Heizung. Nach drei Stunden Modellsitzen war ich durchgefroren und freute mich, dass die Sitzung bald zu Ende gehen würde.

Die vielen Kunststudenten und Studentinnen waren so alt wie ich. Hier traf ich die junge Generation der Deutschen, meine Generation, politisch fortschrittliche Menschen. Wenn wir zusammensaßen und plauderten, waren sie herzlich. Manche sprachen Englisch mit mir. Sie erzählten mir, dass fortschrittliche Künstler bereits ab 1929 verstanden hatten, dass sie in großer Gefahr schwebten. Ab 1933 wanderten manche der Kunstschaffenden aus, diejenigen, die blieben, durften ab dieser Zeit bis 1945 nicht arbeiten. Ihre Kunst wurde als »entartet« diffamiert. »Entartete Kunst« war ein neuer Begriff für mich. Ich konnte mir nur schwer vorstellen, wie es in den Dreißigerjahren in diesen Kunsträumen gewesen sein musste.

Ich saß täglich in der Frühlingssonne auf dem Savignyplatz und aß mein Butterbrot. Dort kostete ich auch meine erste Currywurst. Von vierzehn bis achtzehn Uhr bekam ich im Goethe-Institut Deutschunterricht. Die Sprache zu lernen, war schwieriger, als ich es mir vorgestellt hatte. Meine Hausaufgaben machte ich oft in der Mittagspause auf der Bank am Savignyplatz.

Das Berliner Leben tanzte in meinen Pausen an mir vorbei. Da war ich also: eine halbjüdische junge Frau mitten in Berlin, die auf einer Parkbank Deutsch lernte. Dreißig Jahre nach der Zerstörung der Stadt saß ich im prachtvollen, neu aufgebauten Berlin.

Berliner Vergangenheit

Manchmal betrachtete ich die älteren Menschen, die auf der Straße an mir vorbeigingen. In ihrer Stadt war es so ruhig. Es gab weder Krieg noch Rassismus, ich erlebte keine Ausländerfeindlichkeit mir gegenüber. Aber wie waren diese Frauen und Männer 1933 gewesen? Wie wäre es mir damals ergangen: mein Vater Jude, meine Mutter evangelische Christin?

Ich musste oft über die Worte meiner Mutter nachdenken. Als der Krieg in Europa 1939 begonnen hatte, war sie erst zwanzig Jahre alt gewesen. Sie glaubte, dass alle Deutschen schlecht seien. »Bea, schau mal, was diese Deutschen in den Konzentrationslagern getan haben. Sie haben den Gefangenen kein Essen gegeben, haben sie verhungern lassen, sie erschossen oder in die Gaskammer gesteckt. Die Deutschen sind keine Menschen.« Sie zeigte mir die gesammelten Zeitungsausschnitte und sagte: »Ich hasse jeden Tropfen deutsches Blut, den ich in mir habe.« Die Meinung meiner Mutter über alle Deutschen war viel zu einfach, fast rassistisch, aber ich verstand ihre Ängste.

Am 8. Mai wurde an den Tag der Befreiung Berlins durch die sowjetische Armee gedacht. Ich ging mit Jeffrey ins Kino auf dem Kurfürstendamm, um den Dokumentarfilm *Schlacht um Berlin* anzuschauen. Die Zerstörung der Stadt machte mich sprachlos. Es war unvorstellbar, dass die Menschen diesen Krieg, der ihre Lebensbedingungen innerhalb weniger Jahre so komplett zerstörte, toleriert und sogar unterstützt hatten. Wir verließen das Kino und traten in den Sonnenschein. Ich sah die Stadt – einunddreißig Jahre nach diesem Wahnsinn – mit anderen Augen.

In Westberlin, anders als in den meisten Teilen Westdeutschlands, konnte man das DDR-Fernsehen empfangen. Dort liefen viele Sendungen zum 8. Mai 1945. Wir sahen beispielsweise den Spielfilm *Nackt unter Wölfen*. Mir war klar: Als jüdisches Mädchen hätte ich 1933 keine Wahl gehabt. Ich hätte keine Mitläuferin sein können. Ich hätte mich nicht entscheiden können. Hitler hätte für mich entschieden.

Ich erkannte, dass es so einen Krieg nie wieder geben darf. Aber wie konnte man einen Krieg verhindern? Was kann ich dafür tun?

Der Kalte Krieg war in vollem Gange. Noch aus meiner Schulzeit wusste ich, dass die Sowjetunion unser Feind war, dort hatte ich gelernt, dass die SU den Krieg wollte. Eine konkrete Gefahr hatte ich bisher jedoch nicht gespürt. Auch nicht in Berlin, wo mit der Mauer zwischen dem Ost- und dem Westteil der Stadt die direkte Grenze zwischen den beiden Machtblöcken verlief. Ich erinnerte mich an meine Mutter, die nie verstanden hatte, wieso die Sowjetunion nach dem Zweiten Weltkrieg plötzlich Amerikas Feind geworden war. Der Feind war doch Nazi-Deutschland! Das russische Volk hatte im Krieg so viel erlitten. Mir sagte sie immer wieder, ich solle nicht vergessen, dass die USA, England, Frankreich und Russland gemeinsam gegen die Nazis gekämpft hatten.

Die Monate von April bis August vergingen schnell für mich und Jeff. Ständig verglichen wir unser Leben in Buffalo mit dem Leben in Westberlin. Es gab so viele Museen und Denkmäler zu besichtigen, so viel Geschichte und noch vieles mehr zu lernen. Jede Straße besaß eine eigene Geschichte.

Wir lasen ausführlich über Ost- und Westberlin. Den Kalten Krieg hatten wir bereits in den USA kennengelernt. Aber das Leben hier zeigte uns, dass die Situation in Berlin etwas ganz Anderes war. Die Schlagzeilen in der Zeitung wurden dem echten Erleben nicht gerecht. Hier spürte man Politik auf der Straße.

Ich schrieb meinen Eltern lange Briefe, ich wollte, dass sie unsere Freude und Begeisterung teilten. Telefonate in die USA waren teuer, so dass wir nicht oft anrufen konnten. Ich gab mir deshalb besondere Mühe, Westberlin in meinen Briefen zu schildern.

Die Kinder kommen nach Europa

In den Semesterferien machten wir Urlaub. Wir wollten mehr von Europa sehen und brachen im August mit unseren Fahrrädern und einem Zelt auf. Wir fuhren zunächst mit dem Zug nach Hannover und starteten von dort aus eine Fahrradtour auf den Landstraßen bis nach Amsterdam. Jeden Abend schliefen wir unter den Sternen ein. Jeff und ich lagen eng beisammen, meine Brust an seinen Brustkorb geschmiegt. Das Wetter war so herrlich warm und trocken, dass unser Urlaub fast einem Mittsommernachtstraum glich. Wir waren »*high*«, ganz ohne Rauschgift.

In Amsterdam wollten wir Jeffreys Kinder treffen, die mit dem Flugzeug aus den USA kamen. Jeffrey hatte unsere Übernachtungen mit seinem Freund, dem holländischen Filmemacher Leonard, organisiert. Leonard lebte mit seiner Frau Marietta und seinen Kindern Xenia und Alexander auf einem Hausboot.

Als Andrei und Tanya in Amsterdam ankamen, holten wir sie vom Flughafen ab. Für die beiden war dieser Urlaub sehr besonders. Sie kannten Xenia und Alexander aus St. Louis, Missouri, wo sie miteinander in einer Wohngemeinschaft gelebt und gespielt hatten, als Rita und Jeffrey noch zusammen waren.

In diesem Sommer waren wir eine glückliche Familie und bauten eine sehr eng Bindung auf. Die Kinder hatten Spaß, und wir übten sogar ein bisschen Deutsch mit ihnen. Durch Rita verstanden sie schon Bruchteile der Sprache. Wir unternahmen viel miteinander, sprangen direkt vom Hausboot ins Wasser, schwammen in einem nahgelegenen See und fuhren jeden Tag mit den Fahrrädern. Leonard segelte mit uns auf dem stürmischen IJsselmeer.

Nach dem Urlaub kehrten wir gemeinsam nach Berlin zurück. Zu Hause in Lankwitz statteten wir das Kinderzimmer mit zwei Betten und einem Schreibtisch aus. Tanya wollte auch endlich selbstständig Fahrradfahren, und so brachten wir es ihr bei. Sie lernte mit ihren sechs Jahren sehr schnell.

Jeffrey wünschte sich, dass die beiden Kinder ein Jahr lang bei uns in Berlin leben könnten, und bat Rita darum. Zuerst sagte sie nein, aber ein paar Tage später rief sie uns an und erklärte, dass sie ihre Doktorarbeit über türkische Gastarbeiter in Deutschland schreiben wolle. Das bedeutete, dass die Kinder bei uns bleiben konnten. Vorher musste Rita jedoch noch ein Semester Soziologie an der Universität in Binghamton, New York, absolvieren. Wir begrüßten ihren Plan und entschieden, uns die Kinderbetreuung ab Januar 1977 mit ihr zu teilen. Sie würde eine eigene Wohnung in Berlin mieten, in der sie in Ruhe forschen und schreiben könnte. Wir boten ihr unsere Hilfe an und zahlten ihren Flug nach Berlin für Weihnachten und die anschließende Bahnreise für sie und für die Kinder zu ihrer Familie in München im Voraus.

Schnell organisierte Jeffrey, dass Tanya an der internationalen John-F.-Kennedy-Schule in Dahlem eingeschult wurde und Andrei, wegen seiner Lernbehinderung, in der Grundschule der US-Armee. Für die feierlichen Einschulungen mussten zwei Schultüten gekauft und gefüllt werden. Dieses Ritual kannten wir nicht aus den USA, aber alles ging problemlos vonstatten. Der Schulunterricht und das Hausaufgabenmachen liefen sehr gut, für Andrei war zusätzlich die Unterstützung durch eine Sonderschullehrerin wichtig, die zweimal in der Woche stattfand.

Im September bewarb ich mich für eine ausgeschriebene Stelle als Erzieherin beim Deutschen Kinderschutzbund. Nach dem Vorstellungsgespräch begann ich in ihrem Kinderladen im Wedding zu arbeiten. Es war ein Traum. Vormittags lernte ich in der Hartnackschule Deutsch. Diese Schule war wesentlich billiger als das Goethe-Institut. Von dreizehn bis achtzehn Uhr dreißig betreute ich im Kinderladen türkische und deutsche Kinder mit sechs weiteren Erziehern und Erzieherinnen. Täglich kamen zwischen dreißig und fünfzig Kinder in den Kinderladen. Mittags fuhr ich mit Bus und U-Bahn in den Wedding und abends eine gute Stunde zurück nach Lankwitz.

Ich hatte nur junge deutsche Kollegen und Kolleginnen und wir tauschten unsere Lebenserfahrungen aus. Wie ich es schon bei den Studierenden gemerkt hatte, gehörten sie zu einer neuen deutschen Generation, waren liberal und offen, und gar nicht so, wie ich mir Deutsche vorgestellt hatte. Die türkischen Kinder liebten mich wegen meiner dunklen Haare, aber auch weil sie mir Deutsch beibringen durften. Wir übten gemeinsam die Zahlen und Farben. Für die Schüler wurde Nachhilfe angeboten sowie kreatives Basteln und Fotografieren. Es gab ein Nähzimmer, in dem ich den Kindern meine Nähfähigkeiten vermitteln konnte. Mein Leben war ausgefüllt und ereignisreich.

Durch die Zusammenarbeit mit meinen Kollegen und Kolleginnen und den Kindern war ich zuversichtlich, dass ich die deutsche Sprache irgendwann sprechen und verstehen würde. Doch einfach war der Weg nicht.

Treffen mit Walter Kaufmann

Im August 1976 rief ich Walter Kaufmann an. Ich sagte ihm, dass mir meine Freundin Lares aus Buffalo seine Telefonnummer gegeben hatte. Er fragte sehr forsch:

»Wer sind Sie und wer ist Jeffrey?« Er wollte nicht am Telefon sprechen, sondern schlug vor, dass wir ihn am kommenden Samstag in Ostberlin besuchten.

Walter Kaufmann lebte in Berlin-Mitte und lud uns in das Haus der Deutsch-Sowjetischen Freundschaft ein, dem heutigen Palais am Festungsgraben. Wir kamen mit Andrei und Tanya: eine junge Familie mit einem Tagesvisum. Durch den Kontrollpunkt am Grenzübergang Friedrichstraße nach Ostberlin zu fahren, war eine völlig neue Erfahrung für uns. Aber die Kontrolle ging problemlos vonstatten, und bald saßen wir auf schönen großen Kissen aus Seide und tranken Tee mit Walter Kaufmann.

Er war 1924 als Kind einer ledigen polnischen Jüdin im Berliner Scheunenviertel zur Welt gekommen. Als Vierjähriger wurde er von einem jüdischen Ehepaar in Duisburg adoptiert. Sein Adoptivvater wurde 1938 verhaftet, später beide Adoptiveltern in Auschwitz ermordet. Dem fünfzehnjährigen Walter gelang die Flucht nach England.

1940 wurde er mit einem Schiff nach Australien evakuiert. Dort arbeitete er nach 1945 als Straßenfotograf, als Hafenarbeiter und als Seemann bei der Handelsmarine. Die Australische Seemannsgewerkschaft delegierte ihn

1955 zu den Weltfestspielen in Warschau. Zwei Jahre später siedelte er in die DDR über, wo er als freiberuflicher Schriftsteller arbeitete.

Walter Kaufmann war sehr herzlich zu uns und freute sich, dass wir ihn als Familie besuchten. Er hatte 1972 eine Reise nach San Francisco gemacht, um als Journalist über den Angela-Davis-Prozess in San Jose, Kalifornien, zu berichten. Seine Reportagen waren für Zeitungsleser und Unterstützer in der DDR verfasst. Durch seine Kontakte in New York City hatte er Lares kennengelernt und durch Gespräche mehr über ihre Zusammenarbeit mit Martin Luther King Jr. erfahren.

Er erklärte uns sehr emotional, dass er als Jude nur im antifaschistischen Teil Deutschlands leben könne: »Ich hatte 1957 nur die Wahl, entweder in der DDR zu leben oder weiter im Exil zu bleiben.« In der DDR habe er die Möglichkeit, das »sozialistische Experiment« durch sein literarisches Wirken und seine Zusammenarbeit mit Künstlern und Journalisten mitzugestalten. In Westdeutschland, wo es nach 1947 für die Karriere von Vorteil gewesen sei, ein Amt bei den Nazis gehabt zu haben, hätte er nicht arbeiten können. Er beschrieb seine Motivationsgründe mit einem Zitat frei nach Jean Jaurès: »Wir übernehmen aus der Vergangenheit das Feuer, nicht die Asche.«

Wir sprachen mit Walter offen darüber, warum wir nach Berlin gekommen waren. Jeffrey war nicht nur Akademiker, sondern auch linker Aktivist. Er hatte als Marxist und Anhänger der Neuen Linken an drei Universitäten in Amerika gearbeitet, doch seine befristeten Stellen als Professor waren jeweils nicht verlängert worden. Wir stellten Walter Kaufmann viele kritische Fragen über die DDR. Als Neuer Linker beurteilte Jeffrey den gesamten Ostblock sehr kritisch. Er verurteilte besonders die sowjetischen Panzer in Prag während des Aufstandes in der Tschechoslowakei im Frühling 1968. In seinem Unterricht an den Universitäten in den USA hatte er immer wieder unterstrichen, dass die Neue Linke in Amerika den Sozialismus demokratischer und besser aufbauen wolle. Walter erschien das etwas naiv. Er glaubte, der bestehende Sozialismus könne verbessert werden, indem das Bestehende kritisch analysiert werde, um ihn danach durch die gemeinsame Arbeit in allen Lebensbereichen auf ein hohes Niveau zu heben. Aber die Errungenschaften mussten verteidigt, nicht abgeschafft werden. Seine Devise war nicht »*Love it or leave it*« (»Liebe es, oder lass es«), sondern »*Love it and improve it*« (»Liebe es, und verbessere es«).

Wir waren neugierig, wie das Leben in diesem »sozialistischen Experiment« aussah. Durch das DDR-Fernsehen hatten wir erste Gelegenheiten bekommen, in die DDR hineinzublicken. Das Gespräch mit Walter ergänzte unser Bild. Er führte ein gutes Leben als Journalist und Schriftsteller und reiste regelmäßig ins Ausland. Seine Klarheit und seine journalistischen Kenntnisse über Amerika sowie den gesamten Ostblock beeindruckten uns. Er war kein Angeber, vertrat keine starke Ideologie, war Marxist und verstand unsere Neugier, als junge Amerikaner mit linken Ideen mehr über die DDR zu erfahren. Er schlug vor, dass wir uns mit anderen englischsprechenden DDR-Bürger austauschen sollten und gab uns schließlich die Telefonnummern von drei in Ostberlin lebenden Personen, die ursprünglich aus Irland und den USA stammten.

Ostberlin kennenlernen

Die erste von Walter Kaufmann vorgeschlagene Ostberlinerin war die Amerikanerin Edith Anderson. Sie war bereit zu einem Treffen, nachdem sie erfahren hatte, dass sie uns von ihm empfohlen worden war.

Edith war Schriftstellerin und lebte seit 1947 in der DDR. Sie kam aus New York und hatte an der Columbia Universität studiert, um Lehrerin zu werden. Seit den Dreißigerjahren gehörte sie der Kommunistischen Partei der USA an. Ihren Ehemann Max Schröder hatte sie während des Zweiten Weltkriegs in New York kennengelernt. Er stammte aus Lübeck und war 1933 aus Deutschland geflüchtet. Max Schröder und Edith Anderson heirateten 1944 in New York. Von seinen Erfahrungen als Widerstandskämpfer in Nazi-Deutschland und später im Exil in New York lernte sie viel über den Faschismus. Als der Krieg zu Ende war, wollte Max sofort zurück nach Deutschland. Er kam im November 1946 nach Ostberlin und wurde leitender Redakteur des Aufbau-Verlags. Er setzte sich zum Ziel, ein Deutschland ohne Faschismus aufzubauen.

Edith wollte zu ihrem Mann nach Deutschland. Ihre Familie, aus Ungarn stammende Juden, warnte sie, doch sie suchte dennoch einen Weg. Die USA erteilten 1946 kein Visum für Deutschland. So musste sie über Paris reisen und sich dort eine Einreisegenehmigung beschaffen. Kurz vor Weihnachten 1947 gelangte sie mit dem Zug nach Ostberlin, wo ihr Ehemann mit viel Liebe und Mühe eine Wohnung für sie beide eingerichtet hatte. Das Paar bekam 1948 eine Tochter. Durch die Kontakte ihres Mannes hatte Edith endlich die Chance, als Schriftstellerin zu veröffentlichen.

Bei unserem Besuch in ihrer Stadtwohnung stellte ich ihr viele Fragen über das Muttersein und die Karrieremöglichkeiten in diesem »sozialistischen Experiment«. Ich wollte von ihr wissen, wie das Leben in Ostberlin für sie war. Meinem Frauenherz tat es gut, mich mit Edith auszutauschen. Als Mutter und Frau war sie in der DDR zufrieden. Kostenlose Kinderbetreuung und Schulen mit sozialistischer Gesinnung waren in der DDR für jeden vorhanden.

Wir sprachen stundenlang über das Leben als Einwanderer und diskutierten über aktuelle Entwicklungen und Kontroversen wie die Möglichkeit einer Ausweisung Wolf Biermanns. Offen besprach

Edith Pro und Kontra des Lebens im Sozialismus mit uns. Sie vermisste die USA, das Heimweh begleitete sie ihr gesamtes Leben in der DDR. Manhattan war für Edith die Heimat geblieben, und so hatte sie, als ihr Ehemann 1958 starb, überlegt, nach New York zurückzukehren. 1960 war sie diesen Schritt tatsächlich gegangen. Sie hatte sich entschieden, in New York zu leben und einen amerikanischen Mann mit gleicher Gesinnung zu finden. Doch ihre Freunde aus den Vierzigerjahren lebten nicht länger dort, und langsam erkannte sie, dass ihr Lebensmittelpunkt längst in Ostberlin war. Auch wegen ihrer Tochter wollte sie in der DDR bleiben. So kehrte sie mit ihr und ohne neuen Mann in die DDR zurück.

Edith erzählte uns, ihre Tochter würde ihre Freiheit als Frau in der DDR sehr genießen. Ihre Tochter vertrat eine für mich überraschende Meinung: Eine Frau solle einen Mann nur am Wochenende haben, so dass ausreichend Zeit für die wichtigen Dinge im Leben sei …

Edith war sehr aktiv und schrieb eine große Zahl von Romanen sowie Kinderbüchern. Als wir sie besuchten, hatte sie gerade die Sammlung von Kurzgeschichten *Aus heiterem Himmel* veröffentlicht. Ich fand das Buch genial. Die Geschichten waren von acht bekannten Schriftstellern und Schriftstellerinnen der DDR verfasst worden. Edith hatte ihnen folgendes Thema gestellt: »Stellen Sie sich vor, Sie stehen morgens auf und haben ein anderes Geschlecht. Die Männer sind Frauen, die Frauen Männer. Was würde sich in ihrem Leben ändern, wenn so etwas passiert?« Edith dachte ausführlich über die Emanzipation der Frauen unter kapitalistischen und sozialistischen Bedingungen nach. Und so blieb die Emanzipation ihr Leben lang ein wichtiges Thema ihrer Arbeit.

Ich war begeistert von unseren ausführlichen Gesprächen. Edith hatte ein bewegtes Leben geführt: in Amerika und in Deutschland. Sie selbst war 1915 in New York geboren und hatte 1948 in Ostberlin ihre Tochter zur Welt gebracht. Mit 61 Jahren war sie noch immer aktiv und plante neue Literaturprojekte. Sie nahm kein Blatt vor den Mund, sprach offen über ihre Enttäuschungen im sozialistischen System und glaubte beispielsweise, dass viele in der Regierung sowie in den Behörden der DDR Kleingeister waren. Edith war gut informiert über die Konflikte der Schriftsteller und anderer Künstler mit der Regierung der DDR. Gleichzeitig hatte sie erlebt, was der Kapitalismus in Amerika bedeutet. Sie kannte die Ausbeutung und den existenziellen Kampf ums Überleben, den so viele Menschen in den USA führen. Sie sah eine Alternative im Sozialismus und war der Meinung, dass das »Experiment DDR« noch nicht vollendet war. Man müsse dranbleiben und die notwendigen Verbesserungen durchsetzen.

Ediths Bereitschaft, so offen und ehrlich mit uns zu sprechen, hat mich bewegt. Es machte mir klar, dass ich mein Leben selbst gestalten und selbst entscheiden müsse, wo ich etwas politisch beitragen könnte, um eine friedlichere Welt zu gestalten.

Die beiden anderen Ostberliner, die Walter Kaufman uns empfohlen hatte, waren Jack und Renate Mitchell. Jack Mitchell stammte aus Schottland, war der Sohn eines schottischen Vaters und einer irischen Mutter und kam 1956 nach einer Zeit in London nach Ostberlin. Er war Kommunist und Universitätsdozent für Englisch an der Humboldt-Universität in Berlin. Seine Frau Renate war ebenfalls Hochschullehrerin – für Englisch und Russisch. Zusammen mit Andrei und Tanya besuchten wir Jack, Renate und ihre drei Kinder acht Mal. Die Wohnung war bescheiden eingerichtet und bis unter die Decke mit Büchern, Blas- und Streichinstrumenten vollgestopft. Jeffrey war begeistert, als er erfuhr, dass Jacks Sohn Trompete spielte, genau wie Jeff selbst.

Wir diskutierten intensiv über das Pro und Kontra ihres Lebens in der DDR. Bei Kaffee und Obstkuchen mit Schlagsahne haben wir gelacht, gesungen und Spaß gehabt. Jack beeindruckte uns mit seinen Erzählungen, seiner Energie, Derbheit und seinem englischen Humor. Er erzählte über sein buntes Leben und das Familienleben in der DDR. Es war keineswegs grau, trist und langweilig. Wir fanden sofort einen Draht zu der gesamten Familie.

Jack war seit 1956 in der Musikszene aktiv. Er hatte 1973 mit dem Dudelsackspieler, Jazzer und Instrumentenbauer Bernd Eichler die Band Jack und Genossen gegründet. Mit Victor Grossman, einem amerikanischen Journalisten und Musiker in Ostberlin, und mit dem Sänger Perry Friedman aus Kanada hatte er 1966 den Hootenanny-Klub gegründet, der ab 1967 Oktoberklub hieß. Ihre Hootenannies, die geselligen Partys mit Folkmusic im *Kino International* in der Karl-Marx-Allee, waren sehr beliebt. Mit einem Leierkasten zogen die Mitglieder des Klubs durch die Lande und spielten auf teils improvisierten, oft sehr kleinen Bühnen. Irische Folkmusic war Jacks Leidenschaft, ebenso wie Arbeiterlieder aus Deutschland. Jedes Jahr organisierte er das Festival des politischen Liedes mit. Er kannte viele Musiker aus der ganzen Welt, die in der DDR auftraten. Pete Seeger, die Ikone aus den USA, gehörte dazu. Als Dolmetscher begleitete Jack sie auf Tourneen.

In Jacks Wohnzimmer hörten wir Livemusik, lachten über seinen deftigen Humor und beobachteten dabei das Leben mit seiner Familie. Bei den Mitchells sahen wir, wie wir ein schönes Familienleben in der DDR aufbauen könnten. Sie verstanden und unterstützten unseren aufkeimenden Wunsch überzusiedeln.

Eine ganz andere Sicht auf die DDR vermittelte uns Professor John Gerassi. Ihn holte Karl Pütz für das Wintersemester an das Kennedy-Institut. John Gerassi kam vom Queens College der City Universität von New York und sollte wie Jeffrey die jungen deutschen Studierenden über das Leben in den USA unterrichten. John »Tito« Gerassi war 1932 in Paris geboren und arbeitete nicht nur als Professor, sondern auch als Journalist. Sein Vater, Fernando Gerassi, hatte 1936 im Bürgerkrieg in Spanien als Anti-Faschist und General gegen Franco gekämpft. Seine Familie musste 1940 in die USA auswandern. Dort wuchs Tito auf und studierte später an der London School of Economics.

Tito war ein radikaler politischer Aktivist, Journalist und Pädagoge. Auf der Grundlage persönlicher Interviews schrieb er regelmäßig über Jean-Paul Sartre, Herbert Marcuse, Che Guevara und Fidel Castro. Die Themen seiner Seminare umfassten das Leben in Lateinamerika, die *Black Panthers* in den USA und seinen eigenen Vater. Er war ein Arbeitstier. Er lebte in einem kleinen Gästezimmer für Professoren in Dahlem, in dem er Tag und Nacht seine Vorlesungen vorbereitete und schrieb.

Ich besuchte ihn dort, weil ich seine Meinung über die DDR hören wollte. Tito war Marxist und sicher, dass die DDR nicht überlebensfähig sei. Seine Begründung verwunderte mich sehr: Er war überzeugt, dass »alle Deutschen« tief im Herzen unfähig seien, ein »sozialistisches Experiment« aufzubauen. Für ihn galt einzig und allein Kuba als »das sozialistische Experiment« der Sechziger- und

Siebzigerjahre. Denn anders als Kuba waren die Ostblockstaaten nicht durch eine »sozialistische Revolution« entstanden. Tito Gerassi war zudem extrem antideutsch, wie meine Mutter. Vielleicht ließ sich diese Einstellung durch den antifaschistischen Kampf seines Vaters in Spanien begründen, der auch ein Kampf gegen die Deutschen gewesen war. Seine Argumente fand ich jedenfalls zu einfach und schlecht begründet, seine antideutsche Haltung überzeugte mich nicht. Ich respektierte ihn dennoch als Aktivisten und Journalisten.

Internationales Leipziger Dokumentarfilmfest

Als wir im November 1976 wieder einmal zu Besuch bei den Mitchells waren, tauchte Lutz auf. Er stellte sich als Dolmetscher für Englisch und Deutsch vor. Unseren Wunsch, in die DDR umzusiedeln, hörte er sich mit Interesse an. Bei einem großen Stück Apfelkuchen erzählte Jeffrey über seine Dokumentarfilme. Lutz begriff, dass Jeffrey nicht nur linke Meinungen vertrat, sondern sie in politische Taten umsetzte. Er fragte, ob Jeffrey Interesse an einer Einladung zur Internationalen Leipziger Dokumentar- und Kurzfilmwoche für Kino und Fernsehen hätte, die Ende November stattfinden sollte. Wegen Jeffreys Erfahrungen mit politischen Dokumentarfilmen würde Lutz versuchen, die Einladung zu bekommen und die Reise zu organisieren. Jeffreys Neugier war geweckt, und er empfand die Einladung als eine Art Belohnung für seine politische Filmarbeit.

Auf dem Weg nach Leipzig traf Jeff am Bahnhof in Ostberlin, von Lutz organisiert, mit Victor Grossman zusammen. Victor, 1928 in New York City geboren, war 1976 schon vierundzwanzig Jahre lang als Journalist und Schriftsteller in der DDR aktiv, ein Jahr zuvor hatte er das Buch *Per Anhalter durch die USA* geschrieben. Victor begleitete viele Besucher wie Angela Davis und andere Ausländer während ihrer Tourneen in der DDR.

Während der gesamten Zugfahrt waren Jeffrey und Victor ins Gespräch vertieft. Jeff erzählte, dass er mit seinen sechsunddreißig Jahren trotz seines Studiums an den Universitäten Princeton und UC Berkeley keine feste Anstellung als Professor in Amerika bekommen konnte. Er sagte auch, dass er seine Arbeit an der Uni mit seinen politischen Aktivitäten verbinden wolle. Victor hörte interessiert zu und erzählte dann, warum er im Alter von vierundzwanzig Jahren in die DDR geflüchtet war. Während des Koreakriegs war er 1952 als Soldat in Bad Tölz stationiert gewesen. In Amerika herrschte damals die Zeit der McCarthy-Hexenjagd, Kommunisten wurden aufgrund ihrer politischen Einstellung verfolgt und verurteilt. Deshalb hatte Victor, als er zum Militärdienst einberufen worden war, nicht angegeben, dass er Kommunist war. Doch seine politische Einstellung, die sich gegen den Kapitalismus in den USA richtete, blieb nicht unentdeckt. Im August 1952 bekam er ein Einschreiben von der Wehrjustizstelle aus dem Pentagon. Er öffnete den Umschlag mit zitternden Fingern und sah sofort: Seine Befürchtungen waren berechtigt gewesen. Auf dem Blatt Papier standen die Anschuldigungen gegen ihn und ein unmissverständlicher Befehl: Am kommenden Montag hatte er beim Militärgericht in Nürnberg zu erscheinen. Es war Dienstag. Er wusste, dass man ihn im Zuge der McCarthy-Hexenjagd allerlei zur Last legen konnte. Am Ende hätte ihn wahrscheinlich ein Militärgefängnis in Deutschland erwartet oder gar das berüchtigte Leavenworth im Bundesstaat Kansas. Selbst wenn er die Zeit im Gefängnis überleben würde, wären seine Zukunftschancen verbaut. Er grübelte nach, viele mögliche Lösungen gingen durch seinen Kopf. Am Ende wusste er: »Ich muss abhauen!«

Nur eine Richtung war möglich: nach Osten. Dänemark hatte er für kurze Zeit in Erwägung gezogen, aber Dänemark war NATO-Mitglied und würde ihn ausliefern. Nun musste er sich für eine Route entscheiden und eine schwierige, schicksalsträchtige Wahl treffen. Am Ende entschied er: Unweit von Linz bildete die Donau die Grenze zwischen der amerikanischen und der sowjetischen Zone. Er dachte, dass er dort vielleicht so etwas wie ein Paddelboot finden könnte. Sollte dies nicht möglich sein, würde er durch den Fluss schwimmen. Schwimmen konnte er, zwar nicht schnell, aber ausdauernd, auch über lange Strecken.

Drei Tage vor seinem Gerichtstermin in Nürnberg schwamm er mit Mühe und Not über die Donau in die sowjetische Zone, wo die sowjetischen Soldaten ihn gefangen nahmen und nach einigen Monaten dem DDR-Militär übergaben. Sein Buch *Crossing the River. Vom Broadway zur Karl-Marx-Allee. Eine Autobiografie*, in dem er dies alles schildert, würde er Jahre später schreiben.

Während der Zugreise nach Leipzig erklärte Victor Jeffrey, dass er 1952 die Chance gesehen hatte, als Kommunist den Sozialismus in der DDR zu unterstützen. Er hatte seither viele Bücher und Artikel über die Zustände geschrieben, unter denen die Arbeiter im Kapitalismus in den USA lebten. Er war sehr pragmatisch und kein sozialistischer Träumer.

Jeffrey war während des Filmfestivals sehr bewegt und angetan von den gezeigten Filmen und von den Filmemachern aus Kuba, Vietnam und vielen anderen Länder, die er persönlich kennenlernte. Er spürte hautnah, dass diese Filmemacher, genauso wie er selbst, durch ihre Filme auf eine andere Welt ohne Kriege hinarbeiten wollten. Als er die Gelegenheit bekam, die vietnamesischen Dokumentarfilmer zu umarmen, konnte er seine Tränen nicht zurückhalten. Seit 1964 hatte er auf der Straße und in seinen Seminaren politisch gegen den Vietnamkrieg gekämpft, nun begegnete er in Leipzig zum ersten Mal den Menschen, für die er sich eingesetzt hatte.

Viele Filme zeigten, wie man den Frieden sichern könnte. In einem Dokumentarfilm aus Kuba hielten Männer Bohrmaschinen aus der DDR wie Gewehre in die Luft, um zu symbolisieren, dass man ein Land nicht mit Waffen, sondern mit Bohrmaschinen neu aufbauen kann. Die Solidarität, die von der DDR geleistet wurde, bewegte Jeffrey ebenfalls zu Tränen. Besonders interessant waren für ihn die Gespräche am Rande der Vorführungen. Er begleitete Victor während seiner Interviews mit den Dokumentarfilmern aus aller Welt. Jeff war stolz darauf, dass er gemeinsam mit einem anderen Amerikaner seine Solidarität mit den weltweiten Befreiungsbewegungen zeigen konnte.

Am letzten Abend unterhielt sich Jeff mit einem älteren Kommunisten aus England. Er sagte zu ihm: »Die Menschen und Filme hier in Leipzig haben mich überzeugt, dass es sich lohnt, die DDR politisch zu unterstützen. Andererseits bin ich Amerikaner und fühle mich verpflichtet, in die USA zurückzugehen, um dort für meine sozialistischen Ideale zu kämpfen. Ich bin hin- und hergerissen.« Der Engländer antwortete: »Jeffrey, ein Kommunist macht seine politische Arbeit für den Frieden dort, wo er es am effektivsten tun kann, egal ob in den USA oder in der DDR.«

Jeffrey ahnte nicht, dass er nur einen Monat später die Möglichkeit bekommen würde, für die DDR-Aufklärung zu arbeiten. Er fuhr mit Victor nach Berlin zurück, und Victor lud uns Anfang Dezember in seine Wohnung nach Ostberlin ein.

Zu Hause bei Victor Grossman

Bei einem Besuch bei Victor, seiner Ehefrau Renate und ihren zwei Söhnen erzählte er auch mir die haarsträubende Geschichte seiner Flucht in die DDR. Victor kannte Buffalo aus den Vierzigerjahren sehr gut. Er hatte dort als junger Mann mit der Gewerkschaft und der Kommunistischen Partei Arbeiter in Fabriken organisiert. Victor sah aus wie einer meiner jüdischen Verwandten in Buffalo. Er sprach so vertraut über meine Heimatstadt, dass ich eine besondere Nähe zu ihm verspürte.

Victors Leben als Journalist in der DDR war spannend und interessant, kein graues Alltagsleben. Er sprach offen und sehr ehrlich über die Probleme in der DDR, wir tauschten uns darüber stundenlang mit ihm aus. So erzählte er uns davon, dass es manche Produkte, die wir aus den USA kannten, nicht in den Verkaufsregalen der DDR gab. Für seine Söhne in der Pubertät war das ein großes Ärgernis. Ihn störte, dass manch kleingeistige Menschen in der DDR die Begriffe »Klassenkampf«, »Klassenbewusstsein« und »Arbeiterklasse« viel zu eng definierten. Als Amerikaner war ihm bewusst, dass die DDR-Bürger in ihrem eigenen Leben viel zu wenig Kontakt mit dem Kapitalismus hatten und dass sie durch das West-Fernsehen nur die »schönen« Seiten des Kapitalismus kennenlernten. Auch das Thema, warum seit 1961 eine Mauer Ost- und Westdeutschland trennte, diskutierten wir lange mit Victor.

Mit den Kindern in Ost- und Westberlin

Die Monate von August bis Dezember waren für unsere Familie mit vielen neuen Eindrücken erfüllt. Für Andrei und Tanya waren die Ausflüge nach Ostberlin etwas Besonderes. Wir holten uns jedes Mal Eis-Sandwiches auf dem Alexanderplatz. Einmal besuchten Jeffrey und Andrei einen Friseurladen in der Nähe der Friedrichstraße. Beide trugen ihre Haare relativ lang, und so entschieden sie sich gemeinsam, ihre Haare kurz und modisch schneiden zu lassen. Währenddessen ging ich mit Tanya einkaufen. Sie liebte die Souvenirgeschäfte an der Friedrichstraße. Es gab dort kleine Andenken zu kaufen, die sie sich von ihrem Taschengeld leisten konnte. Der Alltag in Ostberlin war faszinierend.

Wir waren mit den Kindern sonntags auch auf dem Kurfürstendamm in Westberlin unterwegs und unternahmen Ausflüge mit unserem aufblasbaren Schlauchboot auf dem Schlachtensee und der Krummen Lanke im Grunewald. Als amerikanische Familie waren wir überrascht, dass es in Deutschland FKK-Strände gab. In diesem Spätsommer genossen wir die körperliche Freizügigkeit, die wir aus Amerika nicht kannten. Als wir erfuhren, dass es im Westberliner Bezirk Steglitz eine sozialistische Kinder-Pioniergruppe gab, meldeten wir die Kinder dort an. Im November fuhren die beiden dann eine Woche mit anderen Kindern aus Westberlin in ein Landschulheim.

In Lankwitz planten wir unser erstes *Thanksgiving* in Berlin. Ich wollte ein großes Fest veranstalten mit einem Truthahn und leckerer Füllung sowie *Pumpkin pie*, einem zarten Mürbegebäck mit Kürbis. Wir luden alle unsere neuen Freunde aus dem J.-F.-K.-Institut mit ihren Kindern ein. Zwei Tage lang bereitete ich alles mit der Familie vor. Plötzlich, einen Tag vor dem Fest, bekam ich Fieber und rote Pusteln auf der Haut. Windpocken. Ich hatte mich im Kinderladen im Wedding angesteckt. Da ich die Kinder und die Gäste nicht anstecken wollte, ging ich im Schlafzimmer in Quarantäne. Das Fest lief perfekt ohne mich, und durch das Essen war es wirklich ein amerikanisches *Thanksgiving* pur!

Jeffreys erste Frau besucht uns

Anfang Dezember flog Jeffreys Ex-Frau Rita, zu der wir regelmäßigen Kontakt gehalten hatten, zu uns nach Westberlin. Für die Kinder hatten wir einen großen Kalender in der Küche aufgehängt, an dem wir die Tage zählten, bis ihre Mutter in Berlin ankommen sollte. Am Anreisetag fuhren wir mit dem Bus zum Flughafen. Alle waren gespannt, das Wiedersehen war herzlich und aufregend zugleich. Rita war um das Jahr 1968 herum zum letzten Mal in Westberlin gewesen, die Stadt hatte sich verändert.

Die Kinder waren hellauf begeistert, der Mutter ihre Lebenswelt in Lankwitz zu zeigen. Rita wollte jetzt Pläne für ein Studienjahr in Berlin und ihre Doktorarbeit schmieden.

Die Atmosphäre des Besuchs war harmonisch. Rita besuchte die Klassenlehrerin und den Klassenlehrer von Andrei und Tanya. Wir diskutierten über die Kosten für Wohnungen in Westberlin. Sie wollte, dass die Kinder bei ihr wohnten, war aber einverstanden, dass sie auch regelmäßig bei uns übernachteten. Sie würde eine Wohnung für sich und die Kinder in der Nähe der beiden Schulen suchen. Damit sie mit den Kindern die Großmutter und die Tanten, die in München lebten, besuchen konnte, hatten wir ihr bereits die Hin- und Rückfahrkarten für die Bahn gekauft. Sie waren für Weihnachten und Silvester nach München eingeladen. Mit den gepackten Kinderkoffern brachten wir Rita, Andrei und Tanya am 8. Dezember zum Zug am Bahnhof Zoo.

Nie hätten wir vermutet, dass wir die Kinder nach diesem Abschied lange nicht wiedersehen sollten.

3. Kapitel

Spione für die DDR

Treffen im Pressecafé in Ostberlin

Zwei Wochen vor Weihnachten waren wir zu Besuch bei Jack und Renate Mitchell. Dort tauchte auch »Lutz Schindler« auf, um Jack ein Manuskript zu geben. Lutz fragte Jeff nach seinen Erlebnissen auf der Leipziger Filmwoche. Jeff berichtete, wie bewegt er gewesen war, so viele Gleichgesinnte und ihre Filme kennenzulernen und dass er dabei erkannt hatte, wie viel Filmschaffende für Frieden und Solidarität tun könnten. Ich hatte das Gefühl, Jeff überlegte, ob er in der DDR im Filmbereich arbeiten könnte, um seine amerikanische Perspektive einzubringen.

Jeffrey bedankte sich bei Lutz dafür, dass er ihm den Besuch des Filmfests ermöglicht hatte. Und Lutz bemerkte offensichtlich, dass Jeffreys Begeisterung für die DDR seit ihrem letzten Treffen noch größer geworden war. Lutz war vierzig Jahre alt, schlank und etwas größer als Jeff, mit braunen, lockigen Haaren. Er sprach Englisch ohne Akzent und war immer bereit, für mich bestimmte Wörter zu übersetzen. Nun wollte Lutz uns bei unseren Bemühungen, in die DDR überzusiedeln, unterstützen. Er schlug vor, Jeffrey im Pressecafé im Haus des Berliner Verlages am Rande des Alexanderplatzes zu treffen, um zu überlegen, welche Schritte notwendig wären, um eine Genehmigung für die Übersiedlung zu bekommen.

Eine Woche vor Weihnachten fuhr Jeffrey allein nach Ostberlin. Am Abend erzählte er mir mit Begeisterung von dem Treffen. Er beschrieb die bunte Fassade des Pressecafés mit ihrem imposanten Wandfries, der arbeitende Journalisten und Autoren zeigt. Lutz war schick gekleidet gewesen, mit einer modernen, farbenfrohen Krawatte und sportlichem Sakko. Sie hatten Espresso bestellt, und Lutz hatte begonnen, Fragen zu stellen: Wie würde die DDR von unserer Übersiedlung profitieren? Was könnten wir dort beitragen? Als ob er eine Checkliste abarbeiten würde, fragte Lutz detailliert nach Jeffs beruflichem und politischem Werdegang in den USA. Jeff berichtete mir an diesem Abend lachend, dass alle

»Untaten«, die zu seinen beruflichen Problemen in den USA geführt hatten und regelrechte schwarze Löcher in seinem Lebenslauf waren, für Lutz wie leuchtende Sterne erschienen. Zwei Stunden hatten die beiden zusammengesessen, als Lutz vorschlug, dass er und Jeff einen Termin mit Kollegen aus dem »Außenministerium« machen sollten, die uns weiterhelfen würden.

Anwerbung durch die HV A

Während des Treffens im Pressecafé hatte Jeffrey die Adresse einer Wohnung in der Barnimstraße bekommen, in der er sich kurz vor Weihnachten melden sollte. Als Jeff dort ankam, warteten die Vertreter des »Außenministeriums« schon auf ihn. Sie wollten seine Übersiedlung in die DDR besprechen. Man erklärte ihm, dass er als Übersiedler willkommen sei, er könne der DDR sicherlich helfen. Aber sie hätten noch einen besseren Vorschlag: Am wirksamsten würden wir die DDR im Kampf für Frieden und Sozialismus unterstützen können, wenn wir als Ehepaar im Westen blieben und uns dort engagierten. Jeffrey sei ein Intellektueller mit exzellenten Fähigkeiten, und wenn er seinen Bart kürzer rasieren würde und die Haare auf das übliche Maß stutzte, hätte er gute Chancen, in einflussreiche Kreise in Westdeutschland zu gelangen. Am Abend erzählte Jeff mir die Geschichte. Wir fragten uns, ob diese Männer womöglich nicht zum Außenministerium, sondern zum Geheimdienst der DDR gehörten. Um das Angebot zu besprechen, würde eine Woche später ein weiteres Treffen stattfinden, zu dem ich mitkommen sollte. Die Männer wollten mich kennenlernen, und auch ich wollte unbedingt sie in Augenschein nehmen. Angst hatte ich keine. Im Gegenteil: Ich fand die Einladung spannend und war neugierig, mehr über dieses »sozialistische Experiment« zu erfahren. Die vielen Gespräche mit Ostberlinern hatten mir eine gewisse Zuversicht gegeben. Eine spannende Woche stand uns bevor.

Am vereinbarten Tag gingen Jeff und ich über die Grenze zu der Wohnung in der Barnimstraße. Die Männer begegneten mir sofort auf Augenhöhe. Lutz nahm als Dolmetscher an dem Treffen teil. Ich stellte wie immer ein paar bohrende Fragen, beispielsweise warum nicht mehr Frauen in der DDR führende Positionen erreichten. Mein Lebensplan war es, Karriere und interessante politische Arbeit zu machen. Durch das Gespräch mit Edith Anderson wusste ich bereits einiges über die Situation der Frauen in der DDR. Die Männer berichteten mir von den Errungenschaften, merkten aber auch kritisch an, dass das Land noch mehr für Frauen tun müsse.

Ich fand die Atmosphäre des Gesprächs sachlich und überaus korrekt. Ich begriff schnell, dass wir als Ehepaar angeworben werden sollten, für die DDR in Westdeutschland zu arbeiten. Der Vorschlag der Männer lautete, dass Jeff zunächst am J.-F.-K.-Institut bleiben und ich weiter intensiv Deutsch lernen solle. Später würden wir Informationen sammeln, damit die DDR-Auslandsaufklärung mehr Transparenz über die politische und diplomatische Situation in Westdeutschland erhielte. Ausgangspunkt war, dass Jimmy Carter am 20. Januar 1977 als neununddreißigster Präsident der USA vereidigt werden würde. Sein Vize-Präsident, Walter Mondale, sollte bereits am 23. Januar nach Bonn kommen, um die neuen Ziele der amerikanischen Außenpolitik mit Bundeskanzler Helmut Schmidt zu besprechen. Sollten wir das Angebot der DDR annehmen, würden wir in den kommenden Jahren darüber berichten, wie die neuen amerikanischen außenpolitischen Ziele durch deutsche Politiker aller Parteien bewertet wurden. Wie wir das alles bewerkstelligen sollten, war uns zu diesem Zeitpunkt völlig unklar. Es würde dauern, um diesen Schleier zu lüften. Wir sollten allmählich in die Welt der Spionage eingeführt werden.

Wir vereinbarten einen weiteren Treff eine Woche später in derselben Wohnung.

Jeffrey und ich waren hin- und hergerissen. Auf der einen Seite wäre es bequem, wenn wir in ein sozialistisches Land wie die DDR umziehen und dort leben würden. Auf der anderen Seite könnten wir in Westdeutschland tatsächlich etwas tun, besonders als Amerikaner. Bei unserem nächsten Besuch in Ostberlin machten wir einen Spaziergang. Wir bummelten zur Buchhandlung *Das Internationale Buch* in der Nähe des Roten Rathauses, deren Bücher für eine Linke wie mich sehr interessant waren. Ich war mir bewusst, dass sich unser Leben als Kundschafter in der BRD sehr verändern würde. Aber es wäre nicht für immer. Wir könnten, sollten wir uns später doch für ein Leben in der DDR entscheiden, dies jederzeit unseren Auftraggebern melden. Sie kannten schließlich unseren Plan, in die DDR überzusiedeln.

Durch die Gespräche und Begegnungen in Ostberlin hatten wir in den vergangenen Monaten so vieles erfahren, dass ich Begeisterung für die neue Aufgabe verspürte. Hinzukam, dass in den Sechziger- und Siebzigerjahren im amerikanischen Fernsehen viele Spionage-Serien wie »I Spy« gelaufen waren. Das Leben als Spion hatte durchaus seine Anziehungskraft. Doch ich war nicht naiv. Ich verstand, dass der Kalte Krieg ernst war und dass eines Tages daraus ein Heißer Krieg werden könnte. Um das zu verhindern, wäre es unsere Aufgabe, Informationen zu sammeln und nach Ostberlin zu bringen.

Keinen geringen Einfluss auf unsere Entscheidung hatte eine politische Entwicklung in den USA. Zu dieser Zeit leitete Senator Frank Church in Washington D. C. eine umfangreiche Untersuchung über die Aktivitäten der Geheimdienste CIA und NSA. Das Resultat empörte mich. Die Zeitungen berichteten, dass die USA seit Jahren versucht hatten, unliebsame Politiker im Ausland umzubringen. Die USA hatten sogar eine geheime Armee namens »Gladio« unterhalten. Senator Church stellte in seiner Untersuchung fest, dass der Geheimdienst regelmäßig Putsche und bürgerkriegsähnliche Unruhen angefacht hatte, so zum Beispiel 1973 in Chile.

Die Entscheidung, für die DDR zu arbeiten, würde die Art unseres politischen Engagements grundlegend verändern: Wir durften nicht mehr offen auf der Straße protestieren, nicht mehr freimütig mit linken Mitstreitern diskutieren. Unsere Kontakte zu politischen Freunden in Berkeley, St. Louis und Buffalo würden wir abbrechen müssen. Besonders Jeffrey, der jahrelang auf der Straße und in seinen Dokumentarfilmen offen für linke Ideen eingetreten war, tat sich emotional sehr schwer mit einer solchen Veränderung. Trotzdem erkannte er, dass er nun die Möglichkeit bekam, seine Fähigkeiten effektiv für einen Frieden zwischen den beiden verfeindeten Systemen einzusetzen. Ich selbst wollte die DDR gemeinsam mit Jeffrey unterstützen. Als junge Frau war ich zuversichtlich, neben Jeff einen wertvollen Beitrag leisten zu können.

Für uns beide stand fest, dass der Kalte Krieg ein Krieg war, der nur ein Ziel kannte: die Überwindung des Sozialismus. Wir lebten in dem Brennpunkt zwischen Ost und West. Wir waren jung und hatten Kraft und Energie, die wir nutzen konnten, um den Frieden zu sichern. Ohne ein stabiles Europa konnte man keine friedliche Zukunft aufbauen.

Die »Entführung«

Mitte Januar gingen wir zum Bahnhof Zoologischer Garten, um die Kinder und Jeffs Ex-Frau abzuholen. Der Zug aus München kam um achtzehn Uhr an. Wir standen auf dem Bahnsteig und warteten. Der Zug leerte sich, aber Tanya, Andrei und Rita waren nicht da. Beunruhigt fuhren wir nach Hause, riefen in München an und fragten besorgt, wo denn die Kinder seien.

Ritas Schwester war am Telefon und antwortete mit kalter Stimme: »Sie sind bereits gestern zurück nach New York geflogen. Wir haben die Flüge bezahlt. Die Kinder brauchen keinen Vater. Lasst die Kinder in Ruhe!«

Schock, Erschütterung, Wut und Trauer waren unsere ersten Gefühle. Wie konnte Rita so etwas tun? In Berlin hatte sie die Schulen der Kinder besucht, mit den Klassenlehrern gesprochen und geplant hierherzuziehen, um ihre Doktorarbeit zu schreiben. Wir riefen in Binghamton an. Die Antwort war eindeutig: »Ja, wir sind wieder in

Binghamton, bitte alle Kinderkleider, Schmusetiere und Kleinkram in einem Karton herschicken. Nein, du darfst keinerlei Kontakt mehr haben. Die Kinder brauchen keinen Vater. Ich hatte alles bereits im November geplant. Versucht nicht, die Kinder wiederzusehen!«

Das Leben kam zu einem Halt. In unserer Wohnung war es plötzlich ganz still. Im Kinderzimmer lagen Schmusetiere, Kleider und Hausaufgabenhefte. Haben wir etwas nicht gesehen oder gehört während Ritas Besuch? Wodurch wurde dieses Rachegefühl in ihr ausgelöst?

In den kommenden Tagen weinten wir viel. Das unvorstellbare Verhalten dieser Frau machte uns wütend. Wir überlegten, ob wir juristisch für die Kinder, für ein Besuchsrecht kämpfen sollten. Aber wir hatten kein Geld für einen Prozess, und die Entfernung machte es noch schwieriger. Wir waren verzweifelt. Mit Karl Pütz konnten wir über unser Unglück sprechen. Er lebte in zweiter Ehe und verstand unsere Trauer.

Sechs Wochen später wachte ich morgens auf und fand meine langen schwarzen Haare auf dem Kopfkissen liegen. Ich hatte in einer Nacht den hinteren Teil der Haare völlig verloren. Ich ging sofort zu unserer Hausärztin, die auch Heilpraktikerin war. Sie schaute sich die kahlen Stellen an und sagte, die Ursache sei der Schock gewesen. Ich sollte mir ein Haarteil besorgen und hoffen, dass mit der Zeit meine Haare wieder wachsen würden.

Leben zu zweit

In diesem Frühjahr gab es einen weiteren Schock. Meine Eltern schrieben uns, dass sie Insolvenz anmelden mussten. Alle drei Pflegeheime waren geschlossen worden. Sie hatten fünfundzwanzig Jahre für ihre Pflegeheime gearbeitet und drei Jahre vor meiner Abreise nach Berlin das große Bankdarlehen bekommen, um damit das neue Heim zu bauen. Doch diese Schulden konnten sie nicht rechtzeitig zurückzahlen. Die Bank hatte kein Entgegenkommen gezeigt und das Gebäude samt den medizinischen Einrichtungen zwangsversteigern lassen. Meine Eltern konnten nur mit Mühe und

Not ihr eigenes Haus behalten. Mein Onkel kaufte es ihnen ab, um es vor dem Insolvenzverwalter zu retten.

Am Anfang meiner Beziehung mit Jeffrey hatte ich unterschätzt, wie hart das Leben zu zweit sein könnte. Meine Eltern erlebten in Buffalo bittere Zeiten. Jeffrey hatte beide Kinder verloren. Trotzdem wuchs unsere Liebe zueinander. Gerade in dieser schwierigen Zeit wollte ich, dass wir zusammenblieben und ein gemeinsames Leben in Deutschland aufbauten. Wir überlegten, ob wir heiraten sollten.

Ich habe schon als junge Frau abgewogen, auf der einen Seite frei und unabhängig zu sein und auf der anderen mein Leben mit einem Partner aufzubauen. Zwei Jahre lang war das Leben mit Jeffrey aufregend, liebevoll, erotisch gewesen. Mit seinen kleinen Kindern hatte auch das Familienleben Spaß gemacht. Ich merkte, dass ich bereit war, meine vollständige Emanzipation als Frau ein bisschen aufzugeben.

Jeffrey war ein ausgezeichneter Vater, doch ich war sicher, dass wir auch ohne Andrei und Tanya in Deutschland ein glückliches Leben führen könnten. In seiner Arbeit an der Uni war er sehr diszipliniert und wollte gleichzeitig seine politischen Aktivitäten durch seine Arbeit weiterführen. Ich fand innere Ruhe, wenn wir uns nach der Arbeit erzählten, wie der Tag gelaufen war. Die Zeit, in der wir uns liebten, war harmonisch und erfüllt mit Freude. Jeff war ein sehr erfahrener Liebhaber und liebte nicht nur meinen Körper, sondern auch meine Energie und meinen Ehrgeiz. Viele Männer finden eine Frau mit Ehrgeiz nicht attraktiv. Doch er unterstützte mich in allen meinen Projekten. Jeff nahm sich jeden Tag Zeit für uns. Die Freizeit mit ihm war abwechslungsreich. Wir kochten zusammen, putzten und wuschen die Wäsche. Museumsbesuche, Musik, besonders Jazz, und Fahrradfahren sowie Schwimmen und Saunagänge waren unsere gemeinsamen Entspannungsrituale.

Ich wusste, dass mein Weg im Ausland trotz dieser Unterstützung ohne meine Muttersprache steinig sein würde. Schulfreunde in Buffalo hatten schnell in ihrem Beruf Erfolg. Ich würde in Deutschland härter arbeiten müssen. Ich schaute mir Jeffreys Arbeitsmethoden an, die da lauteten: alle Aufgaben erfassen, sich gut informieren und immer das Ziel vor Augen haben. Es war stets ruhig und zielgerichtet. »*We will hit the ground running*«, war sein Lebensmotto, was soviel bedeutet wie:

»Wir starten mit voller Kraft durch«.

Die konspirative Arbeit beginnt

Ende Februar 1977 trafen wir in Ostberlin ein weiteres Mal mit Lutz und den zwei Männern zusammen, die sich jetzt als Mitarbeiter der Hauptverwaltung Aufklärung, kurz HV A, offenbarten. Dabei teilten wir ihnen unsere Entscheidung mit, für die DDR im Westen zu arbeiten. Uns war klar, diese Entscheidung würde unser Leben nachhaltig verändern.

Die Atmosphäre unserer Zusammenkünfte war von Professionalität geprägt. Wir waren inzwischen zu einem festen Kollektiv geworden: vier Männer und eine Frau. Im Kollektiv redeten wir über die Politik in Ost- und Westdeutschland. Wir sprachen aber auch über den Verlust von Andrei und Tanya, über unsere Trauer und erzählten, dass wir beschlossen hatten, trotz der schwierigen Umstände im Frühjahr zu heiraten.

Unser Kollektiv informierte uns an diesem Tag, dass unsere langfristige Aufgabe darin bestehen würde, Informationen aus dem Bundeskanzleramt in Bonn zu erlangen. Wir waren zunächst sprachlos. Darauf waren wir nicht vorbereitet. Wir waren erst zehn Monate in Westberlin und hatten keine Ahnung, wie wir so etwas schaffen sollten. Aber die Herausforderung hatte ihren Reiz. Uns wurde versichert, dass Lutz uns immer unterstützen und sich regelmäßig mit uns in Westberlin treffen würde.

Im nächsten Jahr sollten wir uns in der Nähe der Hauptstadt Bonn niederlassen.

Unsere Tätigkeit wurde mit sorgfältiger Planung aufgebaut. Um Kontakte im Umfeld des Bundeskanzleramts zu knüpfen, wurde es als sinnvoll erachtet, Jeffreys Doktorarbeit von 1974 als Buch herauszugeben. Bereits 1975 hatte Jeff einen Verlag in den USA gefunden und einen Vorschuss erhalten. Um seine Doktorarbeit für die Veröffentlichung zu überarbeiten, benötigte er einige Monate. Damals an der Universität von Kalifornien in Berkeley war Jeffreys marxistische historische Analyse der Entstehung der Rüstungsindustrie von seinem Doktorvater scharf kritisiert worden. Er hatte Jeffrey sogar aufgefordert, die Hälfte seiner Dissertation zu entfernen. Das war politische Zensur à la USA. Schweren Herzens hatte Jeff die gekürzte Version eingereicht. Die Dissertation wurde angenommen und Jeffrey 1974 promoviert. Für die Veröffentlichung sollte er nun aus seiner Analyse ein noch stärker bereinigtes Manuskript machen, ein Buch, das seine wissenschaftliche Seriosität und Neutralität unter Beweis stellen würde. Dank seines Doktorvaters war diese Überarbeitung zum größten Teil schon erfolgt. Nur ein Ruck nach rechts war noch nötig. Die ursprüngliche Version mit seiner unzensierten historischen marxistischen Analyse hatte er inzwischen unserem Kollektiv zur sicheren Aufbewahrung für seine berufliche Zukunft in der DDR übergeben.

Für den Sommer planten wir eine Reise nach Buffalo. Während dieser Reise sollte Jeffrey seinen Verlag in Boston aufsuchen und die Veröffentlichung vorantreiben. Das Buch würde ihm helfen, wichtige Kontakte in die außenpolitischen Kreise in Bonn zu knüpfen.

Ich lernte indessen die Welt der verschlüsselten Kommunikation kennen. Ich wurde vorbereitet, geheime Dokumente zu fotografieren und in einem toten Briefkasten nach Ostberlin zu schicken. Ich wurde in Methoden der Chiffrierung und Dechiffrierung von Nachrichten unterwiesen. Jeffreys künftige Aufgabe sollte die Beschaffung geheimer Information über die Außenpolitik der Bundesrepublik sein, ich sollte diese Informationen hinter den Kulissen nach Ostberlin schaffen.

Unser Kollektiv schlug vor, dass ich Mitglied im Deutsch-Amerikanischen Frauenklub in Westberlin werden sollte. Von diesem hatte ich durch Besuche des Amerika-Hauses und der dortigen Kunstausstellungen erfahren. Das tat ich. In dem Klub lernte ich viele Frauen aus Militär- und Diplomatenkreisen kennen. Dort erhielt ich auch »Unterricht«, wie sich die Frauen einflussreicher Männer in der Gesellschaft in Westdeutschland verhielten. Die Frauen, die ich im Klub kennenlernte, waren alle sehr gebildet, viele besaßen einen Universitätsabschluss. Trotzdem machten sie nichts Anderes in ihrem Leben, als ihren Ehemännern kompletten Freiraum für die Karriere zu schaffen und die Kinder zu versorgen.

Im Frauenklub gab es verschiedene Angebote. So meldete ich mich für die Kunst-Gruppe, die Koch- und die Museum-Gruppe an. Alle Frauen waren entzückt, dass ich als junge Ehefrau eines Professors am John-F.-Kennedy-Institut in ihrem exklusiven Klub Mitglied sein wollte. Die meisten von ihnen waren zwischen vierzig und sechzig Jahren alt. Sie hatten Töchter und Söhne in meinem Alter. Die Frauen plauderten viel, und manchmal erfuhr ich sogar interessante Dinge über Wirtschaft, Politik und Militär für Ostberlin. Die Kenntnisse dieser Frauen und die intensiven Gespräche beschleunigten meine Lernphase über deutsche Geschichte und den Anti-Kommunismus in der Bundesrepublik Deutschland.

Ich lernte von ihnen außerdem, wie man für Cocktailpartys und Abendessen einen schönen Tisch gestaltet. Wenn wir gemeinsam besondere Abendessen mit beispielsweise zehn Gästen vorbereiteten, lernte ich immer wieder neue Rezepte kennen. Meine Garderobe musste modisch und elegant, dabei aber nicht extrem teuer sein. Ich entschied mich, meinen Kleiderschrank, mit Jeffreys Unterstützung, mit konservativen Kostümen, schlichter und schicker Mode zu füllen. Meine Figur passte, und ich versuchte immer frisch und schön auszusehen. Meine Haare bereiteten mir Kummer, doch ich bemühte mich sehr, trotz des Haarteils einen gepflegten Eindruck zu vermitteln.

Wir Frauen trafen uns in wunderschönen Gärten in Dahlem und Zehlendorf. Die Rosen- und Lavendeldüfte beflügelten meine Gedanken, und ich lernte allmählich, wie diese Frauen mit ihrem Reichtum lebten. Ihre Wohnungen waren groß und elegant möbliert. Antiquitäten und Gemälde schmückten die Räume. Teppiche aus exotischen Ländern und Regale mit Büchern in verschiedenen Sprachen waren dort zur Schau gestellt. Durch die Bücher konnte man erkennen, wo die Diplomaten und Militärs bereits gelebt und gearbeitet hatten. Wir bereiteten zusammen auch Cocktails vor und tranken diese anschließend. Ich lernte, mit einer Hand ein Glas zu halten und, vertieft in Gespräche, kleine Häppchen zu essen.

Ich trat auch in die Mal-Gruppe ein, die von einer Tochter von Otto Dix unterrichtet wurde, und lernte dort, professioneller zu malen und zu zeichnen. In den Übungen zeichnete ich eine Indianerin aus Wounded Knee und eine schwarze Frau mit ihrem Baby aus Buffalo. Auch die alten Berlinerinnen malte ich gern. Besonders hatte mich das Fest an Pessach in der Synagoge inspiriert, von dessen Ereignissen ich eine Zeichnung zu Papier brachte. Zweiunddreißig Jahre nach der Befreiung Hitler-Deutschlands hatten wir mit einhundert Überlebenden des Holocaust diesen Gottesdienst und die Mahlzeit gefeiert.

An exklusiven privaten Führungen durch fast alle Kunstmuseen Westberlins nahm ich mit der Gruppe teil. Dabei sog ich wichtige Fakten der Deutschen Kunstgeschichte auf. Die Arbeiten, die eigenwilligen, teils skurrilen und sehr persönlichen Anschauungen der Künstler der Zwanzigerjahre beeindruckten mich. Ich war zum ersten Mal in meinem Leben mit Künstlern konfrontiert – Otto Dix, George Grosz und Ernst Barlach sowie Käthe Kollwitz –, die die Menschen in existenzieller Not, in einer auseinanderfallenden Gesellschaft in einer wahnwitzigen Epoche gesellschaftlicher und politischer Umbrüche auf die Leinwand gebracht hatten. Es war sehr bewegend für mich zu sehen, wie die deutschen Künstler Liebe und Hass, Begeisterung und Skepsis, Leidenschaft und Schwermut, Aggressivität und Selbsthingabe gemalt hatten. Sie malten eine Welt, die aus den Fugen geraten war.

Meine Arbeitsstunden im Kinderladen reduzierte ich, obwohl mich diese Tätigkeit sehr interessierte. Mehr noch: Sie hatte mein Image als Frau im Kreis der Ehefrauen der Diplomaten gefestigt. Doch ich wollte mich auf meinen Deutschunterricht und das Malen und Zeichnen konzentrieren.

Die Technik der konspirativen Arbeit

In der Anfangszeit unserer konspirativen Arbeit erhielt ich mein Funkgerät und lernte, die verschlüsselten Nachrichten zu empfangen, die wöchentlich gesendet wurden. Die Techniker in Ostberlin bildeten mich sorgfältig aus. Während Jeffrey mit dem Kollektiv diskutierte, saß ich mit einem Funktechniker zusammen, der mir die

Feinheiten meiner zukünftigen Aufgaben erklärte. Er reichte mir eine kleine Plastikhülle von gerade einmal drei mal zwei Zentimetern Größe, in die ein Stück Papier eingeschweißt war. Ich schnitt die Hülle auf und zog einen hauchdünnen, zickzackförmig gefalteten Streifen hervor. Er war mit endlosen Zahlenkolonnen bedruckt, jeweils fünf Gruppen von fünf Ziffern nebeneinander und zehn Reihen untereinander. Der Techniker erklärte mir, wie die Entschlüsselung funktionierte: »Um eine Nachricht mit Hilfe dieser Zahlen zu entschlüsseln, musst du die Zahlen, die in der Funksendung aus Ostberlin durchgegeben werden, unter deine Zahlenreihe schreiben und sie dann von dieser abziehen.« Der Schlüssel dazu war, dass man immer im Bereich der Einerstellen blieb. Die Zahlenreihe, die ich am Ende erhielt, ergab den Klartext. Der Techniker zeigte mir eine Tabelle, in der alle Buchstaben des Alphabets fortlaufend mit Zahlen ausgewiesen waren. »Nach dieser Tabelle werden die übermittelten Ziffern in Text umgesetzt«, erklärte er.

Zu Hause wurde ich mit der Wirklichkeit der Spionagearbeit konfrontiert. Es war anders als bei dem schillernden Vertreter dieses Genres mit dem Decknamen 007. Um unsere Nachrichten aus Ostberlin zu erhalten, saßen Jeff und ich mit Kopfhörern vor dem Funkgerät. Durch die hohe Anzahl der Sendungen, die über den Funk liefen, konnten wir erkennen, wie viele Spione täglich Nachrichten erhielten. Wir waren nicht allein. Die Sendungen liefen tagsüber und wurden später in der Nacht wiederholt. Hatte ich eine Sendung wegen anderer Termine verpasst, konnte ich sie mir nachts anhören.

Meine Aufgabe bestand darin, die Zahlen der Funksendung mit Bleistift aufzuschreiben. Ich war nie eine gute Matheschülerin gewesen, aber die Dechiffrierungsmethoden lernte ich schnell. Ich erhielt auch verschiedene ausgeklügelte Möglichkeiten, um die Dechiffrierungscodes zu verstecken. Am Anfang nutzten wir eine Aerosoldose, die angeblich Lederspray für meine Stiefel enthielt. Mit einem Stift konnte ich die Dose öffnen. Sie war leer und bot Platz, um meine Geheimdokumente aufzubewahren.

Der Techniker in Ostberlin hatte mir auch den Umgang mit der Kamera erklärt. Ich bekam eine einfache Pocket-Kamera. Zudem benutzte ich ein Ministativ. Die Dokumente und Berichte musste ich damit so scharf abbilden, dass sie jeder in Ostberlin gut lesen konnte. Wichtig waren der Abstand zwischen dem Objektiv und dem Dokument sowie die Beleuchtung. Für meine Arbeit verwendete ich Lampen mit beweglichen Armen, die an meinem Schreibtisch befestigt waren. Tagsüber diente dieser als wunderbarer großer Arbeitstisch, abends fotografierte ich dort geheime Dokumente.

Es war immer wichtig, dass unser Arbeitszimmer gut verdunkelt blieb. Undurchsichtige Rollos am Fenster sollten sicherstellen, dass von draußen kein Licht hineinfiel und die Nachbaren abends nicht sehen konnten, dass ich fotografierte.

Unsichtbare Tinte benutzten wir nicht zum Kommunizieren. Aber wir waren mit einer Decktelefonnummer und einer Deckadresse in Ostberlin ausgestattet, an die wir Nachrichten senden konnten. Ort und Zeit unserer geheimen Treffen wurden detailliert vorbereitet. Oft bekamen wir die notwendigen Informationen auch per Funk. Wir trafen Lutz in dieser Zeit immer wieder in Westberlin vor der Oper. Wir schauten uns dort den ausgestellten Spielplan an, und er lief vorbei. Wir trafen uns »zufällig« und gingen anschließend zusammen in einem Restaurant essen. Wir sprachen mit Lutz in Westberlin immer Englisch, denn er trat als Übersetzer auf.

Unsere Decknamen durften wir uns selbst aussuchen. Ich wählte Lares, weil ich mit Lares aus Buffalo noch immer sehr verbunden war. Jeffrey wählte Robert.

Es war wichtig, regelmäßig Spaziergänge in Lankwitz zu unternehmen, bei denen wir beobachten konnten, ob wir verfolgt wurden. Wir durften in unserer Wohnung nie über die geheime Arbeit sprechen. Dort hätten unsere Gespräche leicht vom BND oder der CIA abgehört werden können. Der Kalte Krieg war in unseren vier Wänden in vollem Gange. Wir wurden aufgeklärt, wie vorsichtig wir sein mussten, weil die Abhörtechniken anderer Geheimdienste äußerst raffiniert waren. Deshalb führten wir auch alle Gespräche über die Arbeit ausschließlich während unserer Spaziergänge im Park, wo die Hintergrundgeräusche unsere Stimmen überlagerten. Am Anfang machten mir diese geheimnisvollen Arbeitsmethoden Angst, aber ich sah ein, dass sie absolut notwendig waren.

Mein erster Auftrag

Ich lernte Jasmin in meinem Frauenklub kennen. Sie war dreißig, verheiratet mit Franz, einem vierunddreißigjährigen CDU-Parlamentarier aus Kreuzberg. Franz hatte für Jasmin eine wunderschöne Altbauwohnung in der Knesebeckstraße gekauft. Die Wohnung lag in unmittelbarer Nähe zur Kunsthochschule, an der ich zu Beginn unserer Zeit in Berlin gearbeitet hatte. Ich kannte die Nachbarschaft sehr gut, dort am Savignyplatz hatte ich mittags Deutsch gelernt.

Die Bekanntschaft mit Jasmin sollte ich wegen ihres Ehemanns suchen. Diesen ersten Auftrag hatten wir im Ostberliner Kollektiv ausführlich diskutiert. Meine Aufgabe bestand darin, mehr über die Situation in der CDU und Franz' Beziehung zu Helmut Kohl zu erfahren. Ich bekam grünes Licht.

Franz war jung und ehrgeizig, Helmut Kohl hatte sich diesen jungen Mann als seine rechte Hand ausgesucht. 1976 war Kohl als Spitzenkandidat der CDU für die Bundestagswahl angetreten und hatte knapp gegen Helmut Schmidt und dessen SPD verloren. Diese Jahre waren auch geprägt von der gegenseitigen Abneigung zwischen dem CSU-Vorsitzenden Franz Josef Strauß und Helmut Kohl. Brutal und unverhüllt hatte Strauß 1976 zum Ausdruck gebracht, Kohl werde nie Kanzler werden. Strauß hielt Kohl für absolut unfähig, laut Strauß fehlten ihm die charakterlichen, die geistigen und die politischen Voraussetzungen. Die Verhältnisse zwischen den Schwesterparteien CDU und CSU waren 1977 extrem belastet. Ostberlin war daran interessiert, mehr über diese Verhältnisse zu erfahren.

Jasmin war intelligent, auffallend schön, mit rabenschwarzen langen Haaren und absolvierte gerade eine Ausbildung zur Heilpraktikerin. Wir beide waren nur acht Jahre auseinander und fanden schnell einen Draht zueinander. Ich dachte oft an mein Gespräch mit Edith Anderson: Eine Frau in der DDR konnte Karriere, Studium und Kinder haben, ohne einen reichen Mann heiraten zu müssen. Bildung war für Frauen in der DDR wichtig und möglich. Jasmin hatte keine Zukunft in der Bundesrepublik ohne Franz, sie besaß nur einen Hauptschulabschluss und kein Vermögen. Die Ehe gab ihr die Möglichkeit, sich weiterzuentwickeln und ein interessantes Leben in Berlin zu führen. Sie nutzte die Chance, im Klub Kontakte zu reichen Ehefrauen von Männer aus Wirtschaft, Politik und Militär zu knüpfen und ihre neue Praxis bekannt zu machen. Sie lachte oft und war die einzige Frau im Klub mit eigenen Ambitionen.

Ich bat Jasmin um einen Behandlungstermin wegen meines Haarausfalls. Dabei erzählte ich ihr, dass meine Hausärztin dachte, er wäre durch die Trauer und den Schock verursacht. Sie zeigte Mitgefühl und Verständnis. Ich vereinbarte daraufhin gleich mehrere Termine. Jasmin arbeitete unter anderem mit der Fußreflexzonentherapie, über die sie die Schwächen in meinem Körper feststellen und Organe, Nerven und Muskeln gezielt erreichen konnte. Sie machte mir Hoffnung, dass meine Haare durch die Behandlung wieder wachsen würden.

Alle vierzehn Tage kam ich zu den Behandlungen zu ihr. Ihre Wohnung war prachtvoll, doch für sie wie ein goldener Käfig, in dem sie ihren Ehemann nach seiner anstrengenden Woche im Parlament empfing. Jasmin bat mich, mich hinzulegen und zu entspannen. Sie liebte frische Blumen, und der Behandlungsraum roch nach Rosenöl. Sie behandelte meine Füße fast eine Stunde lang, und ich spürte die Veränderungen in meinem gesamten Körper. Wir verbrachten eine Stunde miteinander, in der wir zwei jungen, ehrgeizigen Frauen uns austauschen konnten.

Jasmin war erst 1974 nach Westberlin gezogen. Zwei Jahre später hatte sie Franz getroffen. Die beiden hatten sich verliebt und relativ schnell geheiratet. Franz hatte zur dieser Zeit eine wichtige Position in der CDU inne. Er war ein Arbeitstier und wollte mit seiner Nähe zu Helmut Kohl schnell Karriere machen. Als rechte Hand Kohls verbrachte er viel Zeit in Bonn und war selten zu Hause, dafür schickte er Jasmin jeden Tag teure Blumen. Sie vermisste seine Nähe, aber seine Abwesenheit gab ihr auch Zeit zu lernen. An Geld fehlte es nie.

Jasmin und ich haben wie Schwestern gelacht und geplaudert über die komischen Eigenschaften unserer Männer. Jeff war nur ein Jahr älter als Franz. Ich konnte mit Jasmin über meinen Ehrgeiz reden und erzählte ihr, dass ich wieder an der Universität studieren wollte. Meinen Wunsch konnte sie gut verstehen. Meine weiblichen Bekannten und die Kolleginnen im Kinderladen waren nicht ehrgeizig. Jasmin und ich tauschten auch Kosmetik- und Kleidertipps aus. Ihre Haare waren schön frisiert, sie hatte dicke Augenbrauen und lange Wimpern. Ich wünschte mir, in Zukunft so gepflegt und schön auszusehen wie sie. Wir beide wollten Kinder bekommen und waren emanzipiert. Unsere Ehemänner fühlten sich nicht von uns bedroht, sondern waren stolz auf unsere Errungenschaften. Jeffrey und ich luden Jasmin und Franz zu uns nach Lankwitz zu Kaffee und Kuchen ein. Franz war sofort in unsere zwei Katzen Spooky und Robi verliebt und saß die ganze Zeit auf dem Teppich, wo er mit Spooky spielte. Er war nahbar, kein typischer Politiker. Wir sprachen über die neue Ostpolitik, die vor allem von der CDU und CSU skeptisch beäugt wurde. Wir diskutierten auch über die Fortsetzung der Entspannungspolitik, über die atomare Patt-Situation und ob »Wandel durch Annäherung« eine Zukunft hätte.

Jasmin war an Politik nicht interessiert, deshalb blieben die Informationen, die ich von ihr über Franz und seine Zusammenarbeit mit Helmut Kohl bekommen konnte, minimal. Trotzdem war dieser Auftrag ein Lernprozess für mich.

Vor unserem Umzug nach Bonn vollendete ich eine schöne Zeichnung mit esoterischen Symbolen von Jasmins zukünftigem Kind. Für diese fand sie sofort einen Platz an der Wand in ihrem Praxisraum.

Hochzeit und Flitterwochen

Ich war überzeugt, dass eine Hochzeit etwas sehr Privates zwischen zwei Menschen ist. Deshalb wollte ich im kleinen Kreis in Berlin heiraten und später mit meinen Eltern und Verwandten zu Hause in Buffalo feiern.

Und so kam es auch. Wir baten zwei Studenten, die wir aus dem J.-F.-K.-Institut kannten, unsere Trauzeugen zu sein. Nach der Hochzeit im Standesamt Steglitz luden wir die beiden zu einem kleinen Festessen zu uns nach Hause ein. Abends gingen wir in die Oper. Unsere Flitterwochen planten wir für einen späteren Zeitpunkt. Unser Kollektiv in Ostberlin wollte, dass wir uns Köln und

Bonn anschauten. Geplant war, dass wir 1978 umziehen würden. Unser Ziel war das Bundeskanzleramt in Bonn. Als Wissenschaftler und Professor sollte Jeffrey einen Wohnsitz in Köln oder Bonn finden, der zu ihm passte. Mitte Mai fuhren wir also mit der Bahn von Berlin nach Köln. Wir wollten eine schöne Tour machen und nahmen unsere Fahrräder mit. Unser Eindruck von Köln war nicht besonders gut, und so fuhren wir mit den Rädern weiter am Rhein entlang bis nach Bonn. Die Stadt hat uns sofort gut gefallen: die Atmosphäre, das Lebensgefühl, die Umgebung. Bonn war nicht sehr groß, das Regierungsviertel lag am Rhein. Wir wollten in der Hauptstadt wohnen, wo sich das politische Geschehen vollzog. Hier würden wir unsere Kontakte zu Diplomaten, Journalisten und Menschen aus der Politik ausbauen können.

Unser Plan war es, dass Jeffrey eine feste Forschungsstelle in Bonn fand. Sollte das nicht gelingen, könnte er als Professor in Westberlin bleiben und zwischen den beiden Städten pendeln. Ich sollte schnell in Bonn eine feste Arbeitsstelle finden. Wir würden eine Wochenendehe führen, bis Jeffrey dauerhafte Arbeit in Bonn hätte.

Nach ein paar Tagen in Bonn fuhren wir weiter nach Andernach. Plötzlich stürzten die Temperaturen ab, die »Eisheiligen« brachen herein, und bitterkalter Regen ging auf uns nieder. Niemand hatte uns gewarnt, und so standen wir patschnass vor einem Gasthaus direkt am Rhein. Die Inhaberin des Gasthauses hatte nur ein Zimmer frei. Sie fragte uns, ob wir Verständnis hätten, das Zimmer wäre nur mit einem französischen Bett ausgestattet. Wir lachten laut und erklärten, wir seien in den Flitterwochen. Mit einem Satz waren wir oben, duschten und kuschelten uns sofort in das französische Bett.

Wir blieben noch eine weitere Nacht, in der zehn Zentimeter Schnee fielen. Schlechte Bedingungen für eine Radtour nach Trier. Deshalb beschlossen wir, mit dem Zug zu fahren. Die Fahrt entlang der Mosel, vorbei an schneebedeckten Weinbergen, war wunderschön. In Trier kamen wir in einem Hotel am Marktplatz unter. Wir wollten uns das Geburtshaus von Karl Marx mit dem Museum in Ruhe anschauen. Doch zuerst gaben wir unserer Leidenschaft nach, holten Moselwein, Käse und frisches Brot und machten es uns in dem Hotelzimmer gemütlich. Die Liebe stand während unserer Flitterwochen im Vordergrund, aber das Museum lernten wir schließlich auch noch kennen.

Mit dem Umzug nach Bonn sollte ein neues Kapitel in unserem Leben beginnen. Mehr Umsicht sowie ständige Geheimhaltung über unsere Tätigkeit würden Einzug halten. Wir würden in Bonn keine Sicherheitsfehler machen dürfen. Die Kontakte, die wir in Berlin aufgebaut hatten, waren gut, aber die Kontakte aus dem Bonner Regierungsviertel würden wesentlich wichtiger sein.

Während des Urlaubs redeten wir offen miteinander im Schlafzimmer. Zurück zu Hause in Lankwitz würden wir wieder aufpassen müssen. Diese Leichtigkeit im Urlaub war wunderbar, und in der Sauna des Hotels konnten wir auch die Kälte der Eisheiligen wegjagen. Am letzten Abend unternahmen wir einen letzten Spaziergang durch die Stadt und feierten die Reise mit tollem Wein und Käse.

Als wir zurück nach Berlin fuhren, waren die Eisheiligen abgereist, und die Maisonne kam heraus. In einem Jahr würden wir in Bonn leben!

Reise in die USA

Mitte Juli flogen wir zum ersten Mal zurück in die USA. Wir hatten dort drei Ziele: erstens die Kinder in Binghamton zu besuchen, zweitens unsere Hochzeit mit meinen Eltern in Buffalo zu feiern und drittens Jeffreys Verleger in Boston die endgültige Fassung des Manuskripts zu geben.

Wir waren angespannt. Als noch unerfahrene DDR-Spione hatten wir genau geplant, wie die Reise ablaufen sollte. Unser Kollektiv hatte uns Glück gewünscht und uns gewarnt, dass wir bei der Einreise Probleme bekommen könnten. Wir übten unsere Legende, die besagte, dass wir unsere Familie in Buffalo besuchten. Die endgültige Legende, die fiktive Identität, die wir als Spione nach außen tragen sollten und die uns während unserer gesamten Arbeit für die HV A sowie darüber hinaus begleiten sollte, existierte noch nicht. Zunächst waren wir nur ein junges, frisch verheiratetes Ehepaar, und das Hochzeitsfest in Buffalo war unser Ziel.

Jeffrey hatte seine Doktorarbeit innerhalb von sechs Monaten, vom Frühjahr 1977 bis zum Juli, auf der uralten Schreibmaschine in seinem Büro für die Veröffentlichung des Buchs überarbeitet. Ich hatte die geänderten Kapitel von *The Weaponsmakers: Personal and Professional Crisis during the Vietnam War* (Die Waffenmacher: Persönliche und Berufliche Krise während des Vietnamkriegs) durchgelesen. Sein Buch lässt Waffenentwickler selbst sprechen. Es ist eine wichtige sozial-psychologische Studie darüber, wie diese Männer ihre Rolle als Entwickler und Hersteller von Waffen verstehen.

Wir stiegen mit dem Manuskript ins Flugzeug, und zehn Stunden später landeten wir am Flughafen John F. Kennedy in New York. Wir verbrachten zwei Tage als Liebespaar in Manhattan, genossen die Zeit im Hotel und besuchten ein Jüdisches *Deli*. Das Essen war mehr als schmackhaft. *Hot Cornedbeef Sandwich* und *Kosher Dill Pickels*, das hatten wir in Westberlin vermisst.

Auch die Hektik und die multikulturelle Bevölkerung von Manhattan fehlten uns in Westberlin. Ich konnte jedes Gespräch verstehen, alle sprachen meine Muttersprache, es war ein herrliches Gefühl. Wir fuhren mit der U-Bahn hin und her, »*uptown and downtown*«. Wir picknickten im *Central Park* und gingen im exklusiven Bekleidungsgeschäft *Brooks Brothers* shoppen. Ich kaufte mir ein schickes Kostüm und Blusen, denn ich sollte in Bonn sehr »*Ivy League*« aussehen. In einem zweiten Geschäft kaufte ich ein paar Kleider, die nicht so teuer waren. Auch Jeffrey suchte sich einige neue Kleidungsstücke aus. Mein Dirndl mit Samtschürze und seinen Anzug von unserer Hochzeit hatten wir jedoch aus Berlin mitgebracht. Wir wollten meinen Eltern zeigen, wie wir als Hochzeitspaar im Standesamt ausgesehen hatten. Am dritten Tag fuhren wir mit dem *Greyhound Bus* nach Binghamton. Die Fahrt dauerte drei Stunden. Da unser Geld recht knapp war, buchten wir ein Zimmer im *Dixie Hotel*, eine sehr alte, heruntergekommene Unterkunft. Nur Obdachlose und Alkoholiker wohnten dort.

Rita erklärte sich am Telefon dazu bereit, dass die Kinder vier Stunden mit uns baden gehen dürften. Gemeinsames Schwimmen war für unsere Familie stets wichtig gewesen, und wir wollten einfach nur Spaß mit den Kindern haben. Wir waren alle extrem angespannt. Wir fanden ein Vier-Sterne-Hotel mit Schwimmbad und einer Kinderrutsche, das wir stundenweise bezahlen durften. Diese erste Begegnung mit den Kindern war sehr positiv, unseren Ärger über das Verhalten ihrer Mutter im Januar ließen wir uns nicht anmerken. Wir konzentrierten uns allein auf Andrei und Tanya.

Am zweiten Tag erlaubte Rita, dass wir die Schule und den Spielplatz, auf dem die Kinder täglich spielten, besuchten. Andrei lernte gerade richtig Schwimmen und wollte uns sein Können beim Schwimmunterricht zeigen. Wir erhielten die Erlaubnis, dabei zuzuschauen und als wir am Balkon über dem großen Schwimmbecken standen, sahen wir mit Stolz, wie er seine Bahnen zog. Plötzlich kam ein Justizbeamter auf uns zu. Wir sollten übermorgen vor Gericht erscheinen, denn Rita hatte Jeffrey angezeigt. Im Raum standen Unterhaltsrückstände. Wir waren schockiert.

Wir griffen sofort zum Telefonbuch und bekamen schließlich einen Termin bei einem Rechtsanwalt für Scheidungsfälle. Er las die Ladung durch und war entsetzt. Sie war sehr ernst zu nehmen. Wir hatten seit Januar 1977 keinen Kindesunterhalt mehr bezahlt. Der Anwalt meinte sogar, der Richter könne Jeff für einen Monat oder länger ins Gefängnis bringen, um ein Exempel zu statuieren und andere Väter in der kleinen Stadt zu warnen. Wir befanden uns mitten in der Provinz, der Richter würde unsere Erklärung über die besonderen Umstände nicht gern anhören.

Um den Fall überhaupt anzunehmen, wollte der Anwalt sofort achthundert Dollar auf seinem Schreibtisch sehen. Er erklärte uns, die örtliche Zeitung würde bestimmt eine skandalöse Geschichte darüber schreiben, weil Jeffrey Professor war. Wir dürften nicht unterschätzen, wie Provinz-Zeitungen so eine Geschichte hinbiegen könnten.

Wir erkannten, dass wir in großer Gefahr schwebten, besonders als Spione. Wir packten sehr schnell unsere Koffer, ich rief meine Eltern an. Der *Greyhound Bus* fuhr um elf Uhr nachts nach Buffalo, und meine Eltern waren bereit, uns um vier Uhr morgens abzuholen. Meine Mutter war sehr glücklich, uns als verheiratetes Ehepaar zu sehen.

Zu Hause in Kenmore erzählten wir die ganze Geschichte. Mein Vater hatte ebenfalls eine bittere Scheidung hinter sich und wusste, wie ernst die Rache einer Ex-Frau sein konnte. Es war kein schönes Wiedersehen mit meinen Eltern. Sie hatten alles für die Hochzeitsfeier am Wochenende geplant. Mein Vater rief einen langjährigen Freund an, der Richter in Buffalo gewesen war. Ihm gelang es, uns alle zu beruhigen. Die Gefahr, dass die Justiz in Binghamton die Kollegen in Buffalo um Amtshilfe bitten würde, sei sehr gering. Und das Gericht in Buffalo habe Besseres zu tun, als sich um fehlenden Kindesunterhalt für sechs Monate zu kümmern.

Zwei Tage nach unserer Ankunft hatte sich die Aufregung gelegt und einige Verwandte und ein paar Schulfreunde kamen. Meine Eltern hatten das Haus für die Feier picobello geputzt. Das Esszimmer war wunderschön geschmückt. Da meine Eltern im Frühjahr Insolvenz angemeldet hatten, war das Geld extrem knapp. Unser Fest war dennoch herzlich und wir feierten in gemütlicher Atmosphäre. Es gab jede Menge leckeres Essen und am Ende eine Hochzeitstorte. Wir hatten viel Zeit für schöne Gespräche mit meinen Verwandten.

Ich erzählte meiner Familie und den Gästen, dass wir in einer Woche nach Boston fahren würden, um Jeffreys Doktorarbeit bei seinem Verleger abzugeben. Meine Arbeit mit türkischen und deutschen Kindern beim Deutschen Kinderschutzbund interessierte sie alle. Von meiner Tätigkeit als Spionin hingegen durfte niemand etwas wissen, das Geheimnis war nur für Jeffrey und mich.

In der Hängematte in unserem Garten konnte ich meine Seele baumeln lassen. Armand, der Sohn meines Vaters aus dessen erster Ehe, und seine Familie unterhielten sich stundenlang mit uns. Armand war einundzwanzig Jahre älter als ich und in meiner Kindheit kein Teil meines Lebens gewesen. Trotzdem entwickelten wir eine gute Beziehung zueinander, später sollte er mich und Jeffrey öfters in Deutschland besuchen. Er und seine Frau waren fortschrittliche Grüne und Gegner des Vietnamkriegs. Sie interessierten sich von allen meinen Verwandten am meisten für das Leben in Westberlin. Die DDR interessierte niemanden in der Familie. Meine jüdischen Angehörigen sprachen fast nur über ihre Geschäfte, Jeffrey war für sie als Professor für Soziologie nicht wirklich interessant.

Zu seiner großen Enttäuschung und Trauer war Jeffs Mutter nicht nach Buffalo gekommen, obwohl wir versucht hatten, sie noch in Kenmore am Telefon zu überzeugen. Philadelphia war nur eine Stunde mit dem Flugzeug entfernt. Jeffrey wünschte sich dies sehr. Sein Vater wäre sicher gekommen, hätte er noch gelebt. Wir hatten gehofft, dass Jeffs Mutter sich freuen würde, bei der Hochzeitsfeier meinen jüdischen Vater und meine Mutter kennenzulernen. Doch die Entfremdung von ihrem Sohn saß zu tief. Darunter litt Jeff. Er und seine Mutter liebten einander, fanden jedoch nie wieder zueinander.

Wir genossen die nächsten Tage in Buffalo. Wir fuhren zu den Niagarafällen, aßen am Erie See Hotdogs mit Pommes frites und genossen das sonnige Wetter. Meine Eltern grillten für uns und bereiteten mehrere schöne Essen vor. Wir benutzten sogar täglich das beste Geschirr. Mein Onkel Gordy, der Bruder meiner Mutter, interessierte sich sehr für unsere Geschichten. Er arbeitete als Steuerberater und war unverkennbar der Sohn meines christlichen, sozialistischen Opas. Er hatte fortschrittliche politische Ideen, war aber auch überzeugt, dass Amerika das beste Land auf der Erde war.

Nach zehn Tagen in Buffalo flogen wir weiter nach Boston. In Jeffreys Verlag am Harvard Square diskutierten wir stundenlang mit dem Verleger Schenkman. Schenkman wollte das Buch so schnell wie möglich veröffentlichen. Der Vietnamkrieg war zwar zu Ende, doch die Rüstungsindustrie wurde größer und größer, der Verkauf von amerikanischen Waffensystemen wies ein exponentielles Wachstum auf. Jeffreys Buch war nicht nur für Studierende geschrieben, sondern würde auch Wissenschaftler und Ingenieure in der Rüstungsindustrie erreichen.

Schon im Dezember 1977 lagen die Druckfahnen auf unserem Schreibtisch in Westberlin. Das Buch kam 1978 auf den Markt. Die Veröffentlichung sollte es Jeffrey leichter machen, seine Kontakte in wissenschaftliche Forschungskreise in Deutschland auszubauen und eventuell eine Stelle in einer Bonner Forschungseinrichtung zu erhalten.

Jeffrey sattelt um auf Energie- und Sicherheitspolitik

Die Männer in unserem Ostberliner Kollektiv bekamen für uns allmählich persönliche Kontouren und Farbe. Der Austausch bei unseren fundierten Teamgesprächen dauerte meist mindestens vier

Stunden und wurde durch die jahrelange Erfahrung von Horst, Lutz und Willy bei der Arbeit für die HV A untermauert. Wir fünf schmiedeten Pläne für die nächsten dreizehn Jahre.

Im Kollektiv existierten verschiedene Ideen über unsere zukünftige Arbeit in Bonn. Doch es gab keine Bevormundung, wir entwickelten die Pläne gemeinsam. Wir alle wollten, dass Jeffrey ein neues Forschungsgebiet aufbaute. Was könnte es sein? Welches Thema wäre in den nächsten Jahren für die DDR von lebenswichtigem Interesse? Wäre es möglich, dass Jeffrey, der bereits zur Rüstungsindustrie veröffentlicht hatte, sein professionelles Interesse auf die Gefahren der Proliferation, der Weitergabe atomarer Waffen, verlagerte? Jeffrey könnte sein neues Interesse damit begründen, dass seine bisherige Forschung dem übergeordneten Thema »Nationale Sicherheitspolitik« gewidmet gewesen war. Jeffrey sah das neue Thema als große Herausforderung, das ihn nach Washington bringen und gleichzeitig seine Legende weiter ausbauen würde.

Ein brennendes Thema für die Regierungen von Jimmy Carter und Helmut Schmidt war die Energiesicherheit. Inwieweit könnte der Ausbau von Kernkraftwerken die Unabhängigkeit von den OPEC-Staaten erhöhen? Welche Faktoren könnten im Weg stehen und welche neuen Gefahren könnte dieser Ausbau heraufbeschwören? Inwieweit könnte die Verlagerung der Energiepolitik auf Atomenergie zu einer weiteren Verbreitung von Nuklearwaffen führen? Ein Nichtverbreitungsziel von Präsident Carter war, nicht-nukleare Energiealternativen in den Entwicklungsländern zu fördern. Wie würden die Alliierten der USA, besonders die Bundesrepublik Deutschland, diese Nuklearpolitik bewerten?

Mit unserem Thema »Energie und Sicherheit« waren wir dazu prädestiniert, durch neue Kontakte Meinungen und Stellungnahmen aus Regierungskreisen zu den Verhandlungen rund um den Atomwaffensperrvertrag weiterzugeben. Jeffrey könnten als Professor, Wissenschaftler und Forscher viele Türen für Gespräche in Bonn geöffnet werden, sobald wir dort lebten. Er müsste sich eine Art »Visitenkarte« erarbeiten, indem er über die Themen schrieb. Namhafte Politikwissenschaftler und Soziologen müssten auf seine Arbeit aufmerksam gemacht werden.

Mit Hilfe unseres Kollektivs suchten wir sorgfältig diejenigen Professoren und Politiker aus, zu denen wir Kontakte aufbauen könnten. Die ersten würde Jeffrey knüpfen. Er hatte bereits Erfahrungen damit gemacht, als er für seine Forschung in Princeton und Berkeley Kontakte durch Interviews und Ermittlungen erlangte. Er hatte nie Probleme damit gehabt, wichtige Akademiker und Politiker anzusprechen, seine Forschungsmethoden und das ruhige »*Ivy League*«-Auftreten hatten stets Erfolg gezeigt.

Als Ersten wollte er Professor Karl Kaiser, den Direktor des Forschungsinstituts der Deutschen Gesellschaft für Auswärtige Politik, ins Visier nehmen. Durch ihn sollten bestimmte ausgewählte Akademiker Jeff persönlich kennenlernen und seine Forschung und schriftlichen Analysen zu lesen bekommen. Sein Buch *The Weaponmakers* sollte Jeffrey bei jedem Besuch verschenken, auch wenn sein neues Thema »Nichtverbreitung von Kernwaffen« hieß. Um sein Interesse kundzutun, bot Jeffrey im Sommersemester 1978 am Kennedy-Institut ein Seminar mit dem Titel »Internationale Politik: Eine soziologische Analyse der Kernenergiepolitik in den USA« an. Im folgenden Semester wählte er als Thema »Sozial-ökonomische Effekte der amerikanischen Energiepolitik«.

Jeffrey hatte schon im Herbst 1977 Kontakt zu Menschen in der neuen Regierung Carter gesucht und im November an einer Konferenz im italienischen Courmayeur teilgenommen. Ich war als Ehefrau herzlich empfangen worden. Auf der schneebedeckten Bergspitze lernten Jeffrey und ich Nelson Sievering und seine Ehefrau kennen. Nelson war ein sehr angenehmer Gesprächspartner trotz seiner hochangesiedelten Position als Stellvertretender Leiter für Energiesicherheit im Ministerium für Energie in der Carter-Regierung. Er zeigte großes Interesse an Jeffreys Forschungsprojekt zur Politik der atomaren Nichtverbreitung. Nelson lieferte Jeffrey eine Liste mit Namen von Kontaktpersonen aus dem Energie- und Außenministerium, die für Energiesicherheit zuständig waren. Anhand dieser Liste plante Jeffrey mit unserem Kollektiv seine erste Reise in die USA, die seinen Ruf aufbauen und festigen sollte.

Später wurde Nelson Sievering Stellvertretender Generaldirektor der Internationalen Atomenergie-Organisation und damit zuständig für die Überwachungsmaßnahmen zur Verhinderung der militärischen Nutzung der Nukleartechnologie, das heißt: Nichtverbreitung, also genau Jeffreys neues Forschungsgebiet. Jeffrey pflegte den Kontakt über Jahre, und Nelson unterstützte ihn immer wieder mit Empfehlungen in seinem Fortkommen. Es war Nelson Sievering, der Jeffrey 1980 empfahl, Kontakt mit der Washingtoner Beratungsfirma International Energy Associates Limited, kurz IEAL, aufzunehmen. Später würde Jeffrey diese Firma als fiktiven »Auftraggeber« für seine Quellen verwenden.

4. Kapitel

Spionin und Mutter

Wir erzeugen ein Berliner Kindl

Als wir während unserer Spaziergänge im Grunewald Karl Pütz von unserem Konflikt mit Rita erzählt hatten, hatte er uns gefragt, ob Jeffrey und ich nicht gemeinsam Kinder haben wollten. Ich war gerade zweiundzwanzig Jahre alt, aber ich fing an zu kalkulieren. Ich hatte immer gedacht, in Berlin zunächst meinen Universitätsabschluss nachzuholen, arbeiten zu gehen und erst danach eine Familie mit Jeff zu gründen. Doch Karl hatte nicht Unrecht: Wir sollten nicht nur den Verlust von Andrei und Tanya betrauern, sondern überlegen, selbst ein Kind zu bekommen.

Jeffrey war begeistert. Doch ich grübelte noch. Ich musste intensiv Deutsch lernen und die neue Spionagearbeit meistern. Andererseits waren meine Gesundheit und Energie perfekt für eine Schwangerschaft. Ich wusste durch die Zeit mit Andrei und Tanya, dass ich eine gute Mutter sein würde, und ich hatte Jeffrey als guten Vater erlebt. Wir würden immer Kontakt zu Andrei und Tanya halten, und irgendwann würde Rita uns erlauben, die Kinder wiederzusehen.

Nachdem wir den Entschluss gefasst hatten, ging die Zeugung unseres Babys ganz schnell. Ich glaube, es geschah während eines romantischen Kurzurlaubs in unserem Zelt auf einem Zeltplatz in Garmisch-Partenkirchen.

Wir waren zusammen auf die Alpspitze gewandert. Ich hatte fünf Minuten vor dem Gipfel Angst bekommen und Jeffrey musste die letzten Schritte allein absolvieren. Aber unser Baby musste er nicht allein machen.

Ich arbeitete weiterhin im Kinderladen im Wedding. Die Schwangerschaft verlief problemlos. Meine Hausärztin und Heilpraktikerin erklärte mir, dass eine Schwangerschaft in meinem Alter kein großer Umstand sei. Ich war fit und stark, und vielleicht würden durch die Hormonänderung sogar meine Haare wieder wachsen.

Ich sollte nur sehr aufpassen, wenn ich mit meinem Rennrad über Kopfsteinpflaster fuhr. Zuviel Rütteln und Schütteln wäre für das Baby in den ersten drei Monaten nicht gut. Ich benutzte in den nächsten Wochen also lieber geteerte Straßen. Ich ernährte mich gesund und war ständig an der frischen Luft. Dabei profitierte ich davon, dass Jeffrey bereits Erfahrungen mit Schwangerschaften und gesunder Ernährung gesammelt hatte. Wir meldeten uns für den Geburtsunterricht im Krankenhaus an und übten zusammen, eine natürliche Geburt ohne Schmerzmittel durchzustehen.

Im Kinderladen kam es allerdings zu Problemen. Die Kinder in Wedding waren sehr ruppig. Sie sprangen durch die Fenster und schlugen sogar einmal ein Fenster kaputt. Wir Erzieherinnen versuchten mit unserer Körperkraft die Kinder auseinanderzuhalten und die Ruhe wiederherzustellen. Dabei wurde ich von einem neunjährigen Jungen kräftig auf den Bauch geschlagen. Abends erzählte ich Jeffrey davon. Wir machten uns beide Sorgen und überlegten, ob ich meine Arbeit kündigen sollte. Dies schien vernünftig, weil die unberechenbare Gewalt für mich und unser Baby im sechsten bis neunten Monat gefährlich sein konnte. Obwohl ich die lebhaften Kinder und meine Kollegen und Kolleginnen vermissen würde, kündigte ich schweren Herzens meine Stelle.

Doch ich hatte eine neue Idee. Ich wollte privaten Kunstunterricht für Kinder in Dahlem geben und damit einen Teil des fehlenden Gehalts ersetzen. Ich entwarf eine Broschüre und machte Werbung in meinem Frauenklub sowie in den Schulen, in die Andrei und Tanya gegangen waren. Es gab tatsächlich eine Nachfrage. Zwei Familien wollten Privatunterricht von mir für ihre Kinder. Mit einer Kinder-Kunstgruppe unternahm ich außerdem mit Zeichenblöcken und Farbstiften regelmäßige Touren durch das Museum in Dahlem. Die Kinder saßen auf dem Fußboden und hörten mit Freude meine kurzen Erklärungen an. Eine Stunde lang zeichneten sie mit großer Lust. Die Ergebnisse bereiteten den Kindern und auch den Eltern Freude.

Weil mich die Schwangerschaft sehr müde machte, ging ich nachmittags regelmäßig für ein Mittagsschläfchen zu Jeffrey ins Büro. Freuen konnte ich mich darüber, dass in den Monaten der Schwangerschaft tatsächlich meine Haare wieder voller wurden.

Nachdem ich ihr erzählt hatte, dass wir ein Baby erwarteten, schickte mir meine Mutter ein großes Paket mit Umstandskleidern und Babysachen. Auch eine handgestrickte Babydecke war dabei. Zu dieser Zeit konnte man während der Schwangerschaft nicht feststellen, ob man ein Mädchen oder einen Junge bekam, so hatte meine Mutter sowohl rosa als auch blaue Sachen eingepackt. Manche Frauen im Klub waren jedoch überzeugt, dass mein Kind, weil ich so strahlte, ein Junge wäre.

Der Geburtstermin für unser Baby hätte auf den 4. Juli fallen können. Für uns »patriotische« Amerikaner wäre so ein Geburtsdatum ideal gewesen.

Geburt in Berlin

Mit meinen neuen Freundinnen aus dem Frauenklub sprach ich oft über meine Schwangerschaft. Die meisten waren älter als ich, aber jede von ihnen konnte sich genau an ihre eigene Schwangerschaft erinnern. Sie schlugen vor, mit mir nach der Geburt ein großes Fest zu feiern.

Jeffrey war sehr diszipliniert, wir machten regelmäßig Atemübungen und wiederholten alles ein ums andere Mal. Jeffrey hatte seine erste Frau bei den Geburten begleitet, und wir wussten, dass sein Sohn Andrei zu wenig Sauerstoff bekommen hatte, als er zur Welt gekommen war. Seine Geburt war sehr lang, schmerzhaft und mit Komplikationen verbunden gewesen. Daher rührte auch seine Lernbehinderung. Jeffrey und ich waren bestrebt, alles zu tun, um meinen Körper optimal auf die Geburt vorzubereiten.

Im Juni kaufte Jeffrey Opernkarten für Richard Wagners *Ring der Nibelungen*. Er fand die Idee toll, den gesamten *Ring* in der Zeit vor der Geburt zu besuchen. Ich wusste wenig über Opern und hatte keine Vorstellung davon, wie lange Wagners *Ring* dauert. Mein Bauch wuchs und wuchs. Der berühmte Komponist hatte seine Opern sicher nicht für schwangere Frauen geschrieben, schon gar nicht im neunten Monat. Ich versuchte jeden Teil der Aufführungen zu genießen, doch manchmal war das nicht einfach, weil sich das Baby kräftig und regelmäßig bewegte. Besonders wenn ich von meinem Sitzplatz aufstand, strampelte es unentwegt. Mein Frauenarzt prüfte, wie das Baby lag, alles war gut, wir müssten nur Geduld haben.

Am 4. Juli gingen wir zur Feier des amerikanischen Unabhängigkeitstags in die Kaserne. Es gab einen Umzug mit den Soldaten, Bands traten auf, alle waren heiter und in Partystimmung. Wir waren sehr glücklich und dachten, vielleicht würde das Baby direkt an diesem Tag als waschechter Patriot zur Welt kommen. Es wäre ein gutes Omen für zwei Spione am Anfang ihrer Karriere gewesen.

Doch das Baby kam nicht am 4. Juli. Die Wehen setzten erst ein paar Tage später ein. Und sie nahmen in der Nacht zu. Um vier Uhr fuhren wir mit dem Taxi ins Krankenhaus Steglitz.

Das Baby ließ sich Zeit. Erst am Nachmittag, nach vielen Stunden, in denen ich zusammen mit Jeffrey und einer Hebamme geatmet und gearbeitet hatte, kam unser Junge zur Welt. Ich fand es anstrengend, aber im Vergleich zu Wagners *Ring* einfacher durchzustehen. Ich hatte befürchtet, unser Sohn würde womöglich mein Haarproblem erben, doch im Gegenteil: Er kam mit sehr vielen schwarzen Haaren auf dem Kopf schreiend auf die Welt.

Jeffrey nahm unser Kind auf den Arm und als Begrüßung spritzte ihm sein Sohn sofort einen starken Urinstrahl entgegen. Als ich unser Baby in die Arme nahm, wollte er sofort an meine Brust.

Nach zwölf Stunden im Krankenhaus war Jeffrey völlig erschöpft. Er ging nach Hause und schlief sechzehn Stunden durch. Auch ich ging schlafen, war aber um vier Uhr wieder wach, habe mich geduscht, mir die Haare gewaschen und mich um unseren Jungen gekümmert. Er hatte großen Hunger und war sehr glücklich, seine neue Welt zu genießen.

Kontakt in Schweden

Das Kind war gesund und munter. Er war ein hübscher Bursche und sein Lächeln ließ unsere Herzen schmelzen. Unser Sohn besaß die erste Priorität in unserem Leben. Dennoch hatten wir in den nächsten Monaten viel vor. Jeffrey schrieb seine erste wissenschaftliche Arbeit zum neuen energiepolitischen Thema fertig und analysierte die Politik des »Schnellen Brüters« – ein Atomreaktor, der Plutonium erzeugt, das man für die Herstellung von Atomwaffen benutzen kann – aus der amerikanischen Perspektive. Zudem setzte er die ersten Schritte unseres Plans, nach Bonn zu ziehen, um.

Auf Anraten und mit finanzieller Unterstützung unseres Kollektivs in Berlin fuhren wir im August nach Stockholm. In Uppsala fand ein Weltkongress für Soziologie statt. Unser Sohn war sechs Wochen alt, und wir nahmen ihn in seinem Babykorb auf seine erste Reise mit. Auf der Konferenz sollten Jeffrey und ich Kontakt mit Professor Erwin Scheuch von der Universität Köln und seiner amerikanischen Ehefrau Joyce-Ann knüpfen. Es war eine herzliche Begegnung. Wir erzählten von unseren Plänen, nach Bonn zu ziehen. Scheuchs Frau war begeistert und wollte uns gern Köln zeigen, besonders während des Karnevals. Sie organisierte jedes Jahr im Amerika-Haus Köln ein großes Fest. Professor Scheuch fand sofort einen Draht zu Jeffrey und wollte ihm helfen, Kontakte zu Akademikern in Köln und Bonn zu knüpfen.

Antiquitäten für unser neues Heim

Zurück in Westberlin bekamen wir für unseren Sohn einen Halbtagskinderkrippenplatz in Lankwitz. Während er in der Krippe war, plante ich meinen Kunstunterricht für Kinder und bereitete den Umzug vor. Da wir keine Möbel besaßen, schauten wir uns in Berlin danach um. Wir sahen einen Aushang. Eine ältere Berlinerin war verstorben, und ihre Nichte wollte die Biedermeiermöbel aus ihrem Wohnzimmer verkaufen. Wir riefen sofort an und besuchten die Nichte. Plötzlich standen wir in einer alten Berliner Wohnung mit wunderschöner Biedermeiereinrichtung in tadellosem Zustand. Drei goldene Spiegel von 1900 gehörten dazu. Wir handelten sehr schnell und eilten zu unserer Hausbank. Da wir in Deutschland noch keinen Kredit aufgenommen hatten und Jeffrey im Besitz eines Arbeitsvertrags mit der Freien Universität war, gab uns die Bank sofort ein Darlehen, und wir konnten die Möbel kaufen. Wir waren uns sicher, sollten wir nach einigen Jahren entscheiden, zurück nach Amerika zu gehen, könnten wir diese Antiquitäten sehr leicht wieder verkaufen. Vielleicht wären sie dann sogar noch mehr wert.

Auf diesen Glücksfall hin entschieden wir, in ein paar Trödel- und Antiquitätenläden in der Bleibtreustraße nach weiteren Möbeln zu suchen. Als dann im September Jom Kippur, der höchste jüdische Feiertag, anstand und ich nicht so lange mit dem Jungen in der Synagoge sitzen wollte, ging Jeffrey allein zum Gottesdienst. Auf dem Weg dorthin lief er in der Pestalozzistraße an einigen Antiquitätenläden vorbei. Obwohl es an so einem Feiertag Gotteslästerung war, entschied er sich, die Läden anstatt den Gottesdienst zu besuchen. Er fand ein Sofa und zwei kleine Tische, einen wunderschönen Bauerntisch und eine Bank sowie einen sehr alten bemalten Bauernschrank. Er kehrte zurück nach Lankwitz und erzählte mir alles über seinen Spaziergang und die Fundgrube. Er fühlte sich ein wenig schuldig, weil er den Gottesdienst verpasst hatte, aber er wollte mich am nächsten Tag zu dem Laden bringen, um die endgültige Entscheidung zu treffen, ob wir die Sachen kaufen würden.

Ich mochte die Stücke bis auf das Sofa. Es war ein Biedermeierstück mit hohen runden Armlehnen aus Mahagoni. Meiner Meinung nach war es schwer und hässlich, und es erinnerte mich an ein Sofa meiner Oma. Ich verstand aber, dass dieses Stück zu allen anderen passte, die wir bereits hatten. Wir entschieden also, alle Möbel zu nehmen. Für die Qualität war der Preis günstig, und wir würden auf diese Weise einen ganzen »Berliner Salon« mit uns nach Bonn nehmen. Wir waren uns sofort einig, dass wir mithilfe dieser Möbel in Bonn sehr besondere Cocktail-Partys und Abendessen mit dem Flair des alten Berlins gestalten könnten. Die Möbelstücke brachten ihre eigene Berliner Geschichte aus der Gründerzeit mit und die Schönheit von der Kaiserzeit bis zur Weimarer Republik in unsere vier Wände. Unsere Arbeit in Bonn würde auf dieser Bühne choreografiert werden.

Arbeit im Kollektiv

Nach unserer Schwedenreise, trafen wir unser Kollektiv in Ostberlin. Bis zum August 1978 hatten wir alle drei Monate Kontakt zu ihm gehabt, diese Frequenz würden wir nach dem Umzug nach Bonn drastisch reduzieren müssen. Zwischen uns fünf war eine effiziente und kreative Zusammenarbeit entstanden, nun kam noch ein Kind hinzu. Vier Männer, eine Frau und ein Baby.

Unser Kollektiv war sicher, dass wir als amerikanische Familie mit Baby leicht in den Bonner Kreisen Fuß fassen würden. Wer würde schon vermuten, dass so eine »anständige« Familie Spionage für den Osten betrieb? Doch die Verantwortung, Familie und Arbeit unter einen Hut zu bringen, lag auf unseren Schultern.

In Ostberlin nutzten wir eine konspirative Wohnung in einem Hochhaus in der Leipziger Straße. Ironischerweise hatten wir von der Wohnung aus einen direkten Blick auf das goldfarbene Springer-Verlagshochhaus in Westberlin. Die Springer-Presse, insbesondere die Zeitungen *Bild* und *Die Welt*, hatte immer wieder Hetzartikel gegen die DDR veröffentlicht.

Gemeinsam mit Horst, Lutz und Willy stießen wir im Kollektiv mit Cognac auf unser Baby an. Jeder erzählte von seinen eigenen Kindern.

Unser Führungsoffizier Horst war 1929 geboren und ausgebildeter Jurist. Er leitete das Kollektiv, besaß langjährige Erfahrungen in der konspirativen Arbeit und war auf die Aufklärung des Bundeskanzleramts spezialisiert. Horsts Ehefrau war Krankenschwester an der Charité, auch sein Sohn und seine Tochter arbeiteten in Berufen außerhalb des Ministeriums. Sie waren verheiratet und hatten 1976 beide Kinder bekommen. Als aktiver Opa freute sich Horst mit seiner Frau auf zwei weitere Enkelkinder.

Horst war der Kommunist und Beistand, den Jeff an seiner Seite brauchte, um seinen politischen Idealismus zu bändigen und in die Bahnen zu lenken, durch die er seine wertvollen Ziele langfristig würde erreichen können. Er hätte ihn in St. Louis und in Buffalo gebraucht, wo ihn sein politischer Ehrgeiz die Arbeitsstellen gekostet hatte. Jeff brauchte jemanden, der ihn durch seine Erfahrung, Weitsicht und einen kühlen Kopf vor dem Abgrund bremste, ohne seinen Eifer zu dämpfen. Horst war genau so ein Typ. Er war adrett und charmant ohne Eitelkeit, strahlte Männlichkeit aus, ohne Macho zu sein, und liebte die Zusammenarbeit mit Jeff und mir. Ich wurde als gleichberechtigte Partnerin im Kollektiv eingebunden. Meine vielen Vorschläge für die konspirative Arbeit wurden stets ernst genommen und besprochen. Mit Jeffs Eliten-Hintergrund und seinem Verhalten eines Gentlemans skizzierte Horst den groben Umriss unserer Legende für die zukünftige Arbeit in Bonn. Über die Zeit wurde diese Legende mit Leben gefüllt.

Als Führungsoffizier kannte Horst den Weg zum Ziel. Er wusste aber auch, dass es zu jedem Ziel alternative Routen gibt. In unseren Besprechungen erörterten wir die Vor- und Nachteile jeder erdenklichen Route. Einige dauerten länger, führten aber um schwierige Baustellen herum. Andere schienen schnell wie eine Autobahn, noch andere waren geradliniger.

Willy war zehn Jahre jünger als Horst und verantwortlich für die Verwaltung aller Informationen, die wir lieferten. Der gelernte Elektriker war seit vielen Jahren bei der HV A und kümmerte sich später als Buchhalter um alle Zahlungen an unsere Quellen. Ein sehr intelligenter, bescheidener und ruhiger Mann, bereitete Willy stets alles sorgfältig vor. Seine Kinder waren in der Pubertät: Sein Sohn suchte einen Ausbildungsplatz und wollte später studieren, seine Tochter wusste noch nicht, welche Ausbildung sie machen wollte. Willys Ehefrau arbeitete als Bibliothekarin. Er war eine Leseratte, der uns bei gemeinsamen Mahlzeiten und in Pausen immer von dem Buch erzählte, das er gerade las. Er reflektierte sehr viel. Als Enthusiast für Geschichte waren seine Kenntnisse so breit und vielfältig, dass wir uns schämten, weil wir nicht mithalten konnten.

Lutz arbeitete in der Staatlichen Zentralverwaltung für Statistik und als Dolmetscher für Russisch und Englisch. In den ersten Jahren war er stets bereit, mir alles, was ich nicht verstand, auf Englisch zu erklären. Lutz war unser Kurier, Dolmetscher und kritischer Kopf. Er sprach offen über das Pro und Kontra des sozialistischen Systems in der DDR. Ihm war sehr bewusst, dass ihn seine »Nebentätigkeit« mit den häufigen Reisen in den Westen ins Gefängnis bringen konnte. Seine Kuriertätigkeit, die Übermittlung von Informationen, Fragen und Bitten aus der Zentrale, der Empfang unserer schriftlichen und mündlichen Informationen waren jedoch unentbehrlich. Um unser aller Sicherheit zu gewährleisten, wurde jeder Treff detailliert geplant. Wir konnten immer sicher sein, dass Lutz pünktlich am vereinbarten Treffpunkt sein würde. Im Westen trafen wir uns stets an der Staatsoper, egal in welcher Stadt. Jeff und ich umkreisten das jeweilige Gebäude, bis wir Lutz begegneten, sei es in Westberlin, Düsseldorf, Mannheim, Basel oder Zürich. Selbstverständlich trafen wir uns nie in Bonn.

In Ostberlin konnten wir entspannen und über unser Familienleben und unsere Gefühle während der stressigen Arbeit erzählen. Wir waren erstaunt, dass das Kollektiv immer betonte, dass wir unser Familienleben und unsere Beziehung als Mann und Frau nicht vernachlässigen dürften. Seitensprünge waren nicht erwünscht, weil eine dritte Person die Gefahr erhöhte, dass unsere Arbeit als Spione aufgedeckt werden würde. Aus der Erfahrung heraus war bekannt, dass die CIA und der BND Liebesbeziehungen inszenierten, um Tarnungen auffliegen zu lassen. Wir sollten »gut zueinander sein und uns nicht in sexuelle Affären verwickeln lassen«.

Einmal lud uns Horst in ein Jagdhaus direkt am Wasser am Berliner Müggelsee ein. Bei diesem Treffen ging es um die Vorbereitungen für unser Leben in Bonn. Daneben blieb aber auch viel Zeit, über unser bisheriges Leben und unsere Herkunftsfamilien zu erzählen. Dabei berichtete uns Horst von den letzten Tagen des Krieges in Berlin.

Horst war zu Kriegsbeginn erst zehn Jahre alt gewesen und der älteste Sohn in seiner Familie. Sein Vater kämpfte als Soldat im Krieg. Er sollte erst 1947 völlig traumatisiert zurückkehren. Seine Mutter musste bis dahin allein für die fünf Kinder sorgen. Sie war selbst noch jung. In den Propagandafilmen der Nazis wurde Angst und Schrecken vor den Russen verbreitet. Es hieß, die Russen wären wilde Tiere und würden alle Frauen vergewaltigen. Man musste das Schlimmste erwarten, sollte Hitler den Krieg verlieren.

Als dann am 8. Mai 1945 alles zu Ende ging und Berlin in Schutt und Asche lag, hatte Horst als »Mann« in der Familie panische Angst um seine Mutter und die Geschwister. Die Stadt brannte noch, viele Wohnhäuser lagen in Trümmern, Lebensmittel waren kaum vorhanden. Aber wenigstens schwiegen die Waffen, und die Menschen kamen aus ihren Verstecken. Seine Mutter war eine von wenigen Menschen, die sagten, dass das Ende dieses Krieges ein besseres Leben nach Deutschland bringen könnte. Doch noch wusste niemand, wie es weitergehen würde. Alle hatten großen Hunger. Kartoffeln waren nicht zu finden. Brot musste gebacken werden, Butter und Schmalz gab es nicht mehr. Nur wenige Eier waren vorhanden. Alle suchten Lebensmittel, um überhaupt zu überleben. Die Schrebergärten wurden durchsucht, um irgendein Wurzelgemüse aus dem letzten Herbst zu ergattern. Alte Äpfel fand man, und ein Kaninchen wurde gefangen und gegrillt, um etwas Nahrhaftes in den Magen zu bekommen. Sie waren sechs Personen ohne Lebensmittel, ohne ordentliches Obdach außer der Ruine, die ihr Wohnhaus war.

Horst, der im Krieg erwachsen geworden war, wusste nicht, was Frieden ist, wusste nur, dass die Welt wahnsinnig geworden war. Und nun mussten die Trümmer weggeräumt werden. Aber wie? Horsts Hände waren noch klein, sein Körper zwar gesund und unversehrt durch die Bombenangriffe, aber seine Muskeln waren nicht so stark wie die eines Mannes. Der Geruch von Schutt und Leichen in den Straßen setzte sich in seiner Nase fest. Später in seinem Leben sollte er diesen Geruch in manchen Kellern wahrnehmen und sich dann an diesen Monat, den Mai 1945, erinnern.

Eine Woche nach dem offiziellen Kriegsende standen die Russen vor der Tür der Familie. Horst öffnete, machte sich so groß, wie er nur konnte, und versperrte den Weg in die Wohnküche. Die Soldaten sprachen Deutsch mit Horst und fast herzlich mit der Familie. Sie wollten wissen, wo der Vater sei. Er sei tot, das wisse die Familie, sagten sie. Horsts Angst verging, und er verstand, dass diese Männer seine Mutter nicht vergewaltigen wollten. Er erkannte, dass sie keine wilden Tiere waren. Sie waren vernünftig und erklärten, wie die Familie in Zukunft Lebensmittelkarten und Unterstützung bekommen könne. Mit seinen jungen Jahren hatte Horst gelernt, dass er als Mann der Familie mit Respekt angesprochen wurde.

An diesem Abend im Jagdhaus am Müggelsee stellte Horst ein ausgefallenes Holzbrett auf den Tisch, an dem fünf verschiede Wurstsorten hingen. Wer wollte, nahm sich eine Wurst, legte sie auf das Brett und schnitt sich seine eigene Portion ab. Dann hängte er die Wurst für den nächsten am Tisch wieder auf. Es gab außerdem frisch gebackenes Roggenbrot und Käse sowie Spreewaldgurken und Spreewälder Senf. Bier war reichlich vorhanden und viel Mineralwasser. Der Abend war erfüllt von unseren Gesprächen über den vergangenen Krieg und die aktuellen politischen Ereignisse, wir redeten aber auch ausführlich über Literatur. Es waren Stunden, in denen wir abschalten konnten, wir hatten schon am Tag hart genug gearbeitet.

Entwicklung unserer Legende

Unsere Sicherheit hatte bei unserer Arbeit die höchste Priorität. Wir diskutierten stundenlang über unsere Legende, die wir den Behörden erzählen würden, sollten wir in Bonn bei der konspirativen Arbeit entdeckt werden.

Diese Legende lautete: Wir sind ein junges amerikanisches Ehepaar mit Baby. James Rock, Leiter des Linden-Instituts in Berlin, ist unser Kontakt zur CIA. Rock hatte Jeffrey schon 1974 bei einer Konferenz an der Harvard Universität in Boston aufgesucht. Er hatte gewusst, dass Jeffrey 1961 an der Princeton Universität von der CIA angesprochen worden war. Über diesen früheren CIA-Kontakt zum Princeton-Dekan Lippincott hatte James Rock Jeff am Rande der Harvard-Konferenz angesprochen und das Thema der Tätigkeit für die CIA wieder vorsichtig erwähnt. Anders als zehn Jahre zuvor hatte Jeffrey diesmal Interesse gezeigt. Sollte er wirklich mit der CIA arbeiten wollen, dann solle er sich beim J.-F.-K.-Institut an der Freien Universität in Berlin bewerben, hatte Rock ihm geraten. Das Institut solle politisch nicht zu linkslastig werden, so James Rock.

Er wolle, dass die CIA mehr Informationen über die Professoren und Studierenden der Uni bekäme. Alle Professoren und Studierenden der Amerikanistik wären für die CIA als mögliche Quellen interessant. Jeffrey sollte eine akademische Karriere als Professor und Wissenschaftler aufbauen.

Diese Legende hatte unser Kollektiv gemeinsam entwickelt. Wir hofften, durch sie eine mildere Strafe zu bekommen, sollten wir verhaftet werden.

Beim nächsten Treffen in Ostberlin diskutierten wir über meine künftige Tätigkeit. Ich sollte mir in Bonn sofort Arbeit suchen. Alle meine Kontakte als Ehefrau wären für die Integration in den diplomatischen, journalistischen und politischen Kreisen in Bonn wichtig und würden uns als *Cover* dienen. Meine Arbeit sollte der Familie auch mehr Geld einbringen. Gerade in Sachen Geld mussten wir sehr vorsichtig sein. Es war klar, dass der BND oder die CIA in Bonn ein Auge auf uns haben würden. Wir sollten nicht den Eindruck erwecken, übermäßig viel Geld zu besitzen. Das Kollektiv wollte uns nicht in Gefahr bringen und gab uns jeweils nur den nötigen Zuschuss für die Arbeit.

Jüdische Traditionen leben

Bevor wir nach Bonn gingen, stand noch eine wichtige Zeremonie an. Wir waren jüdischer Herkunft, und Jeffrey war seit seiner Kindheit mit den Synagogen in Wilmington und später mit der jüdischen Studentenvereinigung Princeton Hillel verbunden. Seit 1965 lebte er nicht mehr religiös, wir nahmen dennoch Kontakt mit dem Leiter des Gottesdienstes der US-Armee auf.

Oberst Lou Fischer war Prokura für die US-Armee in Westberlin und damit für die Verbindung zwischen Kirche und Soldaten zuständig. Er war auch der Koordinator der Offiziersabendschule in Westberlin, die zum Industrial College of the Armed Forces (Industriekolleg der Streitkräfte) gehörte. Er mochte Jeffrey, manchmal rauchten sie gemeinsam seine teuren Zigarren vor der Synagoge. Er bat Jeffrey im Februar 1978, einen Vortrag über die »Nichtverbreitung von nuklearen Waffen« für US-Offiziere zu halten. Für unserer Legende waren Jeffreys Vortrag und die Beteiligung am Gottesdienst sehr nützlich. Jeffrey sagte mir, er hätte keine Schuldgefühle, dieses Schauspiel »vor den Augen Gottes« aufzuführen, weil er es täte, um den Frieden auf der Erde zu sichern.

Das koschere Buffet nach dem Gottesdienst war stets reichlich, man hatte viel Zeit zu plaudern. US-Offiziere und leitende Diplomaten kamen vom US-Hauptquartier in der Clayallee in den Gottesdienst.

Mein Abschied von Berlin

Nach fast zweieinhalb Jahren fiel es mir schwer, Abschied von Berlin zu nehmen. Mir war weh ums Herz. Berlin war im September so wunderschön, die Farben wechselten vom Sommer zum Herbst. Tief atmete ich die Berliner Luft ein, und auch sie kündigte den Herbst an.

Eines Tages stieg ich allein in einen Bus und fuhr von Lankwitz in den Wedding zum Kinderladen. Ich wollte mir alles noch einmal anschauen und die vergangene Zeit rekapitulieren: die Kunsthochschule, den Savignyplatz und meine Arbeit mit den Kindern. Ich hatte in diesen zwei Jahren vieles über die Geschichte von Berlin gelernt und vieles über den Kalten Krieg. Der US-Offiziersclub in Dahlem, in dem wir sonntags amerikanische Pfannkuchen genossen hatten, Berliner Kultur und Kunst, die Trödelläden, die Opernaufführungen und das einfache Bummeln auf dem Ku'Damm – all das hatte meine Berliner Jahre geprägt, und ich wollte diese Erfahrungen mitnehmen.

Nach der Busfahrt kehrte ich in unsere Wohnung zurück. Ich wusste, dass die neue Lebensphase in Bonn eine Herausforderung werden würde. Aber genau das wollte ich: Ich wollte sehen, wie ich als Frau und Antifaschistin aus Amerika mit linken politischen Wurzeln mit der Arbeit als Spionin zurechtkommen würde.

5. Kapitel

Arbeit im Operationsgebiet

Wohnen und Arbeiten am Rhein

Während ich weiter mit unserem Sohn in Berlin blieb, fuhr Jeffrey nach Bonn, um eine Wohnung und ein Büro zu suchen. Er nahm Kontakt zu Professor Kaiser am Forschungsinstitut der Deutschen Gesellschaft für Auswärtige Politik auf.

Jeffrey war dem Professor wärmstens von Erwin Scheuch und von Professor Helga Hafendorn empfohlen worden, und Kaiser bot ihm sogleich ein Büro in seinem Institut an. Dort sollte er seine Forschung über die Nichtverbreitungspolitik von Atomwaffen weiterführen. Kaiser wollte Jeffrey zudem helfen, die richtigen Kontakte zu knüpfen. Das Institut lag in der Nähe zur Rheinpromenade, nur acht Minuten Fußweg von der Innenstadt entfernt. Jeffrey würde in den nächsten Jahren zwischen Berlin und Bonn pendeln und Blockseminare an der Universität halten. Sein Gehalt erhielt er weiterhin von der Freien Universität. Professor Kaisers Ehefrau war ebenfalls Amerikanerin und so lud er uns ein, bald einmal zu ihnen nach Hause zum Abendessen zu kommen.

Jeffrey suchte einen Immobilienmakler auf, der ihm eine Wohnung in Mehlem zeigte, nur dreihundert Meter von der US-Botschaft entfernt. Die Vermieterin, Frau Schneider, war achtzig Jahre alt und empfing Jeffrey wie einen Sohn. Die beiden mochten sich sofort. Sie erzählte ihm, dass sie ruhige Mieter wolle, die Wohnung ab Dezember frei und einhundert Quadratmeter groß sei. Alle Zimmer hatten große Fenster, es gab einen großen Balkon, zwei Schlafzimmer und ein Büro. Küche, Esszimmer und Wohnzimmer waren großzügig geschnitten. Man hatte einen schönen Blick auf den Rhein sowie die Promenade und konnte auf der anderen Seite bis hinüber nach Königswinter und zum Drachenfels schauen. Wenn man vor der Tür stand, hörte man die Schiffe vorbeifahren. Solche beruhigenden Geräusche hatten wir nie vorher gehört. Frau Schneider freute sich, eine junge Familie für ihr Mietshaus zu bekommen und bot bereits im Oktober an, abends als Babysitterin einzuspringen. Es war fast zu schön, um wahr zu sein.

Innerhalb von drei Tagen hatte Jeffrey alles organisiert. Es war unglaublich. Später amüsierten wir uns bei dem Gedanken, ob nicht vielleicht die CIA uns die Wohnung beschafft hätte.

Am 27. Dezember 1978 sollte der Umzug stattfinden. Wir konnten also Silvester schon in unserer neuen Wohnung feiern. Lutz begleitete uns in dieser neuen Phase ununterbrochen. Die ersten Monate in Bonn sollten wir uns nur in Westdeutschland mit ihm treffen. Alle Vorkehrungen für unsere Sicherheit wurden wiederholt erklärt: Funksendungen würden jede Woche kommen, die großen Fenster im Schlafzimmer und im Büro seien sofort mit lichtdichten Rollos und dicken Vorhängen abzusichern. Ich war dafür zuständig, dass wir die Wohnung als Büro und für das Fotografieren von Dokumenten nutzen konnten. Bei längerer Abwesenheit von der Wohnung sollten wir ein langes Haar von mir an der Eingangstür zum Esszimmer mit Klebstoff befestigen. Sollte es nicht mehr da sein, wenn wir zurückkamen, könnten wir sofort erkennen, ob jemand in der Wohnung gewesen war. Wir durften in der Wohnung oder auf dem Balkon nie über die Arbeit sprechen, nur während unserer Spaziergänge. Wir sollten bei längeren Spaziergängen beobachten, ob uns jemand folgte, wenn ja, sollten wir anhalten und beobachten, ob diese Person ebenfalls stoppte oder weiterlief. Jeff und ich vereinbarten, dass wir in Gesprächen über unser Kollektiv dieses stets als unsere »Freunde« bezeichnen würden: »unsere Freunde haben gesagt« oder »unsere Freunde waren begeistert«.

In den sechs Wochen bis zum Umzug packte Jeffrey seine Bücher und Akten. Alle Kollegen am J.-F.-K.-Institut wussten, dass er im

April wiederkommen würde, um ein Blockseminar anzubieten, und dass er seinen Vertrag am Institut noch für zwei Jahre behielt. Manche Kollegen waren neidisch, dass er seine Forschung in Bonn weiterführen konnte. Er führte längere Abschiedsgespräche mit ihnen, und auch die Verwaltungsmitarbeiter verabschiedeten sich herzlich von ihm.

Ich verabschiedete mich in diesen Wochen von den Frauen im Klub. Ich hatte ihnen viel zu verdanken. Sie waren selbst oft mit ihren Familien umgezogen und erzählten mir witzige Geschichten darüber, wie wir Frauen Umzüge mit kleinen Babys bewältigen, wie wir neue Wohnungen so schnell wie möglich schön und mit Elan für die Familie gestalten könnten. Alle freuten sich, dass unser Kind so gesund und munter war, und wünschten mir viel Glück für meine Zukunft in Bonn.

Jeff musste sich ein kleines Zimmer in Berlin nehmen. Seine Pendelei zwischen Bonn und Berlin begann.

Die erste Etappe in Bonn

In Januar 1979 hatten wir die erste Etappe in Bonn abgeschlossen. Wir waren im Bauch des Drachens angekommen. Wir sollten Politiker, Diplomaten und Journalisten beobachten, auskundschaften und eventuell abschöpfen. Morgens fuhr Jeffrey mit seinem Rennrad entlang der Rheinpromenade zum Forschungsinstitut der Gesellschaft für Auswärtige Politik. Zwischen April und Juli hielt er dann seine Blockseminare an der Freien Universität in Westberlin.

Ich sollte in Bonn eine eigene Arbeit suchen. Doch zuerst brauchte ich eine Kinderbetreuung. Zunächst schlugen alle meine Bewerbungen für einen Krippenplatz fehl. Die Krippen in Bonn waren nicht für sechs Monate alte Babys gedacht. Frauen sollten dort nicht gleich wieder arbeiten gehen!

Ich dachte mit Sehnsucht an die Krippe in Berlin.

Im Rheinland hatte die katholische Kirche genaue Vorschriften für die Vergabe von Krippenplätzen. Doch mit meiner großen Überzeugungskraft bekam ich schließlich einen Platz in der katholischen

Krippe für Waisenkinder in Bad Godesberg. Sie befand sich in einer ehemaligen Burg mit hohen steilen Steinwänden. Die Kirche hatte viel Geld investiert, um dort ein schönes Kinderheim einzurichten. Ab Mai war unser Sohn für fünf Stunden mit den Ordensschwestern zusammen. Am Nachmittag holte ich ihn ab und rannte dann gern mit ihm in seinem Kinderwagen von der Burg hinunter in die Stadt zum Einkaufen.

Im Juni 1979 fand ich eine Teilzeitstelle als Erzieherin beim Internationalen Kindergarten in Bad Godesberg.

Die Diplomatenkinder aus den verschiedenen Ländern zu betreuen, machte mir Spaß. Aber mein Ziel war ein Arbeitsplatz mit politischem Inhalt.

Im Kollektiv hatten wir besprochen, dass ich unbedingt im Regierungsviertel Arbeit suchen sollte. Zwischen März und November führte ich zehn Bewerbungsgespräche. Die *Washington Post* suchte eine Sekretärin für Büroarbeit und Übersetzungen, leider waren meine Übersetzungsfähigkeiten nicht gut genug. Die pakistanische Botschaft suchte eine Übersetzerin, aber ich bestand die Prüfung nicht. Die Gesellschaft für Entwicklungshilfe suchte eine Koordinatorin für ihr Büro, aber eine andere Frau war besser geeignet. Die Suche war nicht einfach.

Dennoch brauchte ich eine Ganztagsbetreuung. Zum Glück hatte ich direkt im Wohnhaus zwei wunderbare Nachbarinnen: unsere Vermieterin Frau Schneider und Frau Endo, die um die fünfzig Jahre alt war und mit ihrem Mann und ihrer Tochter in der Wohnung unter uns lebte. Ab September 1979 kümmerten sich Frau Müller, die Tagesmutter, und meine zwei Nachbarinnen um ihn. Frau Müller holte ihn um sieben Uhr dreißig bei uns ab und brachte ihn um achtzehn Uhr wieder zurück.

Obwohl ich viel jünger war als sie, verbrachte ich mit meinen Nachbarinnen abends schöne Zeiten. Da meine Mutter weit weg war, nahm mein Frauenherz die beiden als Oma und Mutter auf. Frau Schneider und Frau Endo lachten viel mit mir und zeigten mir, wie ich den Jungen mit Liebe erziehen könnte. Die Erfahrungen der beiden Mütter gaben mir regelmäßig Kraft und Mut für meine Aufgabe. Frau Schneider erzählte mir, wie die Kindererziehung in den Vierzigerjahren abgelaufen war, und Frau Endo berichtete von den

Siebzigerjahren. Ihre Kinder waren inzwischen groß, aber beide Frauen erzählten, als ob sie erst gestern Babys gewesen wären. Mütter vergessen nie, wie schwierig die ersten Monate mit ihren Kindern waren.

Meine Ersatz-Oma und Ersatz-Mutter erzählten mir Frauengeschichten und malten mir das Leben am Rhein sehr bunt und lustig aus. Sie respektierten, dass ich arbeitete und mein eigenes Geld verdiente.

Frau Schneider hatte gemeinsam mit ihrem Ehemann eine vornehme Café-Konditorei in Bad Godesberg geführt. Ihre zwei Kinder hatte sie großgezogen, während sie im Café arbeitete. Sie war durch und durch Geschäftsfrau und hatte das Wohnhaus in Mehlem für sich gebaut. Zusätzlich zu ihrer Rente verdiente sie sich nun mit den fünf Mietwohnungen im Haus ein Zusatzeinkommen. Abends erzählte sie mir bei einem Glas Martini Liquor, wie sie als Frau im Bonn der Fünfzigerjahre Weiberfastnacht gefeiert hatte. Sie war damals noch jung genug, hübsch und lebensfroh gewesen und tanzte sehr gern. Zur Weiberfastnacht probierte sie mehr als einmal ihre Narrenfreiheit mit den Männern aus. Sie erzählte mir im Vertrauen, wie glücklich sie gewesen sei, diese Freiheit einmal im Jahr auszuleben.

Frau Endos Familie besaß ein Weingut in Pünderich an der Mosel. Sie hatte als Kellnerin im *Weinhäuschen am Rhein* in Mehlem gearbeitet und dort eines Tages einen Rechtsanwalt aus der japanischen Botschaft in Bonn als Gast bedient. Beide hatten sich Hals über Kopf verliebt und nicht lange danach geheiratet. Sehr spät im Leben, mit fünfundvierzig Jahren, bekam sie eine Tochter. Frau Endo und ich wurden echte Freundinnen. Abends diskutierten wir, wie und was eine Frau kochen sollte, um Diplomaten und Journalisten beim Essen glücklich zu machen. Sie erzählte wiederholt, dass sich diese Menschen nach etwas Herzhaftem, nach einem warmen und bodenständigen Abendessen sehnten. Fast jeden Tag aßen sie nur »diplomatische Mahlzeiten«, die aus kleinen Häppchen und kleinen Sandwiches auf silbernen Tellern bestanden, und gingen auf Cocktail-Partys. Diese Männer wurden nie satt und wünschten sich deshalb von Herzen eine warme Suppe mit herzhaftem Brot. Die Männer wollten selbst große Sandwiches für sich persönlich schmieren können. Diesen Ratschlag befolgte ich immer wieder bei unseren Gästen, und es stimmte: Ein leckeres und herzhaftes Essen mit Wein und Bier gefiel allen. Bevor unsere Gäste ankamen, deckte ich den Tisch und stellte die Speisen bereit. Dadurch musste ich später nicht mehr in die Küche verschwinden und konnte aktiv an den Gesprächen teilnehmen.

Auch bei meiner Garderobe half mir Frau Endo. Als Spionin sollte ich stets schöne Kleider tragen, da mein Auftreten bei der Arbeit sowie bei Partys beobachtet werden würde. Doch schöne Kleider kosten viel Geld. Frau Endo gab mir einen Tipp. Sie kannte ein Geschäft, das Damenbekleidung aus zweiter Hand verkaufte. In allen Botschaften trugen die Ehefrauen der Diplomaten wundervolle, aber teure Kleider. Sie mussten in jeder Saison etwas Neues kaufen. Deswegen waren die Diplomatenfrauen froh, ihre Kleider der letzten Saison in dem Geschäft verkaufen zu können. Als ich zum ersten Mal in diesen Laden kam, war ich begeistert. Dort fand ich teure Kostüme, Blusen aus Seide, Lederstiefel und Handtaschen zu günstigen Preisen.

Durch Frau Endo lernte ich außerdem, dass jede Diplomatenfrau in Bonn ihr persönliches Parfüm besaß und vor jedem Gespräch mit Männern einen kleinen Spritzer hinter die Ohren und ans Handgelenk gab. Frau Endo versicherte mir, hierdurch würde ich die Aufmerksamkeit jedes Diplomaten wecken.

Eine Stelle in der südafrikanischen Botschaft

Anfang November las ich eine Anzeige im Bonner *General-Anzeiger* für eine Stelle in der Wirtschaftsabteilung der Botschaft Südafrikas. Diese war ideal für meine zukünftige Arbeit. Ich bewarb mich sofort und bekam innerhalb von zwei Tagen den Anruf, dass ich persönlich vorbeikommen solle.

Das Botschaftsgebäude war groß, modern und stand nahe dem Rheinufer in Bad Godesberg. Ich wurde in die Personalabteilung geführt. Luke und Chris, zwei typische Macho-Männer, saßen nebeneinander, musterten mich von oben bis unten und führten das

Vorstellungsgespräch. Danach absolvierte ich eine Übersetzungsprüfung und wurde in die Wirtschaftsabteilung geführt. Dort begrüßte mich ein älterer Diplomat herzlich und erklärte mir die Aufgaben der Arbeitsstelle. Seine Chefsekretärin würde mir in Zukunft zur Seite stehen. Nach dieser Unterhaltung kehrte ich in die Personalabteilung zurück.

Leider wurde mir erklärt, dass meine Übersetzungsfähigkeiten für die Wirtschaftsabteilung nicht ausreichten. Für die Visaabteilung genügten sie jedoch. Luke nahm meine Hand und brachte mich in »seine« Visaabteilung im Erdgeschoss, direkt neben der Eingangstür der Botschaft. Er versuchte, mich mit seinen dunkelblauen Augen zu überzeugen, dass seine Abteilung sehr interessant für mich sei. Später könne ich in eine andere Abteilung wechseln. Hier würde ich alle Visaanträge in Empfang nehmen. Morgens käme Publikumsverkehr, nachmittags würde ich Berichte über Journalisten und Pfarrer aus Deutschland für Pretoria schreiben. Ich würde engmaschig mit allen Diplomaten in der Abteilung arbeiten und alle Gäste, die in die Botschaft wollten, empfangen und zu der richtigen Abteilung begleiten.

Zwei Tage später bekam ich meinen Arbeitsvertrag und fing am 15. November 1979 in der Botschaft an. Nun saß ich täglich als richtige Spionin in der Visa-Abteilung und lernte alle Diplomaten der Botschaft kennen. Bei der Arbeit war ich brav und hübsch, tüchtig, aufmerksam und natürlich immer auf der Hut.

Ruf nach Freiheit

Meine Aufgabe in der Botschaft bestand zunächst darin, die Namen von Journalisten und Pfarrern sowie von Militärangehörigen der Bundeswehr, die nach Südafrika einreisen wollten, zu notieren. Ich saß direkt am Eingang des braunen Gebäudes aus Stahl mit getönten kugelsicheren Fenster im Erdgeschoss. Dort stempelte ich zudem täglich Einreisevisa für Touristen und Gäste der Regierung in Reisepässe. Alle Visaanträge wurden von drei Diplomaten überprüft, bevor ich die Pässe per Einschreiben zurück an die Antragsteller schickte.

Zu dieser Zeit hatte die Bundesrepublik Deutschland ein besonders freundliches Verhältnis zum südafrikanischen Regime, das die Apartheid in ihrer ganzen abscheulichen Form erfunden hatte. Die BRD-Eliten pflegten innige Beziehungen in die Kultur und Wirtschaft hinein, aber vor allem auf militärischem und rüstungstechnischem Gebiet. So fand in den Siebziger- und Achtzigerjahren, von der deutschen Öffentlichkeit weitgehend unbemerkt, zwischen der politischen und wirtschaftlichen Elite der BRD und der Unterdrückungs- und Mordmaschine des südafrikanischen Regimes eine enge und freundschaftliche Zusammenarbeit statt. Die BRD wurde zu Südafrikas größtem Handelspartner. Der Handelsaustausch belief sich auf mehrere Hundert Millionen Pfund, Hunderte Millionen Pfund Außenhandelskredite waren durch die Deutsche Bank, die Dresdner Bank und die Commerzbank gewährt worden.

Ostberlin wusste zudem, dass die Bundesrepublik dabei war, den weißen Apartheid-Staat nuklear aufzurüsten. Der nuklearindustrielle Komplex der BRD hatte enge Kontakte zur südafrikanischen Regierung aufgebaut. Südafrikanische Militärwissenschaftler durften in den Siebzigerjahren an Fachtagungen des Fraunhofer-Instituts für Treib- und Explosivstoffe in Pfinztal nahe Karlsruhe teilnehmen. Die BRD gab wissenschaftliches Know-how aus der Sprengstofftechnik an die weißen Südafrikaner weiter. Aus dem Kernforschungszentrum Karlsruhe und über Verträge mit der damals weitgehend bundeseigenen Firma Steag erhielt das Land auch das Wissen zum Bau einer Urananreicherungsanlage. In den Jahren, in denen ich in der Botschaft arbeitete, forcierte Südafrika den Ausbau seiner nuklearen Technologien gemeinsam mit der BRD. Und ich saß mittendrin.

Leider hatte ich in der Visaabteilung keinen Zugang zu den entscheidenden Personen, da diese Kontakte in der Wirtschaftsabteilung und mit den Militärattachés gepflegt wurden. Für die Besucher der Militär- oder Wirtschaftsabteilung gab es einen separaten Eingang. Ich musste sie von dort in die zweite Etage begleiten. So war es mir nur möglich, ihre Namen zu notieren.

Fast zwei Jahre bevor ich in der Botschaft angefangen hatte, im Januar 1978, war Donald Woods, einem weißen südafrikanischen Journalisten der kleinen liberalen Zeitung *Daily Dispatch*, mit seinen fünf Kindern und seiner Ehefrau die Flucht aus Südafrika nach London gelungen. Bereits 1977 war er in Südafrika unter Hausarrest gestellt worden. Donald Woods hatte fünf Jahre zuvor Steve Biko, einen führenden Kopf der südafrikanischen Befreiungsbewegung, kennen- und über die Jahre schätzen gelernt. Steve Biko wollte, dass Donald Woods das wahre Südafrika und die brutale Apartheid durch seine Augen sieht. Woods begleitete Biko in die schwarzen Ghettos und lernte mehr und mehr über die Unterdrückung, Ausbeutung und die erbarmungslose Herrschaft der Weißen über die Schwarzen in Südafrika. Als Ergebnis von Woods Flucht wurden weltweit Berichte über die Apartheid geschrieben, die Apartheidgegner fanden überall Unterstützung. So veröffentlichte beispielsweise der Liedermacher Peter Gabriel den Megahit »Biko«, in dem es um den Tod des Bürgerrechtlers geht, der 1977 im Gefängnis gefoltert wurde und an den Folgen starb.

Nach seiner Flucht trat Woods weltweit für Sanktionen gegen Südafrika ein. Er schlug der US-Regierung vierzehn Anti-Apartheid-Maßnahmen vor. Sechs Maßnahmen davon setzte die Carter-Regierung mit ihrem Außenminister Cyrus Vance um, darunter die Kündigung aller Außenhandelskredite. So trug Woods dazu bei, dass Apartheidgegner weltweit salonfähig wurden.

Genau zu dieser Zeit stellte ich die Visa an Journalisten aus Deutschland aus. Bevor ein Einreisevisum erteilt wurde, prüften die Diplomaten der Botschaft die Anträge lange, manchmal mit Hilfe des Bundesverfassungsschutzes. Danach wurden ausführliche Ermittlungsberichte für Pretoria geschrieben. Der Regierung war wichtig, nur Journalisten mit einer Apartheid-freundlichen Meinung ins Land zu lassen, nachdem Donald Woods so viel Schaden angerichtet hatte.

Wer arbeitet in der Botschaft?

Mein direkter Vorgesetzter war Luke. Er war fünfunddreißig Jahre alt und stolz, als Bure in Südafrika geboren zu sein. Sein bester Freund Chris war der Leiter der Personalabteilung. Er war etwa fünfundvierzig und ebenfalls ein stolzer Bure. Ihre Familien waren aus Holland nach Südafrika eingewandert, hatten sich dort als Bauern niedergelassen und züchteten auf riesigem Weideland Vieh. Ihre Vorbilder waren Cowboys und der Marlboro-Mann mit Zigarette im Mund.

Die beiden südafrikanischen Männer gaben gern ihrem Chauvinismus gegenüber Frauen Ausdruck. Sie trainierten in jeder Mittagspause auf dem Schießstand im Keller der Botschaft, um ihre Treffsicherheit mit der Waffe zu verbessern. Beide trugen stets eine Pistole im Lederholster bei sich. Sie erzählten mir, dass das für Buren in Südafrika ganz normal sei. Als Männer müssten sie immer bereit sein, sich und ihre Familie vor der schwarzen Bevölkerung zu schützen. Für Luke und Chris war das Leben in Südafrika ein Krieg gegen die »schwarzen Wilden«. Beide hielten nicht viel von den Diplomaten mit britischer Herkunft. Sie betonten immer wieder, wie die Buren das Land mit harter Arbeit und den eigenen Händen aufgebaut hätten.

Luke sagte mir einmal: »Ich als Südafrikaner bin überzeugt, dass Schwarze nicht auf Augenhöhe mit weißen Menschen sein dürfen. Ich glaube, sobald die Schwarzen mehr Rechte bekommen, werden sie uns weiße Südafrikaner alle ermorden. Wir müssen die strenge Rassentrennung haben. Schwarze sind noch Tiere. Man sollte die Apartheid loben, denn nur durch die strenge Trennung können wir den Frieden im Land erhalten. Schau dir den Rest von Afrika an, wie viele Kriege führen die Schwarzen untereinander? Man kann nicht sagen, alle Menschen sind gleich, die Schwarzen sind primitiv, sie riechen wie Tiere und sind gefährlich.«

Nach solchen Gesprächen ging ich zurück an meinen Schreibtisch und stempelte weiter Einreisevisa in deutsche Reisepässe. Wussten diese weißen Touristen, wie extrem rassistisch weiße Südafrikaner waren? Würden die weißen Deutschen ihren Urlaub in diesem Land wie in einem Bilderbuch genießen, ohne die Rassentrennung zu sehen? Machten sie alle ihre Augen zu, und würden sie nach ihrer Rückkehr von diesem schönen Land schwärmen?

Doch es gab auch andere Stimmen unter den südafrikanischen Kolleginnen und Kollegen. Sabine und Rita stammten aus Südwestafrika, dem heutigen Namibia, und liebten ihr Land. Ihre Urgroßeltern stammten aus Deutschland. Beide hatten die Geborgenheit auf dem Bauernhof ihrer Eltern erlebt. Diese Frauen aus Südwestafrika waren beide aufs College gegangen, bevor sie in den diplomatischen Dienst eingetreten waren. In ihren Herkunftsfamilien galten die Buren als wilde Cowboys. Deshalb standen sie Luke und Chris extrem kritisch gegenüber. Aber sie erklärten auch, dass das Leben für weiße Frauen in Südafrika wegen der Apartheid einfacher wäre. Sie hatten immer schwarze Diener und Kindermädchen gehabt und dadurch wesentlich mehr Freizeit als hier in Europa.

Rita und Sabine mussten alle deutschen Reisepässe mit Visaanträgen prüfen. Am Tag erhielten wir zwischen fünfzig und einhundert deutsche Pässe per Post. Die beiden Frauen schauten sich ganz genau an, welche Länder die Passbesitzer in Afrika und Europa besucht hatten. Vor allem prüften sie die Passfotos. Sie hatten eine Arbeitstafel auf dem Schreibtisch, auf der dreißig Mustergesichter abgebildet waren. Das Foto in jedem Reisepass wurde mit den Mustergesichtern verglichen. Hautfarbe, Nase und Lippen wurden genau geprüft. Hatte ein deutscher Staatsbürger eine dunklere Hautfarbe, eine »schwarze« Nase oder Lippen, musste ein zweiter Diplomat geholt werden, um zu entscheiden, ob der Antragsteller »weiß«, »schwarz« oder ein »Mischling« war. Gemischte Ehen waren verboten und Urlauber mit gemischtem Blut in Südafrika nicht erwünscht.

Ich war unglaublich wütend. Ich saß im Bauch des Drachens, geflügeltes, feuerspeiendes, schlangenartiges Tier mit Köpfen. Auskundschaften? Beobachten? Könnte ich meinen Mund halten bei so viel Rassismus um mich herum? Den beiden Diplomatinnen machte es regelrecht Spaß, zu mutmaßen, ob schwarzes Blut in irgendeiner deutschen Touristin floss. War diesen deutschen Touristen bewusst, dass die Apartheid-Regierung mit denselben Methoden arbeitete wie die Nazis, als diese zwischen 1933 bis 1945 prüften, ob jemand jüdisches Blut hätte?

Einreisestempel für die Befreiungsbewegung

Drei Jahre arbeitete ich in der Botschaft, von 1979 bis 1982. In dieser Zeit waren die Diplomaten von besonderem Interesse für unser Kollektiv in Ostberlin. Meine Aufgabe bestand darin, Berichte über sie zu verfassen. Durch die täglichen Gespräche in der Abteilung konnte ich meine biografischen Schilderungen vervollständigen und die politischen Einschätzungen aller Diplomaten und Angestellten vertiefen.

Bei einem Treffen in Ostberlin schütte ich mein Herz über die anstrengende Arbeit und meine Gefühle dabei aus. Mein Führungsoffizier Horst betonte, wie wichtig es trotz der Unannehmlichkeiten sei, dass ich dort bliebe. Ich sollte notieren, wie die Prüfungen und die Bewilligung der Visaanträge genau abliefen. Außerdem bat er mich, die Visastempel für die Einreise sauber auf gutes Papier zu stempeln und nach Ostberlin zu schaffen. Dort würden die Fälscher der HV A die Stempel kopieren und die Kopien an die in Südafrika verbotene Anti-Apartheid-Bewegung African National Congress, kurz ANC, geben, damit dieser die Ein- und Ausreise von ANC-Mitgliedern sowie Anti-Apartheid-Unterstützern »legalisieren« könne. Ich fand die Idee sehr sinnvoll, es bedeutete konkretes Handeln und Solidarität mit dem ANC.

Ich wurde gewarnt, sehr vorsichtig zu sein. Niemand dürfe sehen, was ich tue. Ich müsse das Papier mit dem Stempel auf der Toilette an meinem Körper verstecken. Zum nächsten Treffen in Ostberlin brachte ich den Abdruck des Stempels mit.

Wie bei jeder konspirativen Arbeit erfuhr ich nie, ob mit dieser Hilfe viele oder wenige Menschen nach Südafrika eingereist waren, um die Apartheid-Regierung zu schwächen.

Kernforschungszentrum Karlsruhe

Jeden Sonntag las Jeffrey die Stellenausschreibungen in der Wochenzeitung *Die Zeit*. Im Januar 1980 stand dort die Anzeige des Kernforschungszentrums Karlsruhe, eine Großforschungseinrichtung des Bundes, das einen wissenschaftlichen Mitarbeiter in der Abteilung für Angewandte Systemanalyse suchte. Jeffrey bewarb sich und wurde von Dr. Herbert Paschen, dem Leiter der Abteilung, zu einem Vorstellungsgespräch nach Karlsruhe eingeladen. Wie schicksalhaft, dass Dr. Paschen seine Arbeit und Kontakte auf die USA erweitern wollte. Er hatte den Traum, ein Technikfolgenabschätzungsbüro beim Deutschen Bundestag in Bonn zu gründen. Sein Vorbild war das Office of Technology Assessment, kurz OTA, beim US-Kongress in Washington. Die Arbeit von OTA war hoch geschätzt in der Carter-Regierung und im Bundestag. Jeffrey passte genau zu diesem Vorhaben und bekam die Stelle. Schon am 1. Mai 1980 konnte er anfangen.

Zu unserer Freude bestand der Betriebsrat darauf, dass Jeffrey mit seinen neununddreißig Jahren eine unbefristete Stelle bekam. Endlich finanzielle Sicherheit, Erleichterung bei uns und in Ostberlin. Wir riefen meine Eltern an, um die guten Nachrichten mitzuteilen. Meine Mutter schenkte Jeffrey daraufhin einen Eurail-Pass für sechs Monate. Dieses Geschenk bedeutete für uns, dass Jeffrey mittwochs und freitags mit dem Zug nach Bonn fahren konnte. Das erleichterte die Trennung und das Pendeln für die nächsten Jahre. Obwohl die einfache Zugfahrt nach Bonn mit dem Intercity mehr als drei Stunden dauerte, entspannte und erfreute Jeffrey die Reise durch das Rheintal vorbei an der Lorelei und den prachtvollen Burgen. Wenn er dann frühmorgens zurück nach Karlsruhe fuhr, genoss er sein Frühstück im Speisewagen.

Im Sommer 1980 besuchte uns der holländische Dokumentarfilmer Leonard Henny mit seiner Frau Marietta und den Kindern Xenia und Alexander.

Leonard war schon lange mit Jeffrey befreundet und wohnte mit seiner Familie auf einem Hausboot in den Niederlanden. Direkt vor unserem Haus lag der Rheinstrand. Jeffrey und Leonard pumpten unser aufblasbares Kajak auf und fuhren mit den Kindern der Strömung folgend bis zum *Hotel Dreesen* in Bad Godesberg, an dem Nazigrößen Veranstaltungen abgehalten hatten. Jeffrey war öfters dort gewesen, weil die Deutsche Gesellschaft für Auswärtige Politik das Hotel für Vorträge namhafter Persönlichkeiten aus Politik und Wirtschaft nutzte. Auch während unserer sonntäglichen Spaziergänge am Rhein gingen wir manchmal durch den Garten und die prächtigen Räume des Hotels.

Jeffreys erste US-Dienstreise

Bereits im August 1980 flogen Dr. Paschen und Jeffrey zum ersten Mal im Rahmen einer Dienstreise nach Washington. Dr. Paschen hatte Jeffrey gebeten, Gesprächspartner aus der Regierung, dem Kongress, den Behörden und Forschungseinrichtungen sowie von den Universitäten Harvard und Cornell für Diskussionen über Technologiefolgenabschätzung, Nichtverbreitung von Atomwaffen und Energiepolitik ausfindig zu machen und Termine zu organisieren.

Es war eine besondere Ehre für Jeffrey, sich gemeinsam mit Dr. Paschen mit dem Physik-Nobelpreisträger Hans Bethe in dessen Büro in Ithaca auszutauschen. Bethe gehörte zu den bedeutendsten Physikern des zwanzigsten Jahrhunderts. Er erzählte Dr. Paschen und Jeff, wie er 1933 mit der Machtübernahme der Nationalsozialisten seine Stelle verloren hatte, weil seine Mutter Jüdin war. Im Februar 1935 hatte Bethe eine Einladung in die USA erhalten, wurde zunächst Assistenzprofessor an der Cornell Universität und im Sommer 1937 Professor. Robert Oppenheimer hatte Bethe als Leiter der Theoretischen Abteilung an das Los Alamos Scientific Laboratory gebracht, an dem er an der Entwicklung der ersten Atombombe mitwirkte. 1941 wurde Bethe Staatsbürger der USA. Er war ein einflussreicher Regierungsberater, der sich seit den Sechzigerjahren zunehmend für die Abrüstung einsetzte. Das Gespräch mit Hans Bethe war für Dr. Paschen und Jeffrey ein Höhepunkt der Dienstreise.

Von Ithaca fuhren Jeffrey und Dr. Paschen zu meiner Mutter nach Buffalo, die mit einem ihrer leckeren Erdnusskuchen auf die beiden wartete.

Dr. Paschen erkannte schnell, dass es absolut richtig gewesen war, Jeffrey einzustellen, und wurde darin durch die vielen Kontakte bestätigt, die Jeffrey unter anderem im US-Kongress, im Außen- und Energieministerium sowie zum Stab des Nationalsicherheitsrats herstellte.

Während dieser Dienstreise war der Wahlkampf zwischen Präsident Jimmy Carter und Ronald Reagan in vollem Gange. Abends verfolgte Jeffrey mit Entsetzen die Fernsehnachrichten. Reagan trat außenpolitisch dafür ein, die Menschen hinter dem »Eisernen Vorhang« von ihrer »Versklavung« zu befreien. Innenpolitisch wollte er die staatlichen Einflüsse weitgehend zurückdrängen. In einer Wahlrede plädierte er dafür, die Rechte der Einzelstaaten so zu stärken, dass die Südstaaten die Bürgerrechtsgesetze von 1964 aushebeln konnten. Diese Gesetze waren in der Zeit von Präsident Lyndon B. Johnson von Millionen schwarzer Amerikaner erkämpft worden. Jeffrey war empört. Reagans Wahlauftritte machten ihm klar, dass er auf die weiße Vorherrschaft pochte und auf der Seite der Rassisten stand. Der Kommunismus war für Ronald Reagan Teufelszeug.

Am 4. November 1980 gewann Reagan die Wahl mit deutlicher Mehrheit. Damit war die Entspannungspolitik mit der Sowjetunion vorbei. Reagans Amtsantritt löste in der Wirtschaft Optimismus aus. Der US-Dollar und die Aktienkurse stiegen. Reagan verfolgte einen konsequenten Neoliberalismus und trat als Hardliner im Ost-West-Konflikt auf. Das Wettrüsten sollte aggressiver und die sowjetische Regierung in die Knie gezwungen werden.

Jeffrey wird Führungsoffizier der HV A

In Bonn führten wir in dieser Zeit viele Gespräche mit Journalisten, Politikwissenschaftlern und Bekannten aus Regierungskreisen. Sie fanden meist im engeren Kreis statt. Ein Freund aus der SPD sagte: »Wir müssen für die nächsten vier Jahre unbedingt, wie in einem Flugzeug, den Sicherheitsgurt anschnallen.« Viele Menschen in Bonn und auch in Ostberlin waren verunsichert: Wie lange wäre der Frieden in Europa noch zu halten? Unsere Gespräche hielten wir für Ostberlin schriftlich fest. Dem Kollektiv war es wichtig zu erfahren, wie die Bonner Regierung und einzelne Personen in den Ministerien reagieren würden, sollten die Drohungen aus Washington zunehmen. Zu Gast bei uns waren auch Journalisten von *New York Times*, *Washington Post* und *Die Welt*. Alle waren sehr besorgt, wohin die Reise mit Reagan im Weißen Haus tatsächlich gehen würde.

In seinem Wahlkampf hatte Reagan auf die Empfehlungen von Laurence Beilenson, einem Juristen und Buchautor aus Kalifornien, gesetzt. Er hatte dessen Überzeugung übernommen, dass Amerika bereit und fähig sein müsse, Großstädte wie New York, Chicago oder Los Angeles schnellstens zu evakuieren, um einen atomaren Krieg zu überleben. Reagan glaubte, nur ein Atomkrieg würde die »Freiheit« in den Ostblock bringen. Dazu müsse die sowjetische Regierung zerstört werden.

In einer Rede vor der UNO unterstrich Reagan 1981, dass Verhandlungen und Verträge zur Begrenzung strategischer Rüstung sinnlos seien. Ohne Kontrolle vor Ort, auf dem Boden der Sowjetunion, würde er solche Verträge nicht länger unterstützen. Er vertrat die Ansicht, dass die USA ihre Waffensysteme nicht auf Grundlage von Verträgen oder Vereinbarungen mit der Sowjetunion zurückschrauben dürften.

Wie wir es im Kollektiv vereinbart hatten, versuchte Jeffrey als amerikanischer Wissenschaftler direkte Kontakte ins Bundeskanzleramt zu erschließen. Bei den Abwägungen, wie das gelingen könne, half ihm Horst mit seinen Erfahrungen. Doch Jeff musste seine Versuche aufgeben, sie hatten umgehend die Alarmglocken im Kanzleramt ausgelöst. Obwohl wir uns als Kollektiv verschätzt hatten, geriet Horst nicht in Panik oder Aufregung. Wir dachten uns einen anderen Weg aus, den Weg über die Schaffung deutscher Quellen, die Jeffrey führen sollte.

»Cäsar« wird erste Quelle

Jeffrey begann, wie in unserem Kollektiv vereinbart, nach Menschen zu suchen, die als Informationsbeschaffer, als »Quellen«, geeignet wären. Er war inzwischen auf die Technologiefolgenabschätzung spezialisiert und durch seine Arbeit mit dem Linden-Institut auf den Gebieten »Energie und nationale Sicherheit« sowie »Nukleare

Nichtverbreitungspolitik« bekannt. Allmählich konnte er seine Kontakte in Deutschland und in Washington ausbauen.

Wegen Jeffreys Artikel über Energie und Sicherheit in *Die Welt* war der Wissenschaftsjournalist »Cäsar« auf ihn aufmerksam geworden. Er hatte Jeff gefragt, ob er Interesse hätte, den CDU-Bundestagsabgeordneten Josef Bugl während einer Energiekonferenz des Deutschen Atomforums im Bonner *Hotel Bristol* zu beraten.

Als Neuling auf dem Bonner Parkett kannte Jeffrey das Deutsche Atomforum nicht. Das Ziel dieses Vereins bestand darin, positiven Einfluss auf politische Entscheidungen sowie auf die öffentliche Meinung über die Kernenergie zu nehmen. Bis heute ist das Atomforum eine sehr mächtige Lobby. Jeffrey sollte neben Dr. Bugl in einer Arbeitsgruppe sitzen und ihn, falls nötig, fachlich beraten. Jeffrey fühlte sich geehrt. Bugl, 1932 in Weiden in der Oberpfalz geboren, war promovierter Atomforscher für die Europäische Atomgemeinschaft, hatte von 1960 bis 1965 als Gastwissenschaftler in den USA und anschließend am Kernforschungszentrum im niederländischen Petten gearbeitete. 1972 war er nach Mannheim gegangen, um dort als Prokurist beim Konzern Brown, Boveri & Cie. die Stabsabteilung Kraftwerke/Nukleartechnik aufzubauen. 1980 wurde er in den Deutschen Bundestag gewählt und war dort Berater der CDU-Fraktion auf dem Gebiet der Energiepolitik. Bugls Unterstützung war Jeffreys Eintrittskarte in die politischen und wirtschaftlichen Kreise in Bonn.

Während der Tagung des Atomforums hatte Jeff mehrere Gelegenheiten, sich mit dem gut aussehenden Doktoranden »Cäsar« zu unterhalten. Er beobachtete, wie sicher »Cäsar« in seinem Auftreten sowie in den Gesprächen mit den älteren Herren aus Wirtschaft, Forschung und Politik war. Er verkörperte eine Mischung aus Professionalität und Intimität. Jeffrey dämmerte es, dass »Cäsar« die Chuzpe besaß, mit jedermann in jedem wirtschaftlichen und politischen Kreis zu reden, um Informationen für seine Forschungstätigkeit zu gewinnen. Jeffrey vereinbarte weitere Gespräche mit »Cäsar« über die zivile Nutzung von Kernenergie, über die Politik der Nichtverbreitung von Kernenergie sowie Kernwaffen.

Das Kollektiv stimmte Jeffreys Vorschlag zu, »Cäsar« für seine Arbeit anzuwerben. Und so wurde er formal zu Jeffreys erster

Die Familie Altman in Buffalo: Hinten stehen Abraham Altman (ganz links) und seine fünf Brüder, vorne sitzen seine Eltern (in der Mitte) und seine beiden Schwestern, ca. 1905 in New York

Beas Eltern, Max Altman und Ruth (geborene Mayer), im Jahr ihrer Hochzeit 1946

Bea mit ihren Eltern, 1957

Die Familie Schevitz (von links nach rechts): Jeffreys Vater Mitchell Schevitz, Jeffrey, Jeffreys Mutter Sylvia Sugarman Schevitz, auf ihrem Schoß sitzt Jeffreys Nichte Carla Schevitz, Jeffreys Bruder Joseph Kenneth (Sonny) Schevitz, 1964 in Wilmington, Delaware

Jeffrey mit seinem Vater im Roney Plaza Hotel in Miami Beach, Florida, 1944

Jeffrey und seine Mutter bei einem Besuch an der Universität Princeton, 1959

Die Familie Schevitz, 1945 in Florida

Bea mit ihrem Halbbruder Armand, dem Sohn des Vaters aus erster Ehe, 1959 in Beas Elternhaus in Buffalo

Bea (vorne rechts) mit ihrer Mädchenclique im Jahr der Kubakrise, 1962

Jeffrey mit Kommilitone, Princeton, 1959

Jeffrey mit Bruder Joseph, Princeton, 1962

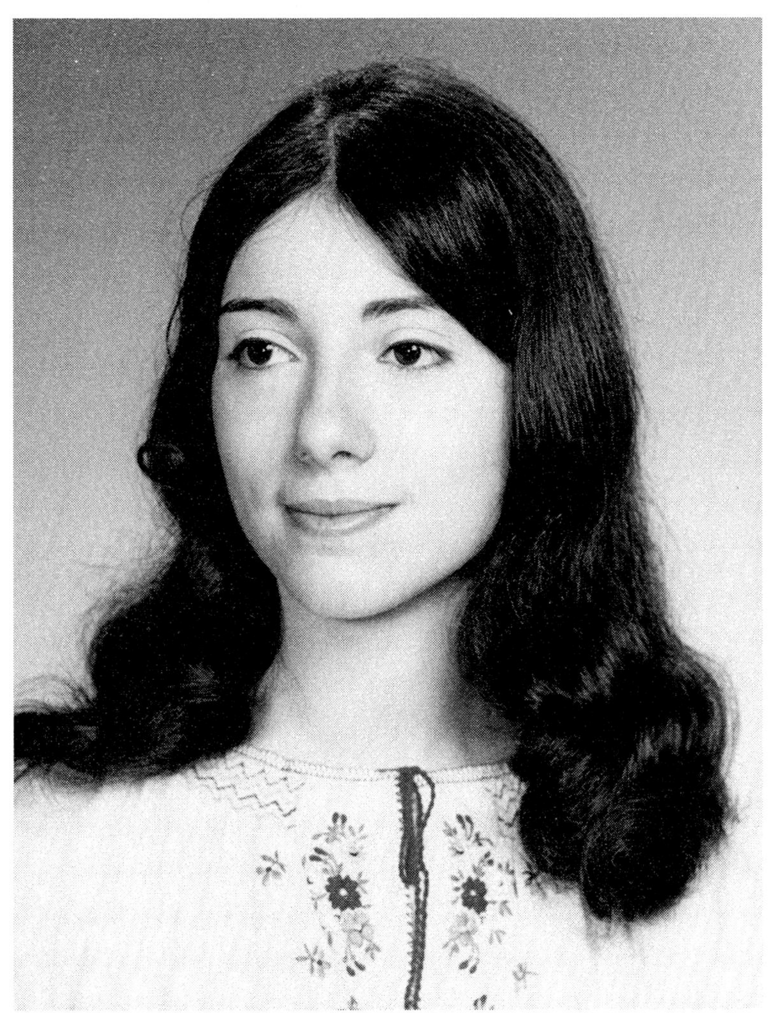

Bea, 1971

Bea während ihres Studiums an der Universität Buffalo, 1973-1976

«Meine neue Patchworkfamilie»: Bea und Jeffrey mit den Kindern Tanya (links) und Andrei (rechts) aus Jeffreys erster Ehe, 1976 vor der Alman Manor in Buffalo

Beim Umzug von Buffalo nach Berlin, 1976

Mit Andrei (links) und Tanya unterwegs, 1976 in Lankwitz, Westberlin

Hochzeit am 15. März 1977 im Standesamt Berlin-Steglitz

Jeffrey im Jahr des Umzugs nach Bonn, 1979

Bea bei einem Betriebsausflug der Botschaft Südafrikas auf einem Rheinschiff, 1980

Horst, von 1977 bis 1990 Führungsoffizier von Bea und Jeffrey, 1983 in der konspirativen Wohnung in Ostberlin

Vater und Sohn wieder vereint, kurz vor Jeffreys Prozess, 1995 in Karlsruhe

Informationsquelle – ohne jedoch jemals zu erfahren, dass er im Auftrag des MfS handelte.

Wie so oft in unserer Spionagearbeit mussten wir kreativ sein. Obwohl die Themen, zu denen Jeffrey Informationen sammeln sollte, aus Ostberlin kamen, gehörte es zu seinen Aufgaben, die Fragestellungen durch sein Expertenwissen für die Quelle zu spezifizieren. Manchmal erzählte mir Jeffrey, dass er mehr Freiraum hatte, als ihm lieb war. Ich wusste jedoch, dass sich durch diese Freiheit seine Intelligenz und sein politischer Scharfsinn voll entfalten konnten.

»Fremde Flagge« IEAL

Jeffreys Arbeit am Kernforschungszentrum gab ihm die Möglichkeit, zweimal im Jahr in die USA zu reisen. Er war inzwischen *Liaison*, Verbindungsmann zwischen dem Kernforschungszentrum Karlsruhe und dem Office of Technology Assessment beim US-Kongress in Washington D. C. Seine Dienstreisen durfte er selbständig organisieren. Sie boten ihm großartige Chancen, in den USA Informationen zu sammeln. Er plante die Reisen gemeinsam mit seinem Chef, flog aber immer öfter allein und hatte große Freiheiten, seinen Themenbereich selbst zu gestalten.

Jeffrey wurde nie nach seiner Sicherheitsstufe gefragt. Seine Netzwerke in den USA wuchsen, und bald war er als Verbindungsmann zwischen dem Kernforschungszentrum und vielen amerikanischen Regierungsstellen bekannt. Jeffrey wurde, manchmal mit seinem Chef, manchmal ohne ihn, zu Gesprächen über Technologiefolgenabschätzung in amerikanische Großforschungseinrichtungen eingeladen, beispielsweise zum Oak Ridge National Laboratory in Tennessee, dem AT&T Bell Laboratory in New Jersey, dem Battelle-Institut in Columbus und General Motors in Detroit. Später wurde er eingeladen, einen Vortrag über die deutsche nukleare Entsorgungspolitik im Savannah River National Laboratory in Georgia zu halten, einem wichtigen Ort für die Herstellung von Plutonium.

Zudem hatte Jeffrey seit 1977 die Beziehung zu Nelson Sievering gepflegt, den er auf der Konferenz in Courmayeur kennengelernt hatte. 1982 war Sievering Partner der regierungsnahen Washingtoner Beratungsfirma IEAL geworden. Während eines Aufenthalts in Ostberlin führten wir im Kollektiv ein »Brainstorming« durch, wie wir den Kontakt zu IEAL für unsere Aufklärungsarbeit nutzen könnten. Wir überlegten, IEAL vorzuschlagen, ein Büro in Bonn zu gründen. Dazu führten wir im April 1981 in Paris Gespräche mit IEAL-Vorstandsmitgliedern aus Washington.

Es war Ostern. Ich hatte Osterdekorationen und gefärbte Eier in meinen Reisekoffer gepackt. Unser Sohn war noch keine drei Jahre alt, die Spielplätze in den Tuilerien, der Gartenanlage im Louvre, gefielen ihm gut. Jeffrey erinnerte sich an seinen ersten Besuch 1961 und fand Paris so romantisch wie damals.

Die Besprechung fand im eleganten *Hôtel Ritz* am Place Vendôme statt. Wir trafen uns mit dem IEAL-Direktor John Gray und seinem Hauptberater Myron Kratzer. Das Gespräch war sehr freundlich, die Männer kamen schnell zur Sache. Hätte IEAL Interesse an einer Dependance in Bonn unter Jeffreys Leitung? Wir erzählten, dass wir uns bereits ein kleines, aber feines Büro angeschaut hatten. Es lag direkt gegenüber des *Hotel am Tulpenfeld* im Regierungsviertel. Das Hotel im Besitz einer amerikanischen Familie in Bonn war als »Abhörzentrale« der CIA bekannt. Viele Bundestagsabgeordnete übernachteten dort während der Sitzungswochen. Zu unserer Überraschung waren die IEAL-Vertreter von der Idee eines Büros in Bonn sehr angetan. Sie schlugen vor, sie würden eine Art Businessplan in Washington entwickeln und ausführlich in der Firma besprechen. Wir verabschiedeten uns mit dem Gefühl, unser Vorhaben könnte gelingen.

Kurz nach unserer Rückkehr führte Jeff Gespräche mit dem Wissenschaftsattaché Steve Meyer in der US-Botschaft in Bonn. Danach lud uns Thomas Polgar, der CIA-Chef in Bonn, privat ein, um ausführlich über unsere Zusammenarbeit mit der IEAL und der Wissenschaftsabteilung zu sprechen. Für uns wäre diese Zusammenarbeit, noch dazu unter Mitwirkung der CIA, ein idealer Deckmantel der Spionagearbeit für die HV A gewesen.

Das Gespräch mit Polgar fand an einem Sonntagnachmittag im Sommer statt. Uns war bewusst, dass Diplomaten aus der US-Botschaft, mit denen wir zu tun gehabt hatten, Aktennotizen über uns geschrieben hatten, und dass wir Polgar dadurch bekannt waren. Es war sehr warm, im Garten vor seinem Haus standen wunderschöne, große Palmen, die einem den Eindruck vermittelten, in Südamerika zu sein. Von unserem Kollektiv wussten wir, dass Polgar ein Jahrzehnt lang für die CIA in Chile und in anderen südamerikanischen Ländern tätig gewesen war. Dort hatte er viel Unheil organisiert.

Der Junge war bei dem Gespräch dabei und spielte zufrieden mit seinem Matchbox-Auto. Polgar fand die Idee eines IEAL-Büros in Bonn großartig. Jeffrey sollte das Geld für dieses Büro auftreiben. Die Kosten sollten durch Aufträge von Firmen in Deutschland gedeckt werden. Das amerikanische Außenministerium, das Energieministerium und andere könnten regelmäßig Aufträge, oft mit verdeckten Zielen, an das Büro vergeben. Jeffreys Honorar für die Arbeit sollte aus Washington bezahlt werden. Polgar war jedoch nicht bereit, eine monatliche Summe für Jeffrey abzusichern. Die »Scheinselbstständigkeit« musste durch genügend Aufträge von deutschen Klienten finanziert werden.

Zurück in Ostberlin besprachen wir die Situation im Kollektiv. Wir wogen die Alternativen sorgfältig ab. Es war viel zu unsicher, ohne ein festes Gehalt in Bonn zu bleiben. Im Kernforschungszentrum Karlsruhe waren wir wesentlich besser abgesichert. Die entscheidende Frage lautete: Wäre es möglich, dass Jeffrey von seiner Stelle in Karlsruhe aus Informationen für IEAL und für die HV A beschaffen und gleichzeitig seine offizielle Arbeit im Bereich Technologiefolgenabschätzung weiterführen könnte? Jeffrey war nach dem Gespräch in Paris zuversichtlich, dass er die Kraft hätte, dies zu schaffen.

Am Ende konnte das IEAL-Büro in Bonn finanziell nicht realisiert werden. Trotzdem reagierte IEAL im Januar 1982 positiv auf Jeffreys Angebot, Berateraufträge in Deutschland auszuführen. Er wurde offiziell als *Senior Associate Consultant* für IEAL in Deutschland auf ihre Liste in Washington gesetzt. Auf dieser Beraterliste standen auch ehemalige amerikanische Admiräle und Generäle. Von da an diente uns IEAL als »fremde Flagge«. Jeffrey konnte IEAL seiner Quelle »Cäsar« gegenüber als »offiziellen« Auftraggeber nennen. Während Jeffrey dessen Informationen also für die HV A sammelte, glaubte »Cäsar«, er würde sie für IEAL bereitstellen.

Jeffrey wusste genau, was sowohl für IEAL als auch für Ostberlin interessant war. Wir diskutierten viel darüber, immer außerhalb unserer Wohnung, um nicht abgehört werden zu können. Wir waren inzwischen geübt darin, in unserer Wohnung kein Wort über unsere Tätigkeit und unsere Zukunftspläne zu verlieren. Gespräche darüber führten wir deshalb regelmäßig auf der Terrasse des *Weinhäuschen* in Mehlem.

Eine komplizierte Entscheidung

Jeffreys Pendeln zwischen Karlsruhe und Bonn wurde zunehmend anstrengend und belastend. Unsere Beziehung litt: Jeden Abend telefonierten wir, jeden Freitag stand ich mit unserem Sohn am Bahnsteig 1 des Bonner Hauptbahnhofs, um Papa abzuholen, bis Montag blieben uns nur zwei Tage, die wir als Familie verbringen konnten. Jeffrey versuchte immer wieder, Arbeit in Bonn zu finden, ohne Erfolg.

Für die Spionagetätigkeit hätte Bonn perfekt sein können, um Kontakt zu allen Ministerien und zu Mitarbeitern im Bundeskanzleramt herzustellen, aber Jeffrey kam als Amerikaner nicht in die jeweiligen Büros hinein. Zudem hatte er am Kernforschungszentrum eine sichere Stelle. Als Führungsoffizier für die HV A konnte er seine Quellen abends nach der Arbeit treffen und abschöpfen. Dadurch konnten wir unser Bonner Ziel dennoch erreichen.

Eine wichtige Frage unserer Gespräche im Mehlemer *Weinhäuschen* lautete deshalb: Sollten wir Bonn verlassen und nach Karlsruhe ziehen? Das Thema beschäftigte uns wochenlang.

Meine Arbeit in Bonn war für mich zur Routine geworden, sie blieb jedoch weiterhin interessant für die HV A. Doch unser Hauptziel war das Bundeskanzleramt in Bonn gewesen, nicht die Botschaft Südafrikas. Für Südafrika interessierte sich Ostberlin allerdings dennoch, weil das Land neue nukleare Waffensysteme entwickeln wollte. Deutsche Rüstungsfirmen hätten Pretoria viele Bauteile liefern können. Da Reagan die Anti-Apartheidpolitik von Präsident Carter nicht fortsetzte, existierten nun Möglichkeiten der Zusammenarbeit mit Südafrika. Die Bundesregierung musste nicht länger vorsichtig sein.

Noch 1981 hatte das amerikanische Außenministerium festgestellt, dass nukleare Waffensysteme in Südafrika als ernsthafte Bedrohung für viele Nachbarländer interpretiert werden würden. Experten auf dem Gebiet der Nichtverbreitung von Atomwaffen warnten regelmäßig, wie gefährlich solche Waffen auf dem Kontinent wären. Der ANC schrieb in seinen Publikationen, dass der nukleare Technologietransfer Deutschlands den gesamten Kontinent Afrika gefährde.

Aber an meinem Arbeitsplatz in der Visa-Abteilung hatte ich keinen Zugriff auf Kontakte, die Einblick in diese heiklen und gefährlichen Entwicklungen besaßen. So beschlossen wir also im April 1982 schweren Herzens – denn wir liebten die Stadt und hatten uns dort gut eingelebt –, nicht länger in Bonn zu bleiben. Jeffrey würde eine Wohnung für uns in Karlsruhe suchen.

Eine Zukunft in Karlsruhe

Ich begann gleich im April, mich in Karlsruhe zu bewerben. Ich träumte davon, Teilzeit arbeiten zu können und in Heidelberg ein Studium der Politikwissenschaft zu beginnen. Mit meinen siebenundzwanzig Jahren war ich überhaupt nicht glücklich bei der Vorstellung, für immer als Verwaltungsfrau oder Sekretärin zu arbeiten. Ich bekam schnell ein Angebot. Die Filiale von American Express auf dem Militärgelände der Smiley-Kaserne suchte eine Chefsekretärin. Anfang Juni fuhr ich zum Vorstellungsgespräch von Bonn nach Karlsruhe. Der Filialleiter, ein vierzigjähriger Texaner, empfing mich sehr herzlich, und das Gespräch lief recht positiv. Ich sollte in einer typisch amerikanischen Schnellausbildung innerhalb von zwei Wochen die notwendigen Kenntnisse als Bankkauffrau erlernen und »*Allrounder*«-Mitarbeiterin werden. Ich teilte meinem zukünftigen Chef sofort mit, dass ich nur dreißig Stunden in der Woche arbeiten wolle, um an der Universität in Heidelberg zu studieren. Er verstand das und sah kein Problem darin. Ich sollte an drei Tagen in der Woche und am Samstag arbeiten. Diese Zeiteinteilung kam mir entgegen.

Mit meiner neuen Stelle auf dem Gelände der Kaserne in Karlsruhe war unser Kollektiv in Ostberlin zufrieden. Informationen über das Alltagsleben beim Militär könnten interessant sein. Bei der US-Armee wäre ich mittendrin, sollte Washington Kriegspläne aktivieren.

Jeffrey war begeistert. Er hatte innerhalb von zwei Wochen die perfekte Wohnung am Gutenbergplatz gefunden. Sie besaß einen Balkon, von dem aus wir über den mediterranen Marktplatz mit seinem großen Brunnen blicken konnten. Auch der Mietpreis für die fünfundachtzig Quadratmeter war angemessen. Die Wände mit den alten Stuckdecken und den großen Fenstern waren viereinhalb Meter hoch. Unsere vielen Bücher konnten wir in Regalen bis zur Decke stapeln. Über den Köpfen gab es Hängeschränke, um all unser Hab und Gut zu verstauen.

Mit Liebe richteten wir die Wohnung mit unseren Berliner Biedermeiermöbeln ein. Der Junge bekam ein Hochbett mit Schreibtisch und Kleiderschrank. Wie seine Mutter bekam er eine Schwenkarm-Tischlampe, so dass er seine Kinderzeichnungen auf dem Schreibtisch gut sehen konnte. Trotz wenig Platz organisierten wir unser Leben sehr gut. Die Waschmaschine stand in der Küche, und um die Wäsche zu trocknen, spannten wir eine Wäscheleine aus dem Fenster quer hinüber zur Nachbarwohnung. Tagsüber hingen wir die nasse Wäsche raus und holten sie Stunden später wieder herein. Die Wohnung war klein, aber fein, und wir waren zuversichtlich, dass wir hier unsere Tätigkeit für Ostberlin gut erledigen könnten. Für unseren Sohn fand Jeffrey schnell einen Platz in einer Elterninitiative, wo auch wir verpflichtet waren, das Gelände regelmäßig mit anderen Eltern zu pflegen. Die Kinder waren sehr unterschiedlich, kamen aus deutschen und aus Gastarbeiterfamilien.

Wir erledigten fast alle Wege in der Stadt mit unseren Fahrrädern: zum Kindergarten, die sechs Kilometer zu meinem Arbeitsplatz bei American Express, die vierzehn Kilometer zu Jeffreys Kernforschungszentrum.

Das Leben in Karlsruhe war völlig anders als im Botschaftsviertel in Bonn-Mehlem, doch unsere Beziehung und das Familienleben profitierten von der neuen Nähe.

In unserer Altbauwohnung verbrachten wir die schönste Familienzeit. Wir führten nicht länger eine Wochenendehe und machten als Familie regelmäßige Ausflüge, bei denen wir alle Spielplätze quer durch Karlsruhe besuchten.

Doch wir vermissten die Gespräche mit den Journalisten und Diplomaten sehr. Die Rheinländer waren so humorvoll und herzlich zu uns gewesen. Im Gegensatz dazu waren die Badener ernster, ohne Humor und anstrengend. Auch der Rhein fehlte uns, aber der Schwarzwald vor den Toren Karlsruhes bot einen guten Ersatz. Mit der Straßenbahn fuhren wir nach Bad Herrenalb. Dort konnten wir vom Frühjahr bis in den Herbst hinein wandern gehen und im Winter Ski fahren.

Geheime Dokumente und ein toter Briefkasten

In unserem neuen Schlafzimmer in Karlsruhe hatte ich meinen Arbeitsplatz für das Studium eingerichtet – und für das abendliche Fotografieren von Dokumenten für Ostberlin. Das Zimmer musste gut abgedunkelt werden, damit ich beim Fotografieren nicht beobachtet werden konnte. Die Nachbarn sollten auf keinen Fall sehen, was wir in diesem Zimmer anstellten. Wir bestellten uns also besonders dicke Rollos und installierten sie. Außerdem kauften wir gute Schwenkarm-Bürotischlampen, mit denen ich die geheimen Dokumente beleuchten konnte, um scharfe Fotos aufzunehmen.

In diesem Zimmer empfing ich fortan jede Woche die Kurzwellensendungen aus Ostberlin und entschlüsselte die Mitteilungen. Regelmäßig fotografierte ich Dokumente und Berichte, die Jeffrey von seinen Quellen in Bonn mitbrachte. Bei meiner Arbeit war größte Sorgfalt angesagt. Die Fotos mussten scharf sein, damit die Leser in Ostberlin die Dokumente schnell und ohne Mühe analysieren und an die richtige Abteilung in der HV A weitergeben konnten. Nach dem Fotografieren legte ich die Filme in eine spezielle lichtundurchlässige schwarze Stofftasche. Sie war groß genug, dass ich darin mit beiden Händen arbeiten konnte. Ich brach die Plastikkassetten der Filme auf, nahm die Filme heraus, rollte anschließend einen nach dem anderen sehr klein zusammen und klebte sie mit Tesafilm fest. In eine kleine Kodak-Filmschachtel passten auf diese Weise zwölf Rollen mit jeweils zwanzig Bildern. Diese kleine Schachtel klebte ich anschließend mit Tesa komplett zu und machte sie so für den Transport nach Ostberlin bereit.

Von Fachkräften des MfS hatte ich meine Fortbildung in Funk und Fotografie in Ostberlin erhalten. Nach unserem Umzug nach Karlsruhe bekam ich Einweisung in den Umgang mit toten Briefkästen. Jeff und ich mussten die Bahngleise am Bahnhof Rummelsburg überqueren, um in einen abgestellten Wagon des Nachtzugs Basel–Berlin einzusteigen. Mir wurde demonstriert, wie ich in der Toilettenkabine auf die Toilettenbrille steigen, mich mit meiner linken Hand an der Wand abstützen und mit der rechten die Deckenklappe herunterziehen müsste. Dort war ausreichend Platz, um die kleine, mit meinen abgelichteten Filmen gefüllte Schachtel zu verstecken. Fortan würde ich in Baden-Baden in den Nachtzug von Basel nach Berlin einsteigen, die kleinen Schachteln im toten Briefkasten verstecken und in Karlsruhe wieder aussteigen. Am nächsten Morgen würde die Schachtel in Rummelsburg herausgeholt werden. Meine Tätigkeit beschränkte sich also nicht nur auf das Fotografieren, sondern war erst mit dem Nachtzug nach Berlin beendet.

Zwischen 1982 und Ende 1989 fuhr ich regelmäßig mit diesem Zug. Ich nahm von Karlsruhe aus die Bahn Richtung Süden und stieg in Baden-Baden aus. Nach einem Spaziergang in der Stadt, auf dem ich beobachtete, ob ich verfolgt wurde, stieg ich in den Nachtzug Basel–Berlin und ging dort zum toten Briefkasten auf der Toilette. Ich zog das Blech an der Decke der Toilette herunter und legte meine Sendung ab. Danach verschloss ich alles gewissenhaft. Mit einem Augenbrauenstift machte ich zwei sehr kleine Punkte unter der Fensterbank in der Toilette. Dadurch wusste der Empfänger in Ostberlin, dass sich der tote Briefkasten dort befand. In Berlin wurde die Sendung dann von ihm entnommen.

Nur ein einziges Mal in den vielen Jahren passierte es, dass ein Mann mit all seiner Kraft an die Tür der Zugtoilette klopfte und schrie, dass er unbedingt hinein müsse, er hätte Durchfall. Ich antwortete ihm nur ruhig von drinnen, er solle weitergehen, und erledigte meine Aufgabe.

Studienbeginn in Heidelberg

Im Herbst 1982 schrieb ich mich an der Universität in Heidelberg als Gasthörerin ein. Meine Studienzeit in Buffalo wurde dafür überprüft und anerkannt. So konnte ich gleich im Oktober anfangen zu studieren. Ich war euphorisch, denn endlich war ich wieder an einer Universität. Ich suchte mir vier Vorlesungen aus, die mich interessierten und für meine eigene politische Bildung wichtig waren. Das Institut hatte acht Professoren und acht Lehrbeauftragte. Die Studierenden waren fast alle Anfang zwanzig. Mit meinen siebenundzwanzig Jahren war ich also schon »sehr alt«, zudem verheiratet, bei einer Bank angestellt und Mutter.

Zweimal pro Woche fuhr ich fortan morgens um sechs Uhr mit dem Zug nach Heidelberg. Die Atmosphäre in der Altstadt gab mir Kraft zu lernen. Ich fühlte mich geehrt, an so einer renommierten Universität studieren zu dürfen. Nach drei Jahren in der Botschaft empfand ich die deutschen Studierenden als erfrischend, die Gespräche mit ihnen stimulierten meine Gedanken auf neu Weise.

Zu dieser Zeit waren die Friedensdemonstrationen gegen die Umsetzung des NATO-Doppelbeschlusses am Institut für Politische Wissenschaft sehr präsent. Nach der ersten großen Friedensdemonstration im Oktober 1981 im Bonner Hofgarten hatte im Juni 1982 die zweite Friedensdemonstration auf den Rheinwiesen stattgefunden. Tausende Menschen waren gekommen, um gegen die Umsetzung des NATO-Doppelbeschlusses zu demonstrieren. Dieser war am 12. Dezember 1979 in Brüssel verabschiedet worden. Alle NATO-Mitgliedsstaaten hatten ihn unterzeichnet. Kurzgefasst stellte er eine deutliche Kampfansage in Richtung Osteuropa dar. Er bestand aus zwei Teilen: Verhandlungen über eine Begrenzung der Atomwaffen und die Nachrüstung beziehungsweise Aufrüstung von Mittelstreckenraketen in Westeuropa. Der Beschluss sah in seinem ersten Teil zunächst nur Verhandlungen mit der Sowjetunion über den Abbau der Mittelstreckenraketen vor. Für diese Verhandlungen wurden im Beschluss vier Jahre festgelegt. Nach Ablauf dieser Frist wollten Westeuropa und die USA mit der Stationierung neuer atomarer Mittelstreckenraketen beginnen.

Die Sowjetunion empfand den Beschluss als Ultimatum und lehnte jegliche Zusammenarbeit mit Westeuropa ab. Versuche der Sowjetunion, die Bundesregierung in bilateralen Gesprächen von ihrer Zustimmung zum Doppelbeschluss abzubringen, scheiterten. 1983 kam es dann zum Aufrüsten in Westeuropa. Erst ab 1987 sollte es nach dem Abschluss des INF-Vertrages zwischen den USA und der Sowjetunion zu einem Abrüsten beziehungsweise zu einer Einstellung der Produktion von Mittelstreckenwaffen kommen.

Anfang der Achtzigerjahre gingen jedenfalls Hunderttausende Menschen in Deutschland und in Europa auf die Straßen, um gegen die atomare Bedrohung zu demonstrieren. Die Evangelische Kirche, die Aktion Sühnezeichen Friedensdienst und die Aktionsgemeinschaft Dienst für den Frieden waren dabei. Das machte uns Mut, wir hofften, die Bundesregierung würde diesen Druck der Straße nicht ignorieren.

Ich lernte einige Studierende kennen, deren Ansichten für Ostberlin hätten interessant sein können. Ich sprach mit ihnen über verschiedene Themen und schrieb kurze Resümees über diese Gespräche für Ostberlin. Es waren konservative und progressive junge

Menschen, die Angst vor einem Atomkrieg in Europa hatten. Um für uns interessant zu sein, mussten sie dem Ostblock gegenüber nicht positiv eingestellt sein, im Gegenteil, mich interessierten ihre Meinungen vor allem dann, wenn sie eine konservative Einstellung hatten und ihre Heimat schützen wollten. Wenn sie verstanden hatten, dass ein nuklearer Krieg in Europa mit einem »Suizidversuch« gleichzusetzen war, diskutierte ich lange mit ihnen. Meine Kontakte zu den Studenten und Studentinnen blieben jedoch nur sehr oberflächlich.

Im ersten Semester studierte ich mit Eifer politische Theorien. Die Friedensbewegung und die Umweltbewegung wurden in meinen Seminaren analysiert. Ich schrieb über eines der zentralen Bücher der Umweltbewegung, *Silent Spring* von der amerikanischen Biologin Rachel Carson, auf Deutsch als *Der stumme Frühling* erschienen, und analysierte die Umweltbewegung in Frankreich. Auf meinen Fahrten nach Heidelberg las ich im Zug und nutzte auch meine Mittagspausen bei American Express für das Studium.

Oft verglich ich Buffalo und Heidelberg: Wie unterschiedlich das Studieren in Deutschland doch war! Wir arbeiteten in Gruppen, in den Seminaren lernte ich nicht nur von meinen Professoren, sondern auch von den Kommilitonen. Obwohl mein Deutsch nicht perfekt war, konnte ich mithalten und meine Ideen und Fragen artikulieren. Dennoch war es anstrengend, meine Referate auf Deutsch zu schreiben. »Mühselig« war das Wort der Stunde und »der, die und das« korrekt anzuwenden, fiel mir schwer. Doch das nahm ich in Kauf, denn ich konnte endlich wieder studieren.

»Surfer« wird zweite Quelle

Mit einem Lehrbeauftragten, der eines meiner Seminare leitete, knüpfte ich engeren Kontakt und hielt meine Informationen über ihn für unsere nächste Besprechung in Ostberlin schriftlich fest. Dr. »Surfer« war Dozent ohne feste Anstellung und wollte lieber Politikberater als Professor sein. Für ihn war es keine Herausforderung, junge Leute an der Uni zu unterrichten. Er hoffte auf eine wesentlich lukrativere Anstellung, hatte keine intellektuellen Ziele, sondern suchte nach mehr Anerkennung und wollte mehr Geld verdienen. Ein idealer Kandidat, um Jeffreys zweite Quelle zu werden.

In Ostberlin berichtete ich von meinem Gespräch mit »Surfer«. Vier Monate später, in denen die HV A untersuchte, ob der Kontakt gut sei, bekamen wir grünes Licht für eine Zusammenarbeit. Unser Kollektiv interessierte sich sehr dafür, die Politik der jungen Partei Die Grünen unter die Lupe zu nehmen. Petra Kelly, Gründungsmitglied der Partei, war Aktivistin und kämpfte gegen neue Atomwaffen in Europa. Sie wollte, dass die NATO-Länder ihre Zustimmung zur Stationierung neuer Mittelstreckenraketen durch den NATO-Doppelbeschluss zurücknähmen. Aber folgten die anderen Mitglieder der Grünen diesem Ziel? Würde die Partei wirklich für Abrüstung und eine Fortsetzung der Entspannungspolitik eintreten? In Frankreich waren die Grünen bereits 1982 konservativ ausgerichtet, viele Bauern mit eigenen Höfen wählten dort Grün. Wie würden sich die deutschen Grünen entwickeln? Welche internen Auseinandersetzungen gab es, wie stark waren die unterschiedlichen Flügel?

Ich erzählte Dr. »Surfer« beim Mittagessen in Heidelberg, dass mein Mann Politikberater für eine Washingtoner Firma sei. Diese Firma berichte über die Parteien und schätze ihre Marschrichtungen ein. Ich fragte Dr. »Surfer«, ob er eventuell Interesse habe, Berichte für Jeffreys Firma zu verfassen. Er hatte Interesse – und Jeffrey vereinbarte kurzfristig einen Termin in Heidelberg mit ihm. Bei diesem ersten Treff erklärte er Dr. »Surfer«, dass IEAL, eine private Firma mit Büroräumen im Watergate-Gebäude direkt am Fluss Potomac sei. IEAL habe sich auf die Beratung von Regierungen in Energie- und Sicherheitsfragen spezialisiert. Würde Dr. »Surfer« mit ihm zusammenarbeiten, würde er seine Information also direkt an IEAL in Washington liefern.

Dr. »Surfer« war für ein angemessenes Honorar sofort bereit, als Politikwissenschaftler tief in die Partei Die Grünen einzutauchen und viele Fragen zu stellen. Er sollte sich dabei auf einige fundamentale Probleme der Wechselwirkung zwischen Technik und Gesellschaft konzentrieren. Wie würden die Mitglieder dieser Partei in Bonn über Frieden, Abrüstung und Konversion entscheiden? Würden sie für den Schutz der Grundrechte einstehen? Wie könnten Änderungen in der Umweltpolitik durch Die Grünen forciert werden? Wie könnte das Thema »Nachhaltigkeit« gestärkt werden? Welche Mitglieder wollten Umverteilung von Energieressourcen, Rohstoffen und Kapital? Dr. »Surfer« schaffte für Ostberlin viel Transparenz über die neue Partei.

Und Ostberlin schätzte Dr. »Surfer«. Er war Anfang vierzig, nicht verheiratet, sehr schlank und groß, seine Garderobe extrem gepflegt. Er hatte eine ernsthafte Art, wollte für Jeffreys Auftrag regelmäßig nach Bonn reisen und war eifrig dabei, Informationen und Einschätzungen zu sammeln.

»Surfer« arbeitete von 1983 bis 1989 engmaschig mit Jeffrey zusammen. Besonders interessant für die HV A war der Auftrag, gründlich die Handhabung und Umgehung des Exportverbots der COCOM durch west-deutsche Firmen zu untersuchen. Das Coordinating Committee on Multilateral Export Controls, auf Deutsch: Koordinationsausschuss für multilaterale Ausfuhrkontrollen, als COCOM abgekürzt, regulierte den Export strategisch wichtiger Technologien in die Staaten des Ostblocks. Güter, die nicht ausgeführt werden durften, wurden auf der COCOM-Liste geführt. Durch dieses Embargo hatten viele deutsche Firmen ihre Märkte im Osten verloren. Das Verbot, Hightechprodukte in die Ostblock-Länder zu exportieren, war sowohl in Teilen der Wirtschaft als auch im politischen Bonn umstritten. Dr. »Surfers« Auftrag ergänzte »Cäsars« Informationen über die Handhabung von COCOM in den Bonner Ministerien.

(K)ein Platz für Freundschaft?

Im Laufe ihrer Zusammenarbeit war »Cäsar« für Jeffrey viel mehr als nur Quelle geworden. Die zwei hatten eine freundschaftliche Beziehung zueinander, die sich allerdings auf »Cäsars« Referententätigkeit für den CDU-Abgeordneten und späteren Bundesforschungsminister Heinz Riesenhuber, auf seine Forschungsstelle in der CDU-nahen Konrad-Adenauer-Stiftung und auf Jeffs Forschungstätigkeit am Institut der Deutschen Gesellschaft für Auswärtige Politik in Bonn gründete. Ihre Beziehung hätte sich zu einer echten Männerfreundschaft entwickeln können, wenn sie nicht zum Teil auf Täuschung und Verschleierung basiert hätte. Jeff und »Cäsar« haben sich wirklich gemocht und ihre häufigen Zusammenkünfte genossen.

»Cäsar« lebte außerhalb Kölns, und es war Jeffrey ein Vergnügen, bei ihm zu Hause mit einem Glas Whiskey und eine Pfeife rauchend die politischen Themen zu besprechen. Aber die Männer tauschten sich nicht nur über Berufsziele aus, sondern auch über Familie und Freizeit. »Cäsar« liebte Kinder und spielte gern mit unserem Sohn, wenn er in Karlsruhe war. »Cäsar« besaß zudem ein kleines Chalet oberhalb von Sitten im Schweizer Kanton Wallis. Dorthin lud er uns einmal auf eine Skiwoche ein. Tagsüber fuhren Jeff und er die steilen Hänge hinunter, abends saßen wir bei Raclette zusammen: typisch Schweiz.

Während unseres Urlaubs erkannte ich die Ähnlichkeit zwischen den beiden Männern: »Cäsar« besaß Zugang zu den Bonner Ministerien, genauso wie Jeffrey Zugang zu den Washingtoner Ministerien hatte. Ein Mann in Washington und ein Mann in Bonn. Beide konnten Informationen für Ostberlin beschaffen, eine perfekte Konstellation. Und obendrein wurden sie Freunde.

Wir führten lange Gespräche über die politische Entwicklung und darüber, wie Ronald Reagan seine Politik weltweit ausrichtete. »Cäsar« sah realistischer als die meisten Wissenschaftler, welch große Gefahr eine Umsetzung des NATO-Doppelbeschlusses mit sich brachte.

Die Meinungen dazu waren in den Regierungsparteien keineswegs einheitlich.

»Cäsar« ging im Bundeskanzleramt und in Ministerien ein und aus und schrieb regelmäßig für uns über die »vielfältigen Strömungen« in der Regierung. Für Helmut Schmidt hatte es nur eine Antwort auf die Stationierung der sowjetischen SS-20-Raketen gegeben, die auf London, Paris und Bonn gerichtet waren: Er wollte mit der Aufstellung von Pershing-II-Raketen kontern. Nicht wenige Bonner Bundestagsabgeordnete mussten ihren Wählern zu Hause erklären, warum sie eine weitere Spirale im Wahnsinn des atomaren Wettrüstens zwischen Ost und West unterstützten.

»Cäsar« wollte mehr über die Kriegsgefahr und Präsident Reagans »Spiel mit dem Feuer« erfahren. Er war sicher, dass dieser den 1970 geschlossenen Atomwaffensperrvertrag, der von mehr als vierzig Staaten unterzeichnet worden war, nicht respektieren würde.

Reagan schien 1983 bereit zu sein, zweiundvierzig Millionen Amerikaner zu opfern. Die Frage in Bonn lautete, wie viele Menschen in Deutschland und Europa geopfert werden würden, sollte der atomare Krieg kommen. Könnte die Regierung diese Gefahr durch die Stationierung neuer US-Mittelstreckenraketen auf deutschem Boden verantworten?

»Cäsars« Themenbreite wuchs im Laufe seiner neunjährigen Zusammenarbeit mit Jeffrey. Er war Fachmann für die friedliche Nutzung der Kernenergie und Non-Proliferation von Kernwaffen. Er untersuchte die Berührungspunkte zwischen militärischer und friedlicher Nutzung der Kernenergie. »Cäsar« sammelte Informationen in Bonn und in den Firmen, in denen produziert wurde. Er wurde als Wissenschaftsjournalist sehr respektiert.

Seine Aufträge für Jeffrey führte er mit einer gewollten Selbsttäuschung aus. Er hatte von Jeff erfahren, dass IEAL die Aufklärungsabteilung des US-Außenministeriums belieferte. Beide Männer teilten die Meinung, dass, wenn das Ministerium Informationen über die Energiepolitik der BRD besäße, dies die Stabilität der bundesdeutschen Beziehungen zu den USA fördern könnte. »Cäsars« Berichte und Informationen könnten den Verdacht zerstreuen, die BRD spiele ein abgekartetes Spiel mit den Großmächten. Er stellte nie in Frage, wer seine Auftraggeber waren. Schließlich handelte es sich bei den IEAL-Mitarbeitern, die neben Jeffrey im Firmenprospekt aufgelistet waren, um ehemalige hohe amerikanische Regierungsbeamte und Militärs. Warum sollte »Cäsar« nachfragen, besonders wenn die Honorare, die er erhielt, einen Porsche finanzierten?

Jeffrey fragte mich und sich oft, wie er die Verschleierung seiner echten Tätigkeit in Einklang mit seiner Freundschaft zu »Cäsar« bringen konnte. Mit dieser Frage ringt er bis heute. Hat das hohe politische Ziel die Täuschung gerechtfertigt?

Treffen mit dem Kollektiv

Wir waren im Laufe unserer dreizehnjährigen Tätigkeit regelmäßig für dreitägige Aufenthalte in Ostberlin, um die Arbeit gemeinsam mit dem Kollektiv zu durchdenken und die Pläne effizient zu koordinieren. Als Kollektiv arbeiteten wir jedoch nicht nur politisch und technisch zusammen, sondern verbrachten auch Freizeit miteinander. Horst war ein leidenschaftlicher Angler, wie mein Vater. Ich konnte mich in den Arbeitspausen mit ihm über meine Angelerfahrungen in Kanada und Key West in Florida austauschen. Wir lachten zusammen über unsere Erfolge beim Fischen. Dabei habe ich ab und zu, wie die meisten Angler, vielleicht ein bisschen übertrieben.

Horst hatte immer die Familie im Auge, und wir konnten sehr offen mit ihm über komplizierte Situationen in unserer Beziehung und in der Familie diskutieren. Er nahm sich stets Zeit für diese persönlichen Sorgen, da er wusste, dass wir die anspruchsvolle Arbeit nur leisten konnten, wenn Harmonie in unserer Familie herrschte. Lutz, der als Mitarbeiter der Staatlichen Zentralverwaltung für Statistik regelmäßig im Ausland unterwegs war, hielt sich mit Vorschlägen und Bewertungen unserer Arbeit zurück. Seine Meinungen zu gesellschaftlichen Entwicklungen beziehungsweise Problemen der DDR äußerte er uns gegenüber jedoch sehr offen.

Willy stellte stets sicher, dass wir mit unserer Arbeit in Ostberlin in zwei Tagen fertig wurden, damit wir am dritten Tag noch etwas unternehmen konnten. Er sorgte auch dafür, dass wir mindestens einmal im Jahr zu einem gemeinsamen Ausflug aufbrachen. Über die dreizehn Jahre besuchten wir sehr unterschiedliche Orte: eine Landwirtschaftliche Produktionsgenossenschaft, das Atelierhaus des Bildhauers Ernst Barlach am Inselsee in Güstrow sowie Bertolt Brechts Haus am Schermützelsee in Buckow. In der Sächsischen Schweiz wanderten wir zur Festung Königstein.

Ich war als Frau immer auf Augenhöhe mit den Männern und wurde mit Respekt in alle Entscheidungen des Kollektivs eingebunden. Horst sprach offen und ehrlich über die Arbeit als Kundschafter: Er erklärte uns die Gefahren im Alltag und die Intensität unserer Arbeit, wir müssten »immer auf der Hut zu sein« – sowohl im Umgang mit unseren Kontakten als auch mit den Nachbarn. Auch eine mögliche Festnahme und Gefängnisaufenthalte besprachen wir ausführlich. Horst warnte uns vor dem Kontakt mit der CIA, dann drohe Gefahr für unsere Arbeit. Schon 1977 hatte uns das Kollektiv systematisch und in Ruhe auf unsere konspirative Arbeit vorbereitet. So hatte uns kein gefährliches *Learning by Doing* bevorgestanden!

Für jeden Treff mit dem Kollektiv gab es eine Tagesordnung. Wir wurden herzlich in der konspirativen Wohnung in der Leipziger Straße empfangen: Lutz kam stets zur Tür, um uns zu begrüßen, Willy und Horst saßen bereits im Wohnzimmer. Jeff und ich wollten unsere Anliegen am liebsten sofort vortragen, doch manchmal bremste uns das Kollektiv, um erst einmal in Ruhe anzukommen. Oft gab es einen Cognac zum Anstoßen, und immer standen Mineralwasser oder Saft bereit. Wir arbeiteten von zehn bis dreizehn Uhr durch. Danach wurde ein Mittagessen serviert. Das war für mich als Frau eine besondere Freude: Ich musste nicht selbst kochen, das Essen wurde serviert, und ich fühlte mich fast wie im Urlaub. So lernten wir über die Jahre die DDR-Kochkultur kennen. Die Ostberliner hatten beispielsweise eine ganz eigene Art, russische Soljanka zuzubereiten. Das Essen war stets sehr lecker, und anschließend arbeiteten wir noch vier Stunden weiter.

Oft blieben wir, nachdem wir das Kollektiv verabschiedet hatten, über Nacht in der konspirativen Wohnung. Manchmal aßen wir mit Willy Abendbrot und frühstückten am nächsten Morgen mit dem Kollektiv. Danach fuhren wir über den Bahnhof Friedrichstraße zurück nach Westberlin.

Trotz der Sicherheitsbedenken machten wir fast jedes Mal eine Spazierfahrt mit dem Auto durch Ostberlin. Manchmal übernachteten wir in einem konspirativen Haus am Müggelsee im Südosten der Stadt.

Wir wollten mehr vom Leben in der DDR sehen, stellten viele Fragen und führten kritische Diskussionen. Wolf Biermann war ein großes Thema. Im Kollektiv durften wir unsere Bedenken und Sorgen aussprechen. Wir sahen Pro und Contra in Fernsehen, und Horst, Willy und besonders Lutz beantworteten uns viele Fragen ehrlich aus ihrer Sicht und mit ihrer Lebenserfahrung als Bürger der DDR. Keine Frage wurde ignoriert, sie wurden ernst genommen und gern diskutiert. Wir wurden stets nach unserer Meinung gefragt. Hätten wir im Kollektiv kein offenes Gesprächsklima vorgefunden, wäre es sehr schwierig gewesen, so lange zusammenzuarbeiten.

Falsche Pässe für Budapest

1988 verbrachten wir als Kollektiv einen gemeinsamen viertägigen Kurzurlaub in Budapest. Jeffrey und ich reisten zuerst mit dem Zug nach Wien und übernachteten dort. Unsere Kontaktperson war Mira aus Ostberlin, von der wir nicht wussten, wie sie aussah. Am Abend gingen Jeff und ich in die Sauna im Hotel, in der sich zufällig auch Mira aufhielt. Sie erkannte uns, sprach uns aber natürlich nicht an. Am nächsten Tag stand sie uns wieder gegenüber und übergab uns die falschen britischen Pässe für die Weiterreise nach Budapest. Mira behielt unsere Pässe und gab sie uns auf der Rückfahrt in Wien zurück. In Budapest erzählten wir dem Kollektiv von der Begegnung mit Mira in der Sauna und lachten herzlich über diesen Zufall.

Es war schön, Budapest mit dem Kollektiv zu erkunden, wir konnten gemeinsam richtig ausspannen. Willy wollte, dass wir einen Tag in der bäuerlichen Umgebung der Puszta erlebten. So fuhren wir an einem Abend zu einem besonderen Restaurant mit Gästehaus und Pferdehof außerhalb Budapests, genossen die lokalen Mahlzeiten in der wunderschönen ländlichen Gegend und übernachteten dort.

Über die Jahre trafen wir uns mit unserem Kollektiv immer wieder für kurze Urlaube in idyllischen Vororten von Dresden, Leipzig, Halle, Rostock und auch Berlin. Die Anwesen waren äußerst gepflegt und strahlten großbürgerlichen Wohlstand aus. Manchmal wurden wir auf Grillabende eingeladen, an denen wir Fleisch und verschiedene Wurstsorten mit dunklem Brot genossen, oder trafen uns in Bierkellern.

Bei solchen Festabenden erfuhren wir mehr und ausführlicher über Horst, Willy und Lutz. Wir alle stammten aus sehr unterschiedlichen Herkunftsfamilien und Ländern, aber wir glaubten gemeinsam an eine bessere Welt ohne Atomkriege. Die Beziehungen zum Kollektiv boten uns einen Ersatz für unsere Familien in Amerika, die weit weg waren und mit denen wir uns nicht offen über unsere Arbeit austauschen konnten. Jeff und ich waren für das Kollektiv nie nur Informationsquellen, sondern Mitstreiter für den Sozialismus. Wir unterstützten ein Experiment und wussten, dass der Frieden erhalten werden müsse, damit dieses Experiment eine Chance hatte. Jeffrey und ich hofften immer noch auf ein Leben in der DDR und wollten am liebsten in der Innenstadt von Ostberlin wohnen. Offen über eine solche Zukunft sprechen, konnten wir nur während unserer Urlaubstage. Die Aussicht, irgendwann einmal in der DDR in den Ruhestand gehen zu können, war für uns wichtig. Wir wollten weder in der BRD bleiben noch in die USA zurückkehren.

6. Kapitel

Krieg und Frieden

»Residentur im Operationsgebiet«

Ab 1983 bestand unsere hauptsächliche Arbeit in der Führung der Quellen »Cäsar« und »Surfer«. Jeff und ich waren in dieser Zeit als »Residentur im Operationsgebiet« für die HV A tätig. Bis zum Dezember 1989 sollte sich Jeffrey mindestens alle zwei Monate mit »Cäser« und »Surfer« treffen. Es gab keine starren Regeln, weder für die Häufigkeit der Treffen noch für die Form, in der die Informationen übergeben wurden. Jeffrey bevorzugte schriftliche Abhandlungen und Analysen, meist von den Quellen selbst verfasst, aber gelegentlich auch Originaldokumente aus Regierung, Parlament, Parteien oder aus der Wirtschaft. Manchmal war die Zeit zu knapp und die Quellen konnten keine schriftlichen Berichte liefern. Dann holte Jeffrey die Information beim Abendessen in einem Restaurant mündlich ein und verfasste selbst einen Bericht für Ostberlin. Meine Aufgabe war es dann, dieses Papier, so wie die übrigen Berichte, zu fotografieren und für den toten Briefkasten vorzubereiten.

Als Ehepaar waren wir ein tolles Team. »Cäsar« und »Surfer« kannten uns als Familie, und unser Sohn war bei unseren Treffen oft dabei. Während meines Studiums in Heidelberg hatten wir dort mit »Surfer« regelmäßigen Kontakt. Manchmal ging ich mit dem Kleinen spazieren, während sich Jeffrey mit ihm in dessen Wohnung oder im Restaurant traf. In Ostberlin überlegten wir, ob wir nicht einen toten Briefkasten irgendwo auf dem Philosophenweg in Heidelberg anlegen sollten. Da ich zweimal in der Woche für Seminare an der Universität war, wäre ein toter Briefkasten in Heidelberg gut zu belegen gewesen. Die Suche war jedoch wesentlich schwieriger als erwartet. Es hätte sich angeboten, ein Versteck unter einem der Steine am Weg anzulegen. Doch die Steine waren fast alle fest in der Erde verankert und diejenigen, die in Frage kamen, waren entweder nicht sicher genug oder der Platz hinter ihnen nicht ausreichend für unsere Zwecke. So entschieden wir, nur den toten Briefkasten im Nachtzug Basel– Berlin zu nutzen.

Um »Cäsar« zu treffen, musste Jeffrey abends nach der Arbeit nach Mainz, Koblenz oder Köln fahren. Ihre Begegnungen bedeuteten lange Nächte für Jeffrey, gut dass er ein Einzelbüro im Kernforschungszentrum hatte, in dem er sich am nächsten Tag ausruhen konnte.

Manchmal luden wir »Cäsar« oder »Surfer« – stets getrennt voneinander – zu gemütlichen Abendessen in unsere Wohnung in Karlsruhe ein. Jeffrey führte die beiden Männer auf Augenhöhe, und sie erlebten die Arbeit mit ihm als höchst anspruchsvoll. Er gab ihnen stets viel Freiraum, und so konnten sie in den sechs Jahren der Zusammenarbeit selbstständig ihre Kontakte in Bonner Ministerien und im Bundeskanzleramt ausbauen.

1983, das Jahr in dem die Pershing-II-Raketen in Deutschland stationiert wurden, war vermutlich das gefährlichste während des gesamten Kalten Krieges. Wir wussten durch Jeffreys Arbeit mit dem Linden-Institut in Berlin und durch seine vielen Kontakte in Washington, dass die Großmächte am Rande eines Atomkriegs standen. Die *Doomsday Clock* war ein Symbol des amerikanischen *Bulletin of the Atomic Scientists*, einem Magazin, das sich mit der globalen Sicherheit auseinandersetzte, insbesondere mit dem Thema eines möglichen Atomkriegs. Sie zeigten mit ihrer Weltuntergangsuhr an, wie hoch die Gefahr eines Atomkrieges war. 1983 stand diese Uhr auf drei Minuten vor Mitternacht.

An diesem Zeigefinger hängen Millionen Menschenleben

Meine Arbeit bei American Express

Meine Spionagearbeit bei der US-Armee bestand aus Hören und Beobachten. Die Bereitschaft der NATO, einen Nuklearschlag zu demonstrieren und die Leistungsfähigkeit der sowjetischen Luftabwehr zu testen, war an der Tagesordnung. Am 8. März 1983 betitelte Präsident Ronald Reagan in einer Rede die Sowjetunion als »Reich des Bösen«*. Ronald Reagans »Lebensziel sei, den Sozialismus zu vernichten: ‚Wir werden ihn abschließen', hätte der US-Präsident gesagt, ‚als trauriges, bizarres Kapitel der Geschichte, dessen letzte Seiten eben geschrieben werden. Wir werden uns nicht damit abgeben, ihn anzuprangern, wir werden uns seiner entledigen.'«**

Egon Krenz, Staatsratsvorsitzender und Vorsitzender des Nationalen Verteidigungsrates der DDR, formulierte treffend die Gründe für meinen Auftrag zu »beobachten und hören«:

»Anfang der achtziger Jahre hatten wir [in der DDR] einen Traum. Wie sich später herausstellen sollte, einen unrealistischen, aber immerhin, es war ein guter Traum: Wir träumten, die DDR könne beitragen, in Ost und West auf neue atomare Raketen zu verzichten [...]. Neue Raketen, so meinten wir, lösen keine Probleme. Sie schaffen nur neue. Wir wollten unser Maxime, von deutschem Boden darf nie wieder Krieg ausgehen, ohne dieses Teufelszeug erfüllen. Spätestens 1983/84 hatten wir die politische Schlacht um die

---

* Robert Scheer: With Enough Shovels: Reagan, Bush und Nuclear War. New York 1983

** Egon Krenz in seinen 2023 veröffentlichten Erinnerungen „Gestaltung und Veränderung", S. 216-217.

Aufstellung der Raketen verloren […]. Unsere militärische Aufklärung übergab uns 1984 eine brisante Information über die Serie der Herbstmanöver der NATO-Streitkräfte. Die Manöver fanden unter der Tarnbezeichnung ‚Autumn Forge' statt. Von Norwegen bis in die Türkei, quer durch Europa, fanden 26 Übungen statt. 465.000 Soldaten aus vierzehn NATO-Staaten probten überraschende militärische Handlungen […]. Achtzig Prozent dieser Truppen befanden sich in Übungsräumen, die zwischen zehn und zweihundert Kilometer von der Staatsgrenze zur DDR und ČSSR entfernt waren […]. Die Herbstmanöver fanden erstmals bei Vorhandensein einsatzbereiter strategischer Raketen mittlerer Reichweite der USA in Europa statt […]. Das entscheidende Übungselement war nicht Verteidigung, wie heute behauptet wird, sondern Angriff.«*
Am 23. März 1983 verkündete Reagan den Beginn des Raketenabwehrprogramms *Strategic Defense Initiative* (Strategische Verteidigungsinitiative), kurz SDI oder auch *Star-Wars*-Programm genannt, das von der Sowjetunion als Versuch angesehen wurde, das Rüstungsgleichgewicht auszuhebeln.

Vom 19. bis zum 30. September fand in Hessen das deutsch-amerikanische Militärmanöver *Confident Enterprise 83/REFORGER 83* (Vertrauensvolles Unternehmen 83/»Rückkehr von Streitkräften nach Deutschland« 83) statt, das zur alljährlichen Manöverreihe *Autumn Forge* (Herbstschmiede) gehörte. Das Manöver umfasste etwas mehr als sechzigtausend Soldaten. Fast alle in Karlsruhe stationierten Soldaten, die ich bei American Express als Kunden bediente, waren für *Autumn Forge* 83 aktiviert. Wir betreuten Soldaten aus drei Kasernen.

Die US-Armee wurde unter Präsident Reagan immer größer. In den Achtzigerjahren fiel die Entscheidung, dass Soldaten mit Familien für die Armee in Europa besser geeignet seien als junge ledige Männer und Frauen. Die Soldaten kamen aus Latino-, schwarzen und sehr armen weißen Herkunftsfamilien. Die meisten waren zwischen zwanzig und fünfunddreißig Jahren alt und junge Familienväter. Viele waren selbst Kinder von US-Soldaten. Ihre Väter hatten in den Sechzigerjahren in Vietnam gekämpft, viele waren dort ge-

* Ebd., S. 215-216.

fallen. Ab 1983 kamen zunehmend alleinstehende weibliche Soldatinnen mit ihren Kindern.

Die jungen Männer und Frauen waren freiwillig zur US-Armee gegangen, um dort einen sicheren Job zu haben. Die meisten hatten zu Hause in Amerika keine ökonomische Sicherheit gekannt, bei der Armee bekamen sie jeden Monat ein Gehalt. Als Kinder waren sie nicht krankenversichert gewesen, beim Militär erhielten sie eine gute medizinische Vorsorge für sich und ihre Familien. Die Wohnungen in Deutschland waren für die Familien ein Luxus im Vergleich zu den Ghetto-Wohnungen, die sie von zu Hause kannten. Es gab große grüne Parkanlagen und Spielplätze vor der Haustür. Auch die Schulen waren wesentlich besser als die Ghetto-Schulen in Amerika. Berufssoldat während des Kalten Krieges zu sein, schien nicht so gefährlich wie während des Vietnamkriegs. Die Soldatenfamilien erlebten in Deutschland eine »militärische« Art von Sozialismus. Sie mussten nur bereit sein, im Falle eines Krieges in Europa zu sterben.

Unsere Soldaten in Karlsruhe waren Pioniere, eine der am schlechtesten bezahlten Einheiten der Armee. Die meisten von ihnen besaßen nur einen Schulabschluss auf Hauptschulniveau. Viele hatten Schwierigkeiten beim Rechnen und Lesen und konnten nur mit Mühe ihr Bankkonto führen. Den meisten reichte das Geld auf dem Konto nur bis zum Zwanzigsten des Monats, danach überzogen sie ihre Konten. Dennoch wollte sich fast jeder Soldat in den Achtzigerjahren ein neues Auto in Deutschland kaufen. Autokredite waren ein großes Geschäft für American Express. Die Kreditwürdigkeit von Soldaten wurde großzügig gehandhabt, so konnte die Bank viel Geld durch Zinsen verdienen.

Viermal im Monat gab es in einem großen amerikanischen Kino Unterricht für die Soldaten und später auch für die Familienmitglieder über Geld, Ersparnisse und Schuldenregulierung. American Express organisierte außerdem jedes Jahr eine Informationsveranstaltung in einer großen Turnhalle der Kaserne. Soldaten mit Familien mussten auf den REFORGER-Einsatz vorbereitet werden. Erstaunlicherweise wussten die meisten Familien nicht, dass die Soldaten mindestens einmal im Jahr für gut vier Wochen oder länger für Kriegsübungen abwesend von der Familie sein würden. Alle brauchten Vorsorgevollmachten, Unterricht über das Haushalten mit Geld und oft auch eine Schuldnerberatung. Die Ehefrauen mussten in der Zeit der Abwesenheit ihrer Ehemänner die Finanzen allein regeln, und wir Sozialberater bereiteten sie darauf vor. Während ihre Männer beim Militärmanöver waren, telefonierten sehr viele Frauen täglich mit ihren Müttern in Amerika. Die Telefonrechnungen waren weit höher, als diese Familien es sich leisten konnten. Jeden Monat zahlten die jungen Ehefrauen Hunderte von Dollar, um die Rechnungen zu begleichen. Über die politischen Ereignisse waren die einfachen Soldaten in Karlsruhe nicht gut informiert. Auch nicht über den bundesweiten Aktionstag am 22. Oktober 1983, bei dem in Deutschland mehr als eine Million Menschen im Rahmen des sogenannten »Heißen Herbstes« gegen den NATO-Doppelbeschluss und für Frieden und Abrüstung demonstrierten. Auch im Bonner Hofgarten kamen wieder viele Hunderttausende Demonstrierende zusammen. Ich las von den Ereignissen in der Zeitung. Es fühlte sich gut an zu erfahren, wie viele Menschen demonstrierten. Diese Proteste waren für die meisten Soldaten in Karlsruhe jedoch uninteressant. Sie gingen jeden Tag zur Arbeit, um Geld zu verdienen. Sie waren Fußvolk, Kanonenfutter. Politiker in Washington würden über die Zukunft entscheiden.

Jeffs Seitensprung bedroht unsere Sicherheit

Im Frühjahr 1983 war Jeffrey auf eine längere Dienstreise nach Washington gefahren. Dabei passierte etwas völlig Unerwartetes, was unsere Ehe und unsere geheimdienstliche Arbeit in große Gefahr brachte. Jeffrey stolperte in eine Affäre. Er war auf der Jahrestagung der International Studies Association (ISA) in Washington, um einen Vortrag zu halten. Danach wurde er von einer Professorin für Geschichte angesprochen. Sie hieß Evi, war lebhaft und intelligent – und hat Jeffrey beeindruckt. Abends gingen sie zusammen ins Kino, es lief ein neuer Film über Nazi-Deutschland: *Eine Liebe in Deutschland* mit der bekannten Schauspielerin Hanna Schygulla.

Der Film zeigt die zum Scheitern verurteilte Liebe zwischen einer verheirateten deutschen Frau und einem polnischen Zwangsarbeiter in der NS-Zeit. Der Film bewegte Jeffrey so sehr, dass er unvermittelt in Tränen ausbrach. Evi, völlig überrascht von Jeffreys Emotionen, tröstete ihn. Es entwickelte sich eine Nähe zwischen den beiden, die in den nächsten Tagen der Konferenz zu einer intimen Beziehung führte. Die Affäre war bereits schlimm genug, doch es kam noch schlimmer. Jeffrey verriet Evi unser Geheimnis, dass wir für die DDR-Aufklärung arbeiteten.

Zurück in Karlsruhe eröffnete Jeffrey mir, was in Washington passiert war. Ein Schock für mich. Noch erschreckender war, dass er die Beziehung mit Evi unbedingt fortsetzen wollte. Schon bevor wir uns kennengelernt hatten, war es Jeffreys Traum gewesen, mit zwei Frauen gleichzeitig zusammen zu sein. Nun bekam er die Chance: Evi in Amerika und ich in Deutschland. Evi war politisch linksliberal und Akademikerin, aber keineswegs eine linke Aktivistin. Würde sie irgendjemandem von Jeffreys Tätigkeit für den DDR-Geheimdienst erzählen? Unsere Ehe war plötzlich in einer Krise, und unsere Aufklärungsarbeit als Spione war bedroht.

Wir brauchten dringend Beratung von unserem Kollektiv. Über das Funkrufsystem Eurosignal riefen wir eine spezielle geheime Telefonnummer an. Der Anruf bedeutete: Wir brauchen dringend ein Treffen in Berlin. Zehn Tage später hatten wir einen Termin.

Das Kollektiv hörte genau zu, Jeffreys Emotionen sprudelten aus ihm heraus. Er fühlte sich schuldig. Horst betrachtete die Geschehnisse als sehr menschliches Verhalten. Es gab keinen Vorwurf, nur praktische Überlegungen. »Wir müssen Evi hierher nach Berlin bringen«, sagte Horst. »Wir bezahlen ihren Flug und den Aufenthalt. Wir müssen die Gefahr abschätzen.«

Jeffrey war erleichtert. Zurück in Karlsruhe rief er Evi an. Sie buchte noch am selben Tag ihre Reise. Drei Wochen später war sie in Karlsruhe und kam bei uns in der Wohnung unter. Bei ihrer Ankunft schenkte sie mir ein wunderschönes Buch über das Leben einer Geisha. Unter vier Augen erklärte sie mir beim Kochen unseres Abendessens, dass sie unbedingt Jeffreys Geisha sein wolle. Er hätte dann zwei Frauen, so wie er es sich wünschte.

Als ich, um mehr Platz für das Essen zu haben, unseren schweren Marmortisch vom Balkon ins Wohnzimmer holte, war Evi baff. Sie fragte mich, wie ich so etwas Schweres heben könne, da ich doch Krebs hätte und bald sterben würde. Sie sagte auch, dass sie nach meinem Tod für Jeffrey und den Jungen da sein könne. Ich war sprachlos, erklärte ihr dann jedoch, dass mein Haarausfall auf eine Autoimmunreaktion zurückzuführen sei und ich ansonsten kerngesund wäre.

Am nächsten Morgen brachten wir unseren Sohn zu einem Schulfreund. Zu dritt fuhren wir mit dem Zug nach Berlin. In einem Hotel im Grunewald übernachteten wir in zwei nebeneinanderliegenden Zimmern. Evi war mir sympathisch. Bei einem Spaziergang erzählte ich ihr, wie Jeffrey und ich seit 1975 als Liebespaar lebten. Ich hielt es für wichtig, dass sie mich respektierte und dass sie erfuhr, dass meine Ehe zehn Jahre lang stabil und gesund gewesen war – bis sie in Jeffreys Herz hineingeplatzt war.

Am nächsten Tag fuhren wir nach Ostberlin. Evis Aufregung am Grenzübergang Friedrichstraße war spürbar. Sie war nie zuvor in der DDR gewesen, und die Kontrolle beunruhigte sie. Wir trafen uns mit dem Kollektiv in einer großen Suite im Interhotel *Stadt Berlin* direkt am Alexanderplatz. Horst begrüßte Evi herzlich, Willy und Lutz stellte er ihr als Mitglieder unseres Kollektivs vor.

Alle drei Männer beobachteten Evi genau. Ich wusste, dieses Treffen war schicksalhaft für unsere weitere Zusammenarbeit mit der DDR-Aufklärung. Horst erklärte Evi, dass er als Mann verstehe, warum sich Jeffrey so plötzlich in sie verliebt hatte. So etwas könne schnell passieren. Jeffrey war bestimmt sehr oft einsam, und an dem Abend in Washington sei sie zur rechten Zeit am rechten Ort und für ihn dagewesen.

Horst war brillant in seinem Verständnis für Jeffrey und Evi, es bewegte mich sogar, als Horst die Situation schilderte. Doch dann erklärte er Evi eindeutig, wie groß die Gefahr für uns beide und auch für sie selbst sei. Wenn die CIA oder der BND herausbekämen, dass wir Spione für die HV A waren, wäre auch Evi im Fadenkreuz der Geheimdienste. Ihr wurde klar, dass eine Liebesbeziehung mit Jeffrey ihr gesamtes Leben als Professorin an der Universität in Pennsylvania zerstören konnte.

Nach dem Gespräch fuhren wir zurück nach Westberlin und zeigten Evi den Kurfürstendamm, danach kehrten wir mit einem Doppeldeckerbus ins Hotel zurück.

Es war offensichtlich, dass Evis Interesse für Jeffrey abgekühlt war. Sie buchte einen Flug nach New York und fuhr gleich am nächsten Morgen zum Flughafen Tegel. Ich verabschiedete mich von ihr. Dabei warnte und bat ich sie, niemandem von unserer Spionagearbeit zu erzählen. Sie könnte unser gesamtes Familienleben gefährden. Jeffrey verabschiedete sich allein von ihr, ich weiß nicht, wie dieses Gespräch verlief. Doch nach ihrer Abreise haben wir nie wieder etwas von Evi gehört.

NATO-Kriegsübung

Nach dem REFORGER-Großmanöver wurde am 7. November 1983 die geheime NATO-Kommandostabsübung *Able Archer 83* (Geschickter Bogenschütze 83) eingeleitet, die bis zum 11. November dauern sollte. Während dieser Übung, die unter strenger Geheimhaltung stattfand, wurden die Vorgänge eines Atomkriegs simuliert. Alle Alarmzustände der US-Streitkräfte wurden dabei durchgespielt. Bereits im Oktober hatten die UdSSR und das MfS festgestellt, dass die verschlüsselte Kommunikation zwischen Großbritannien und den USA zugenommen hatte. Es wurde befürchtet, dass der Westen einen Atomschlag vorbereitete. Allerdings war das erhöhte Kommunikationsaufkommen auf die Invasion der USA in Grenada, die am 25. Oktober begonnen hatte, zurückzuführen.

Als Residentur in Karlsruhe zog Jeffrey über »Cäsar« und »Surfer« unsere Quellen in Bonn zur Aufklärung des drohenden Nuklearangriffs heran. Wir sollten Ostberlin mitteilen, was wir beobachteten und hörten. Es blieb ruhig in der Smiley-Kaserne in Karlsruhe. Ostberlin war sehr froh über meine Position inmitten des US-Militärs. Ich würde sofort mitbekommen, wenn die Karlsruher Soldaten mobilisiert würden.

Gleichzeitig, aber natürlich ohne meine Kenntnis, berichtete unser Genosse Rainer Rupp, der den Decknamen »Topas« trug, direkt aus dem Zentrum der NATO. Er arbeitete im Wirtschaftsdirektorium der Abteilung für Politische Angelegenheiten beim Generalsekretariat und hatte mit seiner Sicherheitsstufe *Cosmic Top Secret* Zugang zu allen NATO-Operationsplänen. Er teilte mit, dass kein Atomschlag bevorstehe.

Ich lebte in dieser Zeit in zwei Welten: von Mittwoch bis Samstag in der Smiley Kaserne mit den jungen Soldaten und ihren Angehörigen, von Montag bis Dienstag an der Universität Heidelberg mit fortschrittlichen Studierenden, mit denen ich regelmäßig politische Gespräche führte. Die Angst vor dem Dritten Weltkrieg war stets präsent. Viele Studenten und Studentinnen in Heidelberg traten in die Friedensbewegung ein. Jeffrey und ich fragten uns: Würde die NATO unter dem Deckmantel eines Manövers einen Atomkrieg beginnen? Ostberlin versuchte, an so viele Informationen wie möglich zu gelangen, um die Sowjetunion schnell zu informieren.

Studium, Arbeit und eine gute Mutter

Ich war an der Universität und glücklich darüber, die Zeit zu haben, Politik zu studieren. Am Institut war ich die einzige Studentin mit einem kleinen Kind. Montags und dienstags fuhr ich direkt vom Bahnhof zum Kindergarten und holte den Jungen erst spät ab. In einem Elterngespräch machte mir die Kindergärtnerin schließlich deutlich, dass mein Studium in Heidelberg eine Überforderung für ihn darstelle. Zwischen den Zeilen wurde ich als Rabenmutter gebrandmarkt. Weil wir zudem beide Amerikaner waren, warf uns die Kindergärtnerin vor, nur amerikanische Cowboy-Filme zu schauen, welche sich im Kopf des Jungen festgesetzt hätten.

Ich war als Mutter sehr verunsichert. Ich hatte mich so gefreut, mein Studium fortzusetzen. Müsste ich es nun für meinen Sohn aufgeben? Zum Glück wendete sich bald alles zum Guten.

Manchmal dachte ich über meine Rolle als Mutter, Ehefrau, Arbeiterin und Spionin nach. Ich wollte alles. Für meinen Vater war ich das kleine Mädchen gewesen. Er hatte mich immer »kleine *Miss America*« genannt. Schon 1905 geboren, vertrat er die Meinung,

Mädchen seien dafür da, die Männer zu versorgen. Eine Universitätsausbildung sei für Frauen nicht notwendig. Die Frauen in meiner Familie waren dennoch starke Persönlichkeiten gewesen, Geschäftsfrauen, die dabei aber immer im Schatten ihrer Ehemänner gestanden hatten. Ich jedoch wollte meine finanzielle Zukunft selbst absichern können. Dazu wollte ich unbedingt studieren und meinen Abschluss an der Universität machen. Diesen Traum würde ich niemals aufgeben. Jeffreys Diabetes spielte auch eine Rolle. Sollte er ernsthaft krank werden, könnte ich die Familie ernähren.

Ich wollte also studieren und arbeiten, aber auch eine gute Mutter sein. Jeffreys Unterstützung in allen Lebensbereichen war unentbehrlich, um das alles zu schaffen.

Im Herbst 1984 teilte mir die Universität Heidelberg mit, dass ich keinen regulären Studienplatz bekommen konnte. Ich sollte zuerst das Abitur in Deutschland nachholen. Ich war über diese Nachricht sehr traurig und frustriert, dass es die Vorschriften Ausländern so schwer machten, in Deutschland zu studieren. Die Hürden schienen zu hoch, um meinen Ehrgeiz auf ein abgeschlossenes Studium zu befriedigen. Gasthörer konnte ich sein, aber keinen Studienplatz mit einem Abschluss bekommen.

Es gab für mich keinen Weg in ein Vollzeitstudium, denn angesichts der weltpolitischen Situation wollte ich meine Aufklärungsarbeit für Ostberlin unbedingt fortsetzen. Mir war wichtig, dass unser Sohn und mit ihm alle anderen Kinder keinen Atomkrieg in Europa erleben müssten. War es möglich, einen Krieg zu verhindern? Verträge über eine Rüstungskontrolle erachteten wir als große Chance. US-Außenminister George Shultz hatte 1984 immerhin an der »Konferenz für Vertrauensbildung und Abrüstung in Europa« in Stockholm teilgenommen, bei der Vertreter aus fünfunddreißig Nationen zusammengekommen waren. Präsident Reagan hatte bereits im Januar 1984 im Wahlkampf für seine zweite Amtszeit von dem »gemeinsamen Interesse« geredet, einen Krieg zwischen Ost und West zu verhindern und die Rüstungsarsenale auf beiden Seiten zu reduzieren. Die Sowjetunion war von Reagans Worten nicht überzeugt, weil die Abrüstungsverhandlungen weiterhin festgefahren blieben. Die Rede wurde in Ostberlin als reines Wahlkampfmanöver bewertet.

Ich wollte unsere Arbeit für Ostberlin nicht aufgeben, denn unsere Quellen in Bonn waren gut, und die Informationen, die wir lieferten, waren wichtig, um Transparenz zu schaffen. Wir glaubten weiterhin daran, dass Kriege verhindert werden können, und genau darin bestand unsere Aufgabe.

Fernstudium in den USA

Als Gasthörerin hatte ich in Heidelberg bis 1984 acht benotete Scheine in Politikwissenschaft bekommen. Gute Bekannte und einige Professoren empfahlen mir, mein Studium weiterzuführen. Eine Professorin fasste die offiziellen Scheine auf English zusammen und schrieb mir eine überzeugende Empfehlung für mein weiteres Studium. Jeffrey entdeckte in einer Sonderausgabe der *Herald Tribune* Studienmöglichkeiten in den USA für Menschen im Ausland. Die Syracuse Universität im Bundesstaat New York bot ein Fernstudium an. Man müsste dreimal im Jahr für eine Woche Vorlesungen in Syracuse besuchen und könnte danach allein zu Hause studieren. Dies hätte für mich bedeutet, drei Wochen im Jahr nach Amerika zu fliegen und danach zu Hause in Karlsruhe eigenständig zu studieren. Meine Spionagetätigkeit könnte ich beibehalten und weiterhin bei American Express arbeiten.

Ich bewarb mich an der Uni für ein Bachelorstudium der Geisteswissenschaften und schrieb einen langen Brief an meinen Onkel Gordon in Buffalo. Meine Entscheidung, nach Deutschland zu gehen, hatte meiner Familie nicht gefallen. Nun, nach zehn Jahren, wollte ich ihn um finanzielle Unterstützung bitten. Gordon hatte seinen Bachelor in den Vierzigerjahren über den zweiten Bildungsweg an der Universität von Buffalo erlangt und war nach acht Jahren Abendschule zertifizierter Steuerberater geworden. Ich fragte ihn, ob er mir ein Darlehen für das Studium in Syracuse geben würde. Mein Onkel nahm meinen Brief positiv auf. Er war bereit, mir finanzielle Unterstützung zu gewähren. Die Syracuse Universität erkannte mein Studium in Buffalo und in Heidelberg an und bot mir einen Studienplatz für Januar 1986 an.

Mit diesem Fernstudium nahm mein Leben eine positive Wendung. Zu Hause zu studieren war einfacher, als nach Heidelberg fahren zu müssen. Ich begann, wieder intensiv Deutsch im Selbststudium zu lernen, um eine Einstufungsprüfung für C2 in Deutsch zu schaffen. Dadurch würde ich zusätzliche Leistungspunkte im Fach Deutsch als Fremdsprache für die Syracuse Universität erhalten. Ich war begeistert, endlich meinen Bachelorabschluss machen zu können.

Syracuse war zudem nur eine vierstündige Autofahrt von Buffalo entfernt. Das Studium ermöglichte mir also zusätzlich, dreimal im Jahr meine Familie zu besuchen. Dies war besonders schön, da mein Vater inzwischen hochbetagt war. Am 1. Januar 1985 wurde er achtzig Jahre alt. Seine in Kalifornien lebenden Kinder luden meine Eltern zu diesem Geburtstag ein. Wir hatten leider kein Geld, um hinzufliegen, aber die drei Kinder aus der ersten Ehe meines Vaters feierten seinen Ehrentag mit einem schönen Fest.

Ende Mai bekam ich einen Anruf von meiner Mutter: Onkel Gordon war nach einem massiven Herzinfarkt plötzlich verstorben. Meine Mutter war in tiefer Trauer und in Schock. Sie und ihr Bruder waren fast wie Zwillinge gewesen. Ich sollte mein Studium im Januar 1986 beginnen, und so entschieden wir am Telefon, dass wir erst dann eine Familientrauerfeier durchführen und Onkel Gordons Asche in Buffalo beisetzen würden.

Keiner hätte sich vorstellen können, dass Gordon acht Monate bevor er in den verdienten Ruhestand gehen konnte, sterben würde. Er hatte immer sehr bescheiden gelebt, hatte keine Familie und wollte sicher gehen, dass meine Mutter im Alter versorgt wäre. Seine Ersparnisse gingen an meine Mutter, und sie war bereit, mir das Studium mit einem Darlehen zu finanzieren. Ich dachte darüber nach, wie ungerecht das Leben sein kann: Ich arbeitete an meiner Zukunft und hatte eine neue Perspektive, während mein Onkel starb und seinen Ruhestand nicht mehr genießen konnte. Wie es in Amerika typisch war, weigerte sich sein Arbeitgeber, ein Steuerberatungsbüro, die kompletten Überstunden, die er 1985 geleistet hatte, auszubezahlen. Er hatte dreißig Jahre bei dieser Firma gearbeitet, aber mit dem Tod behielten sie die Zahlungen für dreihundert Überstunden für sich.

Eine Zeitenwende kündigt sich an

Am 11. März 1985 wurde Michail Gorbatschow in der Sowjetunion zum Staats- und Parteichef gewählt. Gorbatschow war Sohn eines Bauern, hatte Agrarökonomie und Jura studiert und verstand sich als radikaler Reformer. Er wollte den Sozialismus nicht abschaffen, sondern ihn wiederbeleben und zu einem leistungsfähigen System umbauen. Er wollte mehr Freiheiten für die Bürger, aber zugleich mehr Verantwortung für jeden Einzelnen. Das propagierte er mit Glasnost (Offenheit) und Perestroika (Umbau).

Mit Gorbatschows Schritt an die Spitze der Kommunistischen Partei der Sowjetunion wandelte sich das politische Klima. Moskau wollte über Ostberlin so viele Informationen wie möglich aus Washington erhalten. Jeffrey und ich wurden immer öfter in die Leipziger Straße bestellt.

Für unsere Arbeit wurden die Gespräche im Linden-Institut zunehmend wichtig. Im Institut gab es oft neue Informationen über Maßnahmen im Technologiebereich und rund um COCOM, die dazu dienten, die Sowjetunion ökonomisch zu zerstören. Das Linden-Institut war liberal eingestellt, aber der Antikommunismus blieb stets gegenwärtig. Regelmäßig organisierte James Rock Seminare mit der Politik und Wirtschaftselite aus Deutschland und den USA. Jeffrey wurde zweimal im Jahr eingeladen. Manchmal fuhr ich mit ihm nach Berlin, um die Ehefrauen der Seminarteilnehmer aus Washington zu begleiten. Es gab Frauenführungen in Museen und Einkaufstouren über den Kurfürstendamm. James Rock lud zu gemeinsamen Abendessen mit den Ehegatten in Luxus-Restaurants ein. Die Zukunft wurde offen besprochen. Der Kalte Krieg saß dabei immer mit am Tisch.

Die Zusammenarbeit mit »Cäsar« und »Surfer« war in dieser Zeit sehr effizient, die Beziehung bei der Arbeit sehr herzlich, und die Qualität fast aller Berichte wurde von der HV A als »gut« oder »sehr gut« eingestuft. Jeffreys Analysen auf dem Gebiet »Außenpolitische und innenpolitische Aspekte der US-Nuklear-Energiepolitik, ein amerikanischer Blick aus Europa« imponierten seinem Chef Dr. Paschen im Kernforschungszentrum sehr. Er ließ Jeffrey ein bis zweimal im Jahr nach Amerika auf Dienstreisen fliegen, wobei Jeffrey immer mehr Informationen und Kontakte sammelte. Es kam der Arbeit in Bonner Kreisen zugute, weil Jeff seinen zwei Quellen nach diesen Reisen über die politische Atmosphäre in Washington und in den US-Forschungseinrichtungen berichtete. Beide Männer konnten diese Informationen in ihre Gespräche in Bonn einfließen lassen.

Unser Sohn nannte Jeffrey: »Mein Vater, der fliegende Wissenschaftler«, und wir haben alle gelacht.

Kontrollgang im Beethovenhaus

Weil »Cäsar« häufig wertvolle Informationen aus mehreren Bonner Ministerien beschaffte, war es für unser Kollektiv wichtig, Jeffreys Sicherheit in gewissen Abständen zu kontrollieren. Ein besonders interessanter und genussvoller Kontrollgang fand im Bonner Beethovenhaus statt. Jeffrey hatte sich dort für einen Besuch mit »Cäsar« verabredet. Begleitet von den Tönen von Beethovens *Fünfter Symphonie*, der Schicksalssinfonie, absolvierten die beiden an dem verabredeten Nachmittag einen gemütlichen Rundgang im Museum, während HV A-Mitarbeiter den Funk überwachten und Sichtkontrollen um das Haus durchführten. Jeffrey wusste von der Kontrolle, bemerkte aber nichts. Über unsere wöchentliche Funksendung berichtete unser Kollektiv wenig später, dass Jeffrey und »Cäsar« nicht vom Bundesverfassungsschutz überwacht wurden. Jeffrey konnte die Arbeit mit »Cäsar« in Ruhe weiterführen.

Jeffreys Bedenken über Glasnost und Perestroika

Auf die komplexe Frage, wie der Sozialismus in den Achtzigerjahren weiter wachsen könne, hat es niemals eine einfache Antwort gegeben. Als Perestroika und Glasnost ab 1985 neue Fragen aufwarfen, diskutierten wir diese intensiv im Kollektiv: Was für Pro und Kontra gab es, welche neuen Gefahren taten sich auf ? Im April 1986 forderte Michail Gorbatschow auf dem elften Parteitag der SED mehr Selbstkritik von der Regierungspartei der DDR.

Zwischen 1986 bis 1989 sprachen wir bei unseren Treffs in Ostberlin immer wieder darüber, ob Gorbatschow wirklich die Gefahren, die sich aus den militärischen, politischen und wirtschaftlichen Zielen der USA ergaben, begriffen hatte. Jeffrey war weiterhin am Linden-Institut in Berlin aktiv. Dort glaubten alle deutschen und amerikanischen Teilnehmer der Seminare, dass die Entwicklung unter Gorbatschow die Sowjetunion schwächen würde.

1986 zeichnete sich die Stagnation der Wirtschaft in allen Ostblockländern ab. Gorbatschow forderte die SED auf, sofort politische und wirtschaftliche Reformen in Angriff zu nehmen. Beim Gipfeltreffen der Warschauer-Pakt-Staaten im November 1986 kündigte er an, die sowjetische Osteuropapolitik liberalisieren zu wollen. Die Staaten müssten ihre Entwicklung von Wissenschaft, Technik und Wirtschaft beschleunigen, damit der Sozialismus seine Dynamik nicht verliere und seine aktuellen Schwierigkeiten und Probleme bewältigen könne. Mit keinem Wort erwähnte Gorbatschow die schädliche Wirkung des westlichen Embargos der Hochtechnologie. Die beabsichtigten negativen Auswirkungen dieses Embargos auf die DDR waren jedoch Inhalt der Informationen und Berichte von Jeffreys Quellen.

Jeffrey flog zwischen 1986 und 1989 achtmal für Gespräche nach Washington. Seine Beobachtungen und die Atmosphäre in den USA schilderte er anschließend dem Kollektiv in Ostberlin. Auch in Bonn gab es Gespräche über Perspektiven der Perestroika in den Bereichen der Außen- und Innenpolitik.

Jeffrey stand Gorbatschow sehr skeptisch gegenüber. Er fand, was Gorbatschow schrieb, sei naiv. Ich teilte seine Meinung nicht. Ich befürwortete Reformen und hoffte, dass Glasnost einen Weg zu Verbesserungen weisen würde. Vielleicht sah ich im Gegensatz zu Jeff in den Reformen Hoffnung auf Erneuerungen, weil ich jünger war als er.

Streben nach Entspannung zwischen den Supermächten

Bei der Präsidentschaftswahl 1984 wurde Ronald Reagan für eine zweite Amtszeit wiedergewählt und im Januar 1985 als Präsident vereidigt. Es würde also weitergehen mit dem Neoliberalismus, den Kriegsparolen und dem Glauben, dass Amerika einen Atomschlag auf die Sowjetunion überleben könnte.

Ich wurde 1985 erst dreißig Jahre alt. Mir war klar, dass diese amerikanische Regierung in den nächsten vier Jahren neue Kriegsgefahren nach Europa und in die UdSSR bringen wollte. Reagan erhöhte die Rüstungsausgaben auf ein neues Rekordniveau, das *Star-Wars*-Programm war zur Abwehr strategischer Raketen eingeführt worden, Chemiewaffen und die Neutronenbombe wurden für die gegenwärtigen Kriegsübungen in Deutschland diskutiert. Es wurde immer heißer in den Regierungskreisen in Bonn und Washington und in der NATO. Entsprechend wurde auch unsere Spionagetätigkeit intensiver und wichtiger.

Aus westlicher Sicht standen in dieser Zeit Freiheit und Demokratie im Westen einer totalitären Diktatur im Osten gegenüber. Ich hatte als Kind während der Kubakrise 1962 erlebt, wie schnell sich ein »kalter« in einen »heißen« Krieg hätte verwandeln können. Das Ziel meiner Arbeit für die DDR bestand auch deshalb darin, das »Experiment DDR« mit Informationen zu unterstützen, damit die Regierung gute Entscheidungen in der Entspannungspolitik zwischen Ost und West fällen konnte. In der Sowjetunion war das Wort »Reform« durch Michail Gorbatschow in aller Munde. Politiker in Washington, London und Bonn spürten, dass im Osten vieles in Bewegung war. Gespräche mit der Führung der Sowjetunion besaßen Mitte der Achtzigerjahre für Reagan, Thatcher und Kohl höchste Priorität. Sie wollten schnell ihre eigenen Ideen für Reformen durchsetzen.

Meine Bereitschaft, das hohe Risiko der Spionagearbeit einzugehen, kam aus meiner Überzeugung, dass der Sozialismus eine Chance brauchte. Die DDR war nicht perfekt, aber die Menschen dort und im übrigen Ostblock waren fähige Menschen und sollten nicht durch einen Krieg in Europa vernichtet werden.

Zwischen 1977 und 1985 war ich dreißig Mal in der DDR gewesen für die Planung und Durchführung unserer Arbeit. Im Vordergrund hatte stets gestanden, durch unsere pünktlichen und regelmäßigen Berichte Klarheit über die Gedanken und Handlungsmöglichkeiten der Mitarbeiter in den Bonner Regierungskreisen zu schaffen. Gleiches galt für die Berichte, die Jeffrey über seine Interviews und Gespräche in Washington und im Linden-Institut schrieb. Viele Menschen in Bonn waren verunsichert, weil ein nuklearer Präventivschlag in Europa für Deutschland die Vernichtung bedeutet hätte. Es bestand stets die Gefahr, dass ein Atomkrieg durch Fehlkalkulationen ausgelöst werden könnte. Die Sowjetunion war höchst beunruhigt. Fast alle unsere Kontakte beschäftigten sich mit dem gleichen Thema: dem ideologischen Kampf zwischen Demokratie, Freiheit des Individuums und den imperialistischen Bestrebungen in Präsident Reagans Regierung. Amerika war auf Kriegskurs und die Zerstörung des Sozialismus wurde als langfristiges Ziel angesehen. In diesen instabilen Zeiten Entspannung zwischen den Supermächten anzustreben, war 1985 ein zentrales Ziel unserer Arbeit. Die Informationen, die wir bekamen, waren kleine Teile des großen Mosaiks.

Am Anfang der zweiten Amtsperiode Reagans hatte die Beziehung zwischen beiden Supermächte einen zwanzigjährigen Tiefpunkt erreicht. In Bonner Kreisen warnten viele Kontakte von »Cäsar« und »Surfer«, Reagan würde die Sowjetunion in eine Ecke manövrieren, aus der heraus sie zu gefährlichen Entscheidungen gezwungen sein könnte. Viele Menschen in Bonn vertraten die Meinung, dass es extrem leichtsinnig wäre, nicht mit der Sowjetunion zu verhandeln.

In den nächsten vier Jahren suchten Jeffrey und seine Quellen immer wieder Gesprächspartner, um die unterschiedlichen Positionen und Meinungen in Bonn zu ergründen. »Cäsar« und »Surfer« hörten genau zu und brachten die Vielfalt der Meinungen in der Regierung und in wichtigen Ministerien zu Papier.

Ich verfolgte jede Woche die Funksendungen, die ich inzwischen mit einem handelsüblichen Grundig-Radiogerät empfing, das wir uns bei Karstadt gekauft hatten. Ab 1985 verwendeten wir regelmäßig das System »Panorama«. Dieses System nutzte das legal vorhandende Eurosignal. Wir mussten nur eine Nummer anrufen, kurze Zeit warten und dann den Hörer auflegen. Der Anruf wurde von einer Diensteinheit automatisch erfasst. Die angerufene Nummer beinhaltete den Code, beispielsweise bedeutete die Telefonnummer 3387187 »Treff fällt aus«. Jeff und ich waren inzwischen ein eingespieltes und gutes Team. Manchmal besuchten wir am Wochenende als Familie das Caracalla-Bad in Baden-Baden, gingen für vier Stunden schwimmen und in die Sauna, und auf dem Heimweg belegte ich dann allein den toten Briefkasten im Zug.

Familienbande

Das Jahr 1985 war für uns als Familie etwas Besonderes. Jeffreys Ex-Frau Rita erlaubte endlich, dass Andrei uns wieder besuchen durfte. Seit 1977 hatte sie jeglichen Kontakt verweigert, egal wie sehr wir versucht hatten, sie zu überzeugen. Für sechs Wochen kam er zu uns nach Karlsruhe.

Andrei war inzwischen 16 Jahre alt und zu einem jungen Mann herangewachsen. Das Erste, was er tun wollte, war, sich zum ersten Mal mit seinem Vater zu rasieren. In unserem kleinen Badezimmer gab es ein regelrechtes Fest. Für Andrei hatte dieses Ritual große Bedeutung, denn endlich war er wieder mit seinem Dad zusammen. Unser Sohn war acht Jahre alt und begeistert, seinen großen Bruder kennenzulernen.

Wir packten unsere Zelte ein, nahmen Fahrräder und aufblasbare Boote mit und fuhren mit dem Zug für einen zweiwöchigen Urlaub nach Amsterdam. Dort konnten wir Andrei richtig kennenlernen. Jeffrey und ich liebten ihn sehr. Wir paddelten auf den Kanälen, aßen in Restaurants in Amsterdam und haben viel gelacht. Zurück in Karlsruhe zeigten wir Andrei unser Leben und unseren Alltag. Die schmerzhafte achtjährige Trennung war wie weggeschmolzen. Andrei flog nach den sechs Wochen zurück nach San Francisco, und wir begannen, Tanyas ersten Besuch im Sommer 1987 vorzubereiten.

In diesem Jahr diskutierten wir in Ostberlin die Zukunft unserer Familie. Nach zehn Jahren als Spione hatten wir manchmal Sehnsucht nach einem ruhigeren Leben, am liebsten im »real existierenden Sozialismus« in Ostberlin. Doch wir waren weiterhin überzeugt, dass die Informationen unserer Quellen in Bonn insbesondere seit Gorbatschows Regierungsantritt und der Entwicklung seiner Reformpläne notwendig waren und wir unsere Arbeit noch nicht aufgeben durften.

Im Januar 1986 konnte ich endlich meine Eltern in Buffalo besuchen. Zuvor absolvierte ich meine ersten Seminare an der Syracuse Universität in New York. Die Leiterin des Fernstudienprogramms war sechzig Jahre alt und gerade dabei, ihre Doktorarbeit abzugeben. Sie arbeitete bereits seit über dreißig Jahren an der Uni und unterrichtete dort. Sie nahm mich herzlich auf, weil sie Frauen wie mich unbedingt unterstützen wollte. Wir Studentinnen und Studenten im Fernstudienprogramm waren alle zwischen dreißig und fünfzig Jahre alt. Wir waren berufstätig und lebten in verschiedenen Ländern in Europa, im Mittleren Osten und in Asien.

Eine Woche saßen wir in Seminaren mit den besten Professoren und Professorinnen aus den verschiedenen Fakultäten der Syracuse Universität. Im Schnelldurchlauf lernten wir, wie wir innerhalb von drei Monaten unsere Hausaufgaben für die Kurse erarbeiten sollten. Danach würde es die Prüfungen geben und zwei Tage später schon das nächste Semester beginnen. Ich musste Seminare in Mathematik, Biologie, Physik und Logik bewältigen. Außerdem wählte ich ein Seminar zu deutscher Literatur zwischen 1900 und 1960. Mein Professor für Deutsch kam ursprünglich aus Stuttgart, er war begeistert, sich mit mir über mein Leben und meine Arbeit in Karlsruhe auszutauschen. Mein Professor für Physik war ebenfalls Deutscher und 1945 aus Karlsruhe in die USA gekommen. An der Universität arbeitete er seit den Sechzigerjahren.

Nach der Studienwoche holten mich meine Eltern in Syracuse ab. Es war eine große Erleichterung für beide, dass ich endlich meinen Bachelor machen konnte. Leider war mein Vater geistig nicht mehr auf der Höhe. Er hatte mehrere kleine Gehirnblutungen erlitten. Trotzdem feierten wir zu Hause in Buffalo gemeinsam seinen einundachtzigsten Geburtstag. Es war schön, meine Eltern so glücklich zu erleben.

In dieser Woche setzten wir auch die Asche meines Onkels Gordon auf dem Friedhof in Buffalo bei.

Sozialarbeiterin bei der US-Armee

Zurück in Karlsruhe bekam ich Ende Januar überraschend das Angebot für eine neue Arbeitsstelle. Ich sollte in den Sozialdienst der US-Armee wechseln. Präsident Reagan hatte den Militärhaushalt derart erhöht, dass Sozialarbeiterinnen eingestellt werden konnten. Eine Afro-Amerikanerin aus New Orleans, die Sozialarbeiterin war und die ich kannte, wollte mich unbedingt für die neue Stelle gewinnen. Ich war glücklich, so eine Chance zu bekommen. Der einzige Nachteil bestand darin, dass ich scheinselbstständig für die US-Armee arbeiten würde. Ich bekam einen Schreibtisch und ein Telefon beim Sozialdienst in der Smiley-Kaserne. Aber als Vertragssozialarbeiterin war ich weder krankenversichert noch zahlte ich Rentenbeiträge, es gab für mich keine Kranken- oder Urlaubstage. Der Vorteil war jedoch, dass ich wieder direkt im Bauch des Drachens saß.

Ich war inzwischen zehn Jahre im Spionagegeschäft. Auskundschaften und Beobachten konnte ich gut. Die neue Arbeitsstelle wurde ausführlich bei einem Treffen in Ostberlin diskutiert. An der Sozialarbeit hatte die HV A kein Interesse, aber es überzeugte sie, dass ich auf dieser Stelle mittendrin wäre, sollte Präsident Reagan einen Krieg beginnen. Ich würde außerdem Kontakte zu vielen Kommandeuren knüpfen können, wozu ich dort wesentlich bessere Gelegenheiten bekäme als bei der Bank.

Für den neuen Job sprach auch, dass ich meine Arbeitszeit frei einteilen konnte. Sollte ich einmal mehr Dokumente fotografieren müssen, könnte ich einen ganzen Tag freinehmen und alles erledigen. Meinen Kalender führte ich selbstständig. Auch das Studium könnte ich mit so einem flexiblen Arbeitsplatz besser koordinieren. Am Anfang war ich für die Schuldnerberatung zuständig, 1988 kam hinzu, dass ich selbstständig neue Programme zum Thema »Gewalt in der Familie« erstellte und organisierte. Ich besuchte Weiterbildungsseminare und lernte dadurch mein Fach als Sozialpädagogin intensiv kennen. Vieles erarbeitete ich mir durch *Learning by doing*, was sehr amerikanisch war. Für unsere Fortbildungsprogramme in Heidelberg, Mannheim und Garmisch-Partenkirchen flog die US-Armee aber auch erfahrene Fachkräfte und Spezialisten aus Washington D. C. ein.

Einen Schwerpunkt meiner Arbeit bildete die Betreuung von Präventions-Programmen gegen den sexuellen Missbrauch von Kindern und gegen Kindesmisshandlung in Militärfamilien. Ich arbeitete mit sechzehn Sozialpädagoginnen zusammen. Wir hielten Vorträge für Kommandeure, Rechtsanwälte, Lehrer, Kaplane, Ärzte, für die Militärpolizei und für Truppeneinheiten. Wir packten das Thema »Gewalt in der Familie« sehr kreativ an und bedruckten beispielsweise T-Shirts mit der Aufschrift »*Be a Hugger not a Slugger*« (Umarme mich, statt mich zu schlagen). Das Motto sollte sich überall in der Schule und auf dem Militärgelände verbreiten. Der *Army Community Service* (Sozialdienst der Armee) veranstaltete auch Kinderfeste für die Familien. Jeffreys Hobby war die Zauberei, er hatte sich dadurch die Fähigkeit erworben, Menschen zu bluffen. Mehrmals trat er gemeinsam mit unserem Sohn bei unseren Kinderfesten auf, und die beiden führten Zaubertricks auf der großen Bühne im Festzelt vor. Wir nahmen stets unseren Familienhasen Bugs Bunny mit, der dann an den Ohren aus dem Zauberhut gezogen wurde.

Familien, in denen die Militärpolizei Gewalt anzeigte, waren verpflichtet, zu uns zu kommen. Sie mussten einen fünfwöchigen Abendkurs besuchen, um zu lernen, mit Gewalt und Stress in der Familie umzugehen. Die Soldaten mussten lernen, einerseits im Krieg töten zu können und Mut auf dem Schlachtfeld zu zeigen und andererseits zu Hause ein liebevoller Vater und Ehemann zu sein. Es grenzte an Schizophrenie: Im Beruf mussten sie Gewalt ausüben, zu Hause durften sie auf keinen Fall gewalttätig sein.

Ich beschäftigte mich auch mit dem Thema des sexuellen Missbrauchs von Kindern. Dazu erforschte ich, wie die Militärpolizei der Smiley Kaserne mit der deutschen Justiz zusammen arbeiten könne und dürfe. Bis zum Herbst 1989 recherchierte ich und führte Gespräche mit Rechtsanwälten sowie Kinderbeauftragten bei der Polizei und der Stadt. Das Thema war und ist unendlich kompliziert.

Mit dem Linden-Institut in Berlin und Colorado

Im Linden-Institut war Jeffrey inzwischen auf Augenhöhe mit James Rock angekommen. James hatte seit Bestehen der Berliner Filiale des Instituts Tausende Gäste aus aller Welt in die Stadt geholt, von denen viele in ihrem Heimatland etwas zu sagen hatten. Die Linden-Gespräche kreisten stets um interessante Themen, behandelten aber ausschließlich den Standpunkt der USA. Manchmal, wenn Politiker und Mitglieder der Ministerien der westlichen Mächte dabei waren, entwickelten sich die Gespräche zu halboffiziellen Sondierungen im Vorfeld internationaler Entscheidungen. Dieses »Vorfeld« war ein wichtiges Terrain für Ostberlin.

Für das Linden-Institut schrieb Jeffrey Berichte, Protokolle über die jeweilige Sitzung, die nicht für die Öffentlichkeit bestimmt waren. Er verfasste diese oft im Zug und liebte es, wie flüssig er schreiben konnte, während er durch den »Eisernen Vorhang« fuhr. Kopien der Berichte leiteten wir nach Ostberlin weiter. Das Kollektiv schätzte die Informationen, die es dadurch erlangte, überaus hoch.

Im Juli 1989 flog Jeffrey wieder auf Dienstreise in die USA, diesmal war er in Aspen, Colorado, zu einer Konferenz eingeladen. Nach Abschluss der Konferenz besuchte Andrei ihn in Aspen und verbrachte eine Woche Urlaub mit seinem Vater, eine Woche voller Entspannung und Aktivitäten. Andrei und Jeff genossen zunächst die Ruhe im Spa des Hotels, sie gingen schwimmen und saunierten. Dann mieteten sie Mountainbikes, fuhren mit einem Bus hoch zum Maroon Lake, einem Hochgebirgssee, in dem sich die beiden Bergspitzen der Maroon Bells perfekt purpur und weiß wiederspiegelten. Nach einer Rundfahrt um den See, sausten sie die gesamten sechzehn Kilometer hinunter nach Aspen, und genossen den Blick auf die Berge von der Terrasse des Hotels aus. An einem anderen Tag fuhren sie auf einem großen aufblasbaren Floß durchs Wildwasser.

Wie Abenteurer sprangen beide von einem Felsvorsprung in den eisigen Fluss. Nach diesem Vater-Sohn-Urlaub flogen Jeffrey und Andrei zusammen nach San Francisco. Gemeinsam mit Tanya besuchten sie Berkeley, wo Jeffs linkes politisches Leben 1964 seinen Anfang genommen hatte: Sie gingen zu den *Sproul Hall Steps*, den Stufen zum Universitätsgebäude, an denen die großen Demonstrationen stattgefunden hatten und Reagan als Gouverneur von Kalifornien mit Hubschraubern Tränengas über die Studenten sprühen ließ, spazierten auf der berühmten Telegraph Avenue und schauten sich in *Moe's Books*, dem legendären Buchladen in Berkeley, um. Nach der glücklichen Familienzeit in San Francisco reiste Jeffrey wieder zu mir zurück.

7. Kapitel

Alles vorbei?

Reform oder Untergang der DDR?

Anfang August 1989 suchten einhundertdreißig DDR- Bürgerinnen und -Bürger Zuflucht in der Ständigen Vertretung der BRD in Ostberlin und verlangten ihre Ausreisegenehmigung. Nach tagelangen Verhandlungen, jeder Menge Aufmerksamkeit in den Medien und dem Versprechen, dass sie bald legal ausreisen dürften, gingen sie wieder nach Hause. Bald darauf zelteten Männer und Frauen aus der DDR im Garten der BRD-Botschaft in Budapest, dann in Prag und in Warschau. Auch sie wollten ausreisen. Erregt zeigten die West-Medien, wie die Menschen über die Zäune kletterten, wie sie das Botschaftsgelände füllten und nach Freiheit verlangten.

Wir hatten unseren Familienurlaub für August geplant. Wir wollten mit Zelt, Fahrrädern und aufblasbaren Kajaks in Bregenz Urlaub machen. Würden uns diese Unruhen einen Strich durch die Rechnung machen? In der westlichen Rhetorik, die täglich über Rundfunk und Fernsehen verbreitet wurde, hieß es, dass die DDR-Regierung die Wünsche der Menschen in ihrem Land respektieren und ihnen »die Freiheit« geben müsse. Fernsehbeiträge zeigten die Menschenmengen, die auf der Straßen »Wir sind das Volk!« skandierten.

Das Wetter war schön und warm in diesem Sommer, perfekte Urlaubsstimmung. Aber Jeffrey und ich nahmen die politische Situation sehr ernst. Zum ersten Mal nahmen wir unser Grundig-Radio und die Chiffren für die verschlüsselten Nachrichten aus Ostberlin auch in den Urlaub mit.

Die DDR-Führung wirkte wie das sprichwörtliche Kaninchen vor der Schlange. Erich Honecker war siebenundsiebzig Jahre alt und hatte sich gerade einer Gallen-Operation unterzogen. Es war längst Zeit für eine Machtübergabe. Die jüngeren DDR-Politiker waren bereit zu regieren, doch das Politbüro wollte nicht gehen. Eigentlich hätte die Regierung Reformen einleiten und den Menschen auf der Straße Zuversicht vermitteln müssen. Aber das Politbüro war wie gelähmt und tat nahezu nichts, um das »Experiment Sozialismus« zu retten.

Es war eine turbulente Zeit. Während sich DDR-Bürger ehrlich bemühten, ihre sozialistische Gesellschaft zu reformieren, mischte sich unter anderem die CIA mit subversiven Methoden ein, um Einfluss auf Politiker auszuüben. Unser amerikanischer Freund, der Journalist Victor Grossman, schrieb in seiner Autobiografie Folgendes über das Jahr 1989: »Der relativ junge Egon Krenz wurde mit zweiundfünfzig Jahren Parteivorsitzender. Bald verschwanden immer mehr ergraute Köpfe und faltige Gesichter aus dem Politbüro. Er kündigte ein neues Programm an, und ein starkes Gefühl des Wandels und des Aufbruchs erfasste das ganze Land. Wieder forderten westdeutsche Politiker die DDR-Bürger auf, in ihrem Land zu bleiben, betonten aber oft, wie willkommen bei ihnen alle Deutschen wären. Die Lücken an Arbeitsplätzen in Fabriken und Büros wurden größer, gerade Ärzte lockten Gehälter, die zwei-, drei-, auch fünfmal höher lagen als in der DDR, sowie die Möglichkeit sich einen BMW oder Mercedes zuzulegen, die Welt zu bereisen und mit der neuesten Technik zu arbeiten. Die neue Führung organisierte nun endlich sogenannte ›Dialoge‹. In vielen Städten wurden in Sälen oder im Freien öffentliche Versammlungen abgehalten, zu der eine Masse von Menschen kam. Man diskutierte, hörte sich Fragen und Kritik an und versprach zu handeln.«

Jeffrey und ich begrüßten, wie sich führende Persönlichkeiten bemühten, die Menschen in der DDR zu erreichen, wie sie Verhandlungen mit denjenigen führten, die besorgt und ehrlich Reformen im Sozialismus wollten.

Unser Spionageschwerpunkt war die Außenpolitik, aber jetzt hatte das Krisenmanagement in Ostberlin oberste Priorität. Wir verfolgten den Exodus aus der DDR, der jede Woche größer wurde und nicht zu bremsen war. Die DDR-Bürger waren im Ausnahmezustand und von den Verlockungen auf Coca Cola, Mercedes und Urlaub auf Mallorca wie berauscht.

Im April 1989 kam der US-Botschafter Vernon Walters in Bonn an. Sein Auftrag lautete: Regimewechsel. Walters hatte in einem Interview am 10. Januar 1989 in der Frankfurter Allgemeinen Zeitung gesagt: »Eine meiner Hauptaufgaben ist es, die Letzte Ölung zu geben, kurz bevor der Patient stirbt.« Der Patient war das Land DDR. Wir waren manchmal sprachlos, während wir das Land zwischen August und November beobachteten. Wir waren Zeugen, als in der Nacht vom 7. auf den 8. Oktober 1989 der vierzigste Republikgeburtstag gefeiert wurde. Frauen und Männer demonstrierten auf der Straße, sie wollten Reformen, und es war nicht sicher, ob dieser Abend ohne Gewalt zu Ende gehen würde.

Wir saßen mit unserem Kollektiv in Ostberlin zusammen. Bernd Fischer, Oberst und Chef der HV A Abteilung I, stieß an diesem Abend zu uns. Er telefonierte ständig mit Sicherheitskräften in Leipzig. Würden die Sicherheitskräfte den Protest niederschießen wie in China? Fehlentscheidungen konnten sich jetzt gravierend auswirken. Aber Bernd war entschieden gegen die Anwendung von scharfer Munition. Offensichtlich hatte er mehr zu sagen, als wir vermuteten. Unterstützt wurde er von Ralf-Peter Devaux, einem der Stellvertreter Werner Großmanns, der die HV A seit 1986 leitete.

Im Kollektiv besprachen wir die Situation auf der Straße ausführlich. Es gab konträre Meinungen. Angst und Unsicherheit herrschten vor. Das »Experiment« müsse von den DDR-Bürgern getragen werden, glaubte ich. Es durfte aus meiner Sicht nicht mit Waffen niedergeschossen werden. Was für ein Erfolg, so träumte ich, wäre es, wenn ein neuer Sozialismus mit echter Unterstützung von »unten« entstehen würde. Das Land hätte die Chance, sich politisch und wirtschaftlich zu reformieren.

Unseren nächsten Termin in Ostberlin planten wir für den 28. Dezember 1989. Silvester wollten wir in Westberlin feiern, ohne zu ahnen, dass die Mauer dann nicht länger geschlossen sein würde.

Ich fuhr zurück nach Karlsruhe. In meinem Büro in der Smiley-Kaserne diskutierten in diesen Tagen viele Kolleginnen und Soldaten über die Friedliche Revolution. Manche Sozialarbeiterinnen dachten laut darüber nach, dass ihre Arbeitsplätze ohne einen Kalten Krieg nicht länger sicher seien. Ich versuchte, mich auf meine Arbeit im Büro zu konzentrieren. Millionen Fragen gingen mir durch den Kopf.

Am Abend des 9. November fand dann die Pressekonferenz mit Günter Schabowski statt, die eine historische sein würde. Ganz am Schluss, so nebenbei, zog der Sekretär für Informationswesen ein Blatt Papier aus der Jackentasche und las vor – so als wüsste er nicht, was darauf steht –, dass alle Reisebeschränkungen der DDR aufgehoben seien. Sowohl die anwesenden Journalisten als auch die Fernsehzuschauer fragten sich, was das bedeute.

Auch Jeff und ich saßen vor dem Fernseher, auch wir fragten uns, wo diese Reise hingehen würde.

Jeffreys Quellen sollten die Entwicklung weiterhin engmaschig begleiten. In diesem Moment konnten wir unmöglich vorhersagen, wie sich die Lage entwickeln würde. Bedeutete sie eine Entspannungspolitik für Deutschland oder würde das »sozialistische Experiment« komplett verschwinden?

Kohl zog die Initiative an sich. In seiner Rede im Deutschen Bundestag machte er sein Ziel am 28. November klar: Die staatliche Einheit Deutschlands sollte in einem zusammenwachsenden kapitalistischen Europa vollzogen werden. Er hatte ein Zehn-Punkte-Programm zur Überwindung der Teilung Deutschlands und Europas entworfen und setzte damit die deutsche Wiedervereinigung unwiderruflich auf die politische Tagesordnung. Kohls Plan für die DDR war klar: Sie würde mit der Wiedervereinigung untergehen.

Entwickelt wurden die zehn Punkte nach Kohls politischen Vorgaben von einem Autorenteam unter der Leitung von Horst Teltschik, dem stellvertretenden Leiter des Bundeskanzleramts. »Cäsar« kannte Teltschik und durch Gespräche mit ihm und Dr. Escher, einer unserer Abschöpfungsquellen im Bundeskanzleramt, konnte »Cäsar« Jeffrey aktuelle Berichte liefern. Darin beschrieb er die internen Meinungen zu dem Plan und die zu erwartenden Reaktionen innerhalb und außerhalb der Bonner Regierung.

Jeffreys Berichte über den Zehn-Punkte-Plan sollten der DDR-Regierung, die ab dem 13. November 1989 von Hans Modrow geführt wurde, Zeit geben, mit ihren eigenen Plänen zu antworten.

Die DDR-Bürgerrechtler waren gutgläubig. Reformen waren notwendig, aber dem Kapitalismus ging es nicht um Reformen. Er war rauflustiger als je zuvor, während das sozialistische Lager orientierungslos wie ein kopfloser Pfau umherlief.

In den nächsten sechs Wochen sammelten wir Informationen von Jeffreys Kontakten und Quellen und schrieben über fünfundzwanzig Berichte. Ich fotografierte sie abends im Dunkeln, rollte die Filme zusammen und verstaute sie in den verbesserten Behältern, die ich seit 1988 verwendete. Neu war an diesen Behältern, dass, sollte der tote Briefkasten im Zug gefunden und geöffnet werden, ein Blitz erzeugt werden würde, der alle Filme zerstörte. Die Behälter wurden jedoch nie im Zug gefunden, und unsere Informationen gelangten stets sicher nach Ostberlin.

Wir verbrachten Silvester in Berlin. Gemeinsam mit unserem Sohn standen wir an der Mauer und meißelten Stücke aus dem Beton. Wir wollten Freunden und Bekannten diese kleinen Bruchstücke nach Amerika schicken. Niemand sollte erkennen, wie traurig wir über die Situation waren. Alle Welt jubelte, und wir mussten es auch. Es war bitter, aber wir standen im Brennpunkt der Geschichte und mussten die Nerven behalten.

Das Ende unseres Kollektivs

Am 2. Januar 1990 saßen wir zum letzten Mal mit unserem Kollektiv in Ostberlin zusammen. Jeffrey traf sich zuerst mit ihnen, während ich mit dem Jungen schwimmen ging. Am nächsten Tag ging ich allein zum Kollektiv und Jeffrey machte einen Ausflug mit ihm.

Horst und Willy erklärten uns, dass wir umgehend alle Dokumente zu Hause in Karlsruhe vernichten sollten. Alle Berichte der letzten Wochen, die die gemeinsame Arbeit mit »Cäsar« und »Surfer« betrafen, müssten sofort geschreddert und die Geheimbehälter für die Chiffren zerstört werden. In Ostberlin würden alle Berichte von uns und alle Information über unsere Spionagetätigkeit für die HV A vernichtet werden. Bis zum März 1990 sollten wir alle Kontakte zu unseren Quellen beenden. Dann würde sich Lutz mit uns in Mannheim treffen und uns weitere Informationen geben. Es war herzzerreißend.

Zurück in Karlsruhe machten wir klar Schiff. Mit dem Geheimbehälter für die Chiffren fuhren wir nach Heidelberg und warfen die zerstörten Teile in den Neckar. Wir schredderten alle Berichte, am Ende füllten sie zwei große Mülltüten. Fasching stand vor der Tür, und so entschieden wir, in Mainz Fasching zu feiern und das geschredderte Papier während des Umzugs als Konfetti auf die Straße zu werfen. Innerhalb einer Stunde war das Konfetti in dem Wirrwarr von Faschingskapellen und kostümierten Menschen in alle Winde zerstreut. Schmerz und Trauer kamen erst auf, nachdem alles zerstört und verschwunden war.

Eine große Sorge blieb. Die Vergütungen für die umfangreiche Arbeit von Jeffreys Quellen war uns noch nicht von Ostberlin übergeben worden. Wie konnten wir »Cäsar« und »Surfer« nun bezahlen? Unsere Sicherheit wäre in großer Gefahr, wenn wir die Vergütungen nicht wie üblich pünktlich bezahlten. Wir besaßen keine privaten Ersparnisse in Deutschland. Ich hatte von meinem Onkel Gordon eine kleine Erbschaft von zehntausend US-Dollar in der Schweiz deponiert. Das war unsere einzige Rücklage.

Ende Februar holten wir das Geld. Jeffrey händigte es »Cäsar« und »Surfer« persönlich aus und erklärte gleichzeitig, IEAL in Washington brauche keine Informationen mehr. Die Grenze zwischen Ost und West war offen, und die Karten wurden in Washington neu gemischt. Jeffrey verabschiedete sich von den beiden Quellen herzlich und beendete damit die Arbeit für IEAL.

Angst und Unsicherheit

Wie kann ich meine Gefühle beschreiben, Angst ist sehr individuell. Woher kommt die Angst? Aus der Kindheit? Aus der Übertragung von den Eltern? Aus der Geschichte?

Wir hatten den Krieg verloren. Die freie Marktwirtschaft würde in Ost und West florieren – oder auch nicht. Der Kapitalismus bekam Zugang zu allen Ostblockländern und ihren Märkten.

Jeffrey und ich mussten überlegen, wie wir unsere Zukunft gestalten konnten. Jeden Tag wurde in der Zeitung über Verhaftungen von Spionen in der BRD berichtet. Wir waren sicher, dass unser Kollektiv alle Informationen über uns vernichtet hatte. Doch meine Ängste blieben. Nichtsdestotrotz musste unser Leben weitergehen. Ich ließ es nicht zu, mich von der Angst lähmen zu lassen. Ich ging weiterhin täglich zur Arbeit und verfasste ein Handbuch für das *United States Department of the Army* (Heeresamt der Vereinigten Staaten) über den Umgang mit sexuellem Missbrauch in Soldatenfamilien. Solcher Missbrauch kam nicht oft vor, aber wenn, dann mussten die Kinder geschützt werden. Ein Exemplar des Handbuchs schickte ich an das Verteidigungsministerium. Der zuständige Colonel bedankte sich für meine Arbeit; das Handbuch wurde bis 1992 an Rechtsanwälte der Armee in Deutschland verteilt.

Schon Ende August 1989 hatte ich meinen Bachelor der Geisteswissenschaften an der Syracuse Universität erhalten. Jetzt wollte ich außerhalb der US-Armee eine Stelle als Sozialarbeiterin finden. Zwischen März und Dezember 1990 schrieb ich viele Bewerbungen und erhielt vier Einladungen zu Vorstellungsgesprächen. Mein amerikanischer Bachelorabschluss wurde von den deutschen Arbeitgebern jedoch nicht anerkannt. Es wäre deshalb notwendig gewesen, ein deutsches Diplom als Sozialpädagogin zu erwerben. Ich erkundigte mich an der Fachhochschule in Esslingen nach einem Studienplatz. Es hieß, ich müsse vier Jahre studieren und ein einjähriges Praktikum absolvieren. Daraufhin entschied ich mich, nicht in Baden-Württemberg zu studieren, sondern mich nach alternativen Studienmöglichkeiten umzuschauen.

Jeff und ich überlegten allerdings auch, ob wir in die Vereinigten Staaten zurückgehen sollten. Ich hätte in Buffalo als Sozialarbeiterin tätig werden können. Bei einem Besuch bei meinen Eltern erkundigte ich mich nach einer Krankenversicherung für Jeffrey und für mich. Die Versicherungsberaterin erklärte mir, dass Jeffrey als Typ-1-Diabetiker und ohne sicheren unbefristeten Arbeitsplatz keine

Krankenversicherung in den USA bekommen würde. Sie schlug mir sogar vor, nach Kanada zu ziehen, denn dort seien alle Menschen krankenversichert. Selbst Jeffrey würde dort trotz seines Diabetes sofort eine Versicherung bekommen.

Mein Vater lebte inzwischen seit drei Jahren mit Pflegegrad 3 im Pflegeheim. Er war von der Sozialhilfe in New York als mittellos übernommen worden. Meine Mutter lebte sehr bescheiden von der Erbschaft meines Onkels in Kenmore und besuchte meinen Vater täglich. Sie überlegte, ob sie uns nicht doch einmal in Deutschland besuchen sollte. Ihre Ängste waren nicht mehr so groß, und sie fühlte sich ziemlich allein.

Ich sprach mit meiner Mutter über die Zukunft. Sie wusste nichts von meiner Arbeit für die HV A und hatte keine Ahnung, dass der Mauerfall mein Leben komplett verändert hatte. In der gesamten Familie und in unserem Freundeskreis durfte niemand etwas von den Veränderungen in unserem Leben merken. Meine Mutter glaubte, unser Leben in Deutschland sei wesentlich besser, als es in den USA hätte sein können, insbesondere mit Blick auf die Schulbildung unseres Sohnes und Jeffreys Krankenversicherung. Sie meinte, wir sollten in Karlsruhe bleiben, und ich sollte dort eine neue Arbeit suchen.

Ich kehrte mit der Überzeugung nach Karlsruhe zurück, dass wir Deutschland nicht verlassen würden. Was blieb, war die Angst vor der Enttarnung und einer Verhaftung.

Als im März unser Treffen mit Lutz anstand, fuhren wir voller Erwartung nach Mannheim. Wie immer standen wir auf den Treppen der Oper und schauten uns den Spielplan an. Wir hielten dabei nach Lutz Ausschau. Aber er kam nicht.

Wir waren nur wenig überrascht, wussten wir doch längst, dass alles vorbei war. Es tat verdammt weh. Das Kollektiv war in den letzten dreizehn Jahren eine Art Familie für uns gewesen.

Zurück in unserer Wohnung hörten wir die letzte Funksendung an. Das Kollektiv bedankte sich für die Zusammenarbeit und funkte: »Lebe wohl.« Bitter enttäuscht und traurig gingen wir ins Bett. Die Arbeit im Kollektiv der HV A war endgültig zu Ende.

Alles vorbei, aber das Leben geht weiter

Unser Leben war anders geworden – und doch war es noch gleich. Jeffrey fuhr wie immer täglich mit seinem Fahrrad durch den Karlsruher Schlosspark zur Arbeit im Kernforschungszentrum. Er war von Januar bis Februar sogar auf Dienstreisen in den USA, im Herbst 1991 flog er nach Taiwan und Japan. Als Wissenschaftler war er geschätzt und noch bekannter geworden, seine Meinung wurde immer mehr nachgefragt. Das Thema der Technologiefolgenabschätzung war für alle politischen Parteien in Amerika und in der Bundesrepublik äußerst wichtig geworden.

Anfang Juni 1990 kam Jeffs Tochter Tanya für fünf Wochen zu Besuch nach Karlsruhe. Es war herrlich, sie bei uns zu haben. Sie war fast erwachsen, befand sich mitten im Bachelorstudium an der Universität von Kalifornien in Berkeley und plante, ihren Magister in Journalismus zu machen. Jeffrey war stolz und zuversichtlich, seine Tochter könne in Zukunft an seinem Leben in Deutschland teilhaben.

Für die Zeit ihres Besuchs bei uns hatte ich ihr eine Stelle beim *Town Crier*, der Zeitung der US-Armee in Karlsruhe, organisiert. So war sie täglich mit ihrem Fahrrad in der Smiley-Kaserne unterwegs und führte Interviews mit Soldaten.

In diesem Sommer kam Nelson Mandela nach siebenundzwanzig Jahren Haft frei. Im Juni besuchte er auf Einladung Willy Brandts Bonn. Als Mitglied der Deutschen Gesellschaft für Auswärtige Politik wurde Jeffrey am 12. Juni 1990 zu einem Vortrag mit Nelson Mandela eingeladen. Jeffrey besorgte eine Einladung für Tanya, und sie fuhren gemeinsam hin. Tanya erlebte Mandela bei einem Abendessen aus nächster Nähe und schrieb einen Artikel darüber für den *Town Crier*.

Während Tanyas Besuch nutzten wir die Gelegenheit, um ein Familienporträt von einem professionellen Fotografen machen zu lassen. Das »Experiment DDR« war beendet, aber unsere Familie würde jetzt wieder zusammenwachsen. Von unserer Geheimdienstarbeit jedoch wusste keines unserer Kinder. Und sie durften es auch weiterhin nicht wissen.

Während Tanyas Besuch erhielt ich einen seltsamen Telefonanruf. Ich erkannte Horsts Stimme, auch wenn sie seltsam klang: Er benutzte ein Gerät, um sie zu verzerren. Er fragte, wie es uns gehe und ob in unserer Ehe alles gut liefe. Ich erklärte ihm, dass alles stabil sei und dass Tanya die Ferien bei uns verbringe. Daraufhin fragte Horst, ob wir Urlaub in Basel gemacht hätten. Ich deutete die Frage als Signal. Mehrere Monate später fuhren wir nach Basel und besuchten unsere Bank. Wir fanden zehntausend US-Dollar auf unserem Konto. Horst hatte uns das Geld, das wir Jeffreys Quellen zahlen mussten, doch noch überwiesen.

Sein letztes Telefongespräch hatte Horst auch genutzt, um uns alles Gute zu wünschen. Die Friedliche Revolution hatte alles verändert, aber die Mitglieder unseres Kollektivs lebten weiter. Keiner von uns wurde erschossen, wie es in manchen Konterrevolutionen der Fall war.

Wegen unserer Spionagetätigkeit war ich nie in die Gewerkschaft eingetreten. Nun wurde ich Mitglied der Gewerkschaft Öffentliche Dienste, Transport und Verkehr, kurz ÖTV. Für mich war die Mitgliedschaft wichtig und sehr interessant. Ich engagierte mich auch im Frauenausschuss der ÖTV, der in Karlsruhe sehr aktiv war. Ich hatte nie der Frauenbewegung angehört, weder in den USA noch in Deutschland. Aber im Frauenausschuss fühlte ich mich gut aufgehoben. Für den Internationalen Frauentag schrieben wir gemeinsam ein Theaterstück, das die Rente von Frauen im Jahr 1990 thematisierte. Wir übten es ein und führten es am 8. März im Haus des Deutschen Gewerkschaftsbundes auf. Wir lachten viel zusammen, und meine Trauer wurde allmählich schwächer.

In diesem Jahr entdeckte ich ein neues Motto für mein Leben: »Vorwärts gelebt und rückwärts verstanden!« Ich suchte nach meiner Zukunft.

Jeffrey, der seine linken politischen Aktivitäten nie hatte aufgeben wollen, sie aber für die Spionagetätigkeit verstecken musste, konnte sie nun allmählich wieder aufnehmen. Auch er wurde Mitglied in der ÖTV und alsbald zum Vertrauensmann im Kernforschungszentrum gewählt. Außerdem wurde er 1991 zum Mitglied des Ausländerbeirats in Karlsruhe gewählt. Die fortschrittlichen Ausländer im Beirat wurden zu unseren Freunden. Sie gehörten alle zum linken Flügel der SPD. Wir konnten mit ihnen über das Leben im wiedervereinigten Deutschland diskutieren und feierten gemeinsam tolle Feste. Jeffrey engagierte sich außerordentlich für die Arbeit mit den Ausländern und Geflüchteten, die er vor allem abends und am Wochenende ausübte. Sie tat ihm sehr gut.

Zu Jeffreys Überraschung kamen bald nacheinander zwei Wissenschaftler aus der ehemaligen DDR zu befristeten Aufenthalten in Jeffreys Abteilung am Kernforschungszentrum. Beide waren sympathische, fortschrittliche Männer, die ihren beruflichen Weg im neuen nicht-sozialistischen Deutschland suchten. Beide waren 1990 bereits abgewickelt, das heißt, sie hatten ihre Stellen an den Universitäten verloren. Eine Hexenjagd wie in der McCarthy-Ära in den USA in den 1950er Jahren fand nun in der ehemaligen DDR statt. Der eine von ihnen, Rainer, war fünfzig Jahre alt und wissenschaftlicher Berater für das Zentralkomitee der SED gewesen, ein brillanter Physiker, der Jeffrey viel über seine jahrelange Zusammenarbeit auf höchste Ebene in der Regierung erzählte. Rainer war sicher, dass die Menschen in der DDR fähig gewesen wären, einen reformierten Sozialismus zu gestalten. Aber diese Chance hatte man ihnen nicht gegeben. Obwohl Rainer den Kurs der alten Garde der Regierung kritisierte, hatte er die Kapitulation, die 1990 mit der Wiedervereinigung stattfand, so nicht gewollt. Unsere Freundschaft mit ihm hat bis heute Bestand.

Die »Arbeiterakademie« an der Frankfurter Universität

Als im Januar 1991 das militärische Eingreifen der USA in den Zweiten Golfkrieg, auch Erster Irakkrieg genannt, vorbereitet wurde, wollte ich mich an den Antikriegsdemonstrationen beteiligen. Ich besuchte den Karlsruher Kreisvorsitzenden des Deutschen Gewerkschaftsbundes, kurz DGB, Lothar Hüneke, in seinem Büro und fragte ihn, welche Möglichkeiten es für mich gebe, aktiv zu werden. Er war überrascht, schließlich arbeitete ich bei der US-Armee, und fragte mich, ob ich je an eine Stelle in der politischen Bildung gedacht hätte? Er meinte, meine Fähigkeiten als Sozialarbeiterin könnten wichtig für die Gewerkschaftsarbeit sein.

Hüneke hatte selbst an der Fachhochschule Sozialarbeit studiert und seinen Abschluss als Sozialpädagoge gemacht. Ich erklärte ihm, dass sich meine Arbeit in Deutschland bisher um Frauen, Kinder und Familien gedreht hatte. Er erzählte mir von der Akademie der Arbeit an der Universität Frankfurt am Main. Die Akademie war im Anschluss an die deutsche Revolution von 1918/19 entstanden. Die Frankfurter Universität war damals durch die Folgen der Revolution in eine finanzielle Notlage geraten. Das Land Preußen und die Stadt Frankfurt am Main hatten sich im Spätherbst 1920 schließlich bereit erklärt, der Universität finanziell unter die Arme zu greifen: Der Preis dafür war, dass die Akademie als »Arbeiterakademie« der Frankfurter Universität angegliedert wurde. Lothar Hüneke erklärte mir auch, dass in Arbeitgeberverbänden, Unternehmerverbänden, Kammern und Vorstandsetagen großer Unternehmen sowie in Personalabteilungen Tausende bestens ausgebildete Akademiker und Akademikerinnen für die Interessen ihrer Auftraggeber arbeiteten. Die nicht-studierten Arbeitnehmer und Arbeitnehmerinnen dagegen würden auf die Kraft bauen, die aus dem Zusammenhalt der Kolleginnen und Kollegen entstehe und auf den Erfahrungen von Gewerkschaftsmitgliedern und Funktionären gründete sowie auf dem diese Erfahrung ergänzenden Wissen.

Lothar wollte mich überzeugen, dass eine arbeiterbildende Akademie für mich im Jahr 1992 der richtige Platz wäre. Die Lernformen und Themen knüpften an die betriebliche Erfahrung der Studierenden an. An der Akademie der Arbeit wurde vorwiegend gemeinsam mit den Dozenten in Lehrgesprächen oder Arbeitsgemeinschaften gelernt. Selbststudium unter Anleitung mit Vorträgen und vielfältigen Diskussionen bildeten die Arbeitsformen.

Lothar und ich diskutierten ein paar Wochen später, ob ich mich für das Studium in Frankfurt entscheiden könnte. Jeffrey war begeistert, er meinte, ich solle unbedingt versuchen, einen Studienplatz an der Akademie zu bekommen. Er drängte sehr, da er wusste, wie unsicher es für mich war, bei der US-Armee zu bleiben. Sollten wir als Spione verhaftet werden, wie so viele andere ab 1991, würde ich wahrscheinlich sofort in die USA ausgeliefert werden. Mein Arbeitsplatz sei deshalb eine große Gefahr für mich. Ich verstand das sehr wohl, aber ich musste Schritt für Schritt vorgehen, um eine Lösung zu finden. Eine plötzliche Kündigung meiner Stelle bei der Armee hätte verdächtig erscheinen können.

Erster Irakkrieg 1991

Als die USA in den Ersten Irakkrieg eintraten, der im August 1990 mit der irakischen Invasion in Kuwait begonnen hatte, saß ich mittendrin. Präsident George Bush hatte am 17. Januar 1991 einen militärischen Angriff befohlen, im Februar flog die US-Armee pro Tag dreitausend Bombenangriffe auf das Land in Vorderasien.

Auch von Karlsruhe aus flogen Soldaten in den Irak. Unter ihnen und ihren Angehörigen auf dem Gelände der Smiley-Kaserne herrschte große Angst. Wir organisierten eine Messe für tausenddreihundert Soldaten mit zweitausend Angehörigen. Alle Kriegsvorbereitungen wurden zwei Tage lang systematisch mit den Familien besprochen. Welche Privatkontakte zwischen dem Kriegsschauplatz und den Familien in Deutschland erlaubt waren, wurde schriftlich mitgeteilt.

Wir wurden auf viele Verletzte vorbereitet. Die Familien der betroffenen Soldaten würden sofort zurück nach Amerika verlegt werden. Infotische informierten alle Soldaten und Soldatinnen über die Notwendigkeit, persönliche Sachen zu regeln, bevor sie in den Krieg nach Kuwait flogen. Am Abend vor dem Abflug gab es einen Gottesdienst in der Kirche der Kaserne. Den Familien wurde klargemacht, dass wir Sozialarbeiter zusammen mit dem Kaplan immer als Seelsorger für sie da sein würden.

Meine Wut und meine Verzweiflung über diesen Krieg waren groß. Meine Arbeit zwischen 1977 und 1989 hatte ich stets gemacht, um einen Krieg zu verhindern. Aber für die Waffenhersteller durfte es keinen Frieden geben. Sie wollten, dass die Waffenexporte wieder zunahmen, und neue Märkte für diese Waffen konnten nur durch Kriege entstehen.

Meine Kollegen und ich wurden kreativ und organisierten »*Stress Buster*«-Partys (Stressbewältigungspartys) für die Ehefrauen der Soldaten. Die Ehemänner waren im Krieg, und wir übten zu Hause in Karlsruhe abends bei den Familien, jeweils zehn Frauen in einer Gruppe, Methoden des Stressabbaus. Die Partys waren sehr beliebt und zeigten eine große Wirkung unter den Angehörigen. Unsere »*Stress Buster*«-Partys würden nie vergessen werden.

Als Dankeschön erhielt ich vom Leiter meiner Abteilung eine bezahlte Dienstreise im späten Herbst 1991 nach Denver. Ich sollte dort an einer Konferenz gegen Gewalt in der Familie und Kindesmisshandlung teilnehmen. Als Mitglied des Karlsruher Sozial-Dienst-Teams wurde ich für meinen Einsatz geehrt.

Meine Mutter besucht Deutschland

Im August 1991 kam meine Mutter zum ersten Mal nach Deutschland. Es war etwas Besonderes für uns alle. Unser Sohn zeigte seiner Oma, wo er zur Schule ging, den Gemüse- und Obstmarkt am Gutenbergplatz, er zeigte ihr »sein Karlsruhe« und besuchte mit ihr seinen Geigenunterricht. Meine Mutter besuchte mich auch in meinem Büro in der Smiley-Kaserne. Sie war stolz, dass ihre Tochter als Sozialarbeiterin bei der US-Armee arbeitete. Wir luden ein paar deutsche Freunde ein, um meiner Mutter zu zeigen, dass sie keine Nazis waren. Anschließend fuhren wir zu den Salzburger Festspielen. Für meine Mutter hatten wir ein nettes Hotelzimmer gebucht; wir anderen drei bauten unser Zelt auf dem Campingplatz auf.

Nach drei Tagen kam extremes Regenwetter auf. Unser Zelt stand schnell unter Wasser. Wir packten unsere Sachen zusammen und rannten zu meiner Mutter ins Hotel. Unser Sohn sprang zur Oma ins Bett, und Jeff und ich machten es uns auf dem Schlafsofa in ihrem Zimmer gemütlich. Jeden Morgen plünderten wir das Frühstücks-Buffet, jeden Abend probierten Jeffrey und meine Mutter einen süßen Nachtisch aus der österreichischen Küche.

Meine Mutter war sehr glücklich, diesen Urlaub in Salzburg mit uns zu verbringen. Als ich mit ihr bummeln ging, machte es ihr viel

Spaß, schöne grüne deutsche Lodenkleider anzuprobieren. 1976 wäre es unvorstellbar gewesen, dass meine Mutter jemals etwas aus Loden tragen würde. Aber nun, keine zwanzig Jahre später, wollte sie die Kleider anziehen und sah sehr elegant darin aus. Am Ende kaufte sie sogar einen Loden-Hut.

Für die zwei Wochen hatten wir einen Rollstuhl für sie ausgeliehen, und als wir ihn im Tourismusbüro zurückgaben, schwärmte meine Mutter von ihrem Urlaub in Salzburg und erklärte: »Diese Stadt ist fast so schön wie Buffalo.« Mir war ihre Lobeshymne auf Buffalo sehr peinlich. Nach ihrer Rückkehr erzählte sie davon, wie viel Spaß sie mit »Mozart« und ihrer Familie gehabt hatte.

Ich kündige bei der US-Armee

Im April 1992 beendete ich meine Scheinselbstständigkeit bei der US-Armee. Seit 1982 war ich dort als Vertragsarbeiterin tätig gewesen, ich hatte viel erlebt und gelernt. Beim Abschied wurde ich nachdenklich und rekapitulierte mein gespaltenes Arbeitsleben. Meine Aufgabe war es gewesen, die Soldaten und ihre Familien zu begleiten: zuerst im Kalten Krieg und 1991 in einem Heißen Krieg. Ramsey Clark, ehemaliger *United States Attorney General* (Justizminister und Bundesstaatsanwalt), veröffentlichte 1992 das Buch *The Fire This Time. U.S. War Crimes in the Gulf* (Das Feuer diesmal. US-Kriegsverbrechen im Golfkrieg), in dem er die USA beschuldigte, im Irak Kriegsverbrechen begangen zu haben. Clark versuchte durch eine Untersuchungskommission am *International War Crimes Tribunal* (Internationales Kriegsverbrechertribunal) in New York, Zeugenaussagen von überlebenden Irakern zu sammeln, um die US-Soldaten und die US-Regierung anzuklagen. Auch die Soldaten in Karlsruhe, die ich begleitet hatte, begingen 1991 Kriegsverbrechen gegen die Bevölkerung des Irak. Sie haben das Leben von Hunderttausenden von Irakern vernichtet und die Umwelt in vielen Teilen des Landes zerstört.

Ich war froh, als ich am 4. Mai 1992 mein Studium an der Akademie der Arbeit beginnen konnte. Lothar Hüneke hatte mir vorgeschlagen, bereits vor dem Studienbeginn ein Seminar in Niederpocking zu besuchen, um das Sozialrecht in Deutschland kennenzulernen und mich auf die Aufnahmeprüfung für die Akademie im Februar vorzubereiten.

Lothar war sicher, dass mich das Sozialrecht als Sozialarbeiterin interessieren würde. Außerdem war er der Meinung, das Sozialrecht würde für die Mitarbeiter der Gewerkschaft nach dem Ende der DDR notwendiger sein als je zuvor. Für Lothar stand fest, dass sich mit der Wiedervereinigung in Deutschland ein »Raubtier-Kapitalismus« etablieren würde. Seiner Meinung nach klopfte der amerikanische Kapitalismus an die Tür. Lothar war ein großer Fan von Willy Brandt, und er sparte nicht an Worten, um sich gegen Helmut Kohl und die Wiedervereinigung auszusprechen.

Das einwöchige Seminar fand im Januar 1992 statt. Das Seminarhaus lag in herrlicher Umgebung direkt am Starnberger See. Politische Bildungsseminare des DGB waren sehr gut strukturiert, und man konnte dort in sieben Tagen sehr viel lernen.

Wir waren fünfundzwanzig Seminarteilnehmer und -teilnehmerinnen, alle aus der Arbeiterklasse: Stahlarbeiter, Bergbauarbeiter, Polizisten, Sozialarbeiter, Verwaltungsangestellte, Bankkauffrauen und Krankenpfleger. Acht von ihnen kamen aus Ostdeutschland. Abends diskutierten wir in der Weinstube: Ossis, Wessis und eine Amerikanerin.

Einer der Ossis kam von der Universität Jena. Er war promovierter Mathematiker, Mitglied der Gewerkschaft Erziehung und Wissenschaft und im Betriebsrat an der Universität. Zweimal saßen wir bis Mitternacht in der Weinstube zusammen. Am Mittwoch fragte er mich, ob ich in der Mittagspause eine Fahrradtour mit ihm machen wolle. Ich sagte sofort ja. Es war kalt, aber die Sonne schien, und so radelten wir um den gesamten See. Wir kamen vierzig Minuten zu spät zurück zum Seminar, das war nicht korrekt, aber die Tour hatte viel Spaß gemacht.

Der Mann hieß Klaus – und würde mich in den nächsten anderthalb Jahren als Liebhaber und enger Freund begleiten.

Meine Affäre mit Klaus

Ich war im Jahr 1992 siebenunddreißig Jahre alt, lebte mit meinem Ehemann, unserem gemeinsamen Sohn und manchmal mit meinen zwei Stiefkindern in Karlsruhe. Meine Kinder wussten nichts über meine und Jeffreys Arbeit für die HV A während der letzten dreizehn Jahre, und ich durfte niemandem davon erzählen. Ich fühlte mich allein und musste irgendwie schauen, wie mein Leben weitergehen konnte.

Klaus war sechs Jahre älter als ich. Er war in der DDR als ältester Sohn einer Bauernfamilie geboren, war mathematisch begabt und in einem Internat zur Schule gegangen. Anschließend wurde er nach Moskau zum Studium delegiert. Er hatte acht Jahre dort gelebt, studiert und seinen Doktortitel erworben. In Moskau lernte er seine russische Frau Olga kennen, die einen Sohn mit in die Ehe brachte. Die beiden bekamen zwei Mädchen, und er fand Arbeit in der Forschung an der Universität Jena. Nach der Wende wurde seine Forschungsstelle abgewickelt, er suchte erfolglos nach neuer Arbeit und bekam Existenzängste. Solche Ängste hatte er in der DDR nicht gekannt.

Klaus schrieb 1993 über unsere Beziehung: »Ich war in meiner sexuellen und geistigen Partnerschaft unzufrieden. Ich war gewillt, neue sexuelle Beziehungen aufzunehmen, dazu hatte ich Kondome eingesteckt. Von den anwesenden Frauen im Seminar haben mich nur Bea und die Berliner Sozialarbeiterin angesprochen. Ihr Äußeres und ihr selbstbewusstes Auftreten gefielen mir. Bea ging immer sehr früh schlafen und rief täglich und lange ihren Mann an. Nachdem wir um den Starnberger See gefahren waren, war mir klar, dass sie eine sehr angenehme Frau ist mit Eigenschaften, die mich begeistern: eine sozialistische Weltvorstellung, hartnäckig und ausdauernd. Nach der Fahrt hätte ich sie am liebsten umarmt. Seit Jahren war mir nicht so eine Frau begegnet. Ich suchte in den folgenden Tagen ihre Nähe, getragen von einem Gefühl der sich langsam in die Traumwelt erhebenden Verliebtheit. Am Sonntag waren wir gemeinsam in München essen und besuchten das Deutsche Museum. Meine Verliebtheit fand sich auf den Wolken wieder. Es war wunderschön.«

In irgendeiner Weise war Klaus das »Experiment DDR« für mich. Er war nicht besonders hübsch, lachte kaum, war fast immer ernst, und ich sah sehr deutlich, dass er intensiv über seine Zukunft grübelte. Er hatte eine jugendliche Figur, war sportlich und trug einen Haarschnitt wie ein vierzehnjähriger Junge. Ich fühlte, dass er meine ernste Situation verstehen würde, aber zu dieser Zeit wollte ich ihm noch nicht von meiner Vergangenheit als Spionin erzählen. Eine Beziehung mit mir würde vielleicht auch für Klaus eine Gefahr bedeuten, sollten Jeffrey und ich verhaftet werden. Er war extrem nachdenklich und sein Gesicht zeigte diese Ernsthaftigkeit. Auf seiner Stirn spiegelte sich wieder, wie bedrückend er die Situation nach der Wiedervereinigung wahrnahm. Seine Erfahrungen in der Liebe waren aus meiner Frauensicht begrenzt, und er fand große Freude an unserer sexuellen Beziehung. Mit Olga hatte er Liebe à la carte aus Russland gehabt, mit mir lernte er Liebe à la carte aus den USA kennen.

Klaus' Erzählungen über seine Kindheit und das Leben als Erwachsener in der DDR gaben mir Trost, dass sich das » sozialistische Experiment« gelohnt hatte. Nach der Woche in Bayern verabschiedeten wir uns, und er wünschte mir Glück bei der Prüfung in Hessen. Wir vereinbarten, dass er mich, sollte ich einen Studienplatz in Frankfurt bekommen, sofort dort besuchen würde.

Zurück in Karlsruhe unterstützte Jeffrey mich intensiv bei meiner Prüfung. Amerikanische Gewerkschaftsgeschichte war ein Fach, das Jeffrey an der Universität in Amerika unterrichtet hatte. Im Schnelldurchgang besprachen wir die wichtigen Stationen der langen und brutalen Arbeiterbewegung in den USA ebenso wie die Rolle, die die CIA nach dem Krieg in der deutschen Gewerkschaftsbewegung gespielt hatte.

Studium an der Akademie der Arbeit

Jeffrey hatte sich in Karlsruhe auf sein Leben als alleinerziehender Vater vorbereitet. Er hatte Andrei für den Sommer eingeladen und für ihn ein Praktikum im Karlsruher Zoo organisiert. Sein ältester

Sohn wollte unbedingt Tierpfleger werden. Dafür hatte er bereits eine zweijährige Ausbildung im *Exotic Animal Training and Management Program* in Südkalifornien abgeschlossen. Am 2. Mai 1992 fuhr ich mit Mann und Sohn nach Frankfurt am Main. Wir richteten mein Zimmer im Studentenwohnheim ein und verabschiedeten uns danach. Alle vierzehn Tage würde ich mit dem Zug nach Hause nach Karlsruhe fahren. Währenddessen führte Jeff mit unserem Sohn und Andrei eine Männer-Wohngemeinschaft in Karlsruhe. Er musste allein mit seinen Söhnen das Leben meistern, aber diese Aufgabe traute ich ihm zu.

In Frankfurt stand ich jeden Morgen sehr früh auf. Ich dachte an die Jahre, in denen ich mit Steve in der Eisdiele in Buffalo gearbeitet hatte. Steve meinte damals, dass die Arbeiter die Verantwortung für ihre Arbeit übernehmen könnten. Der »Mehrwert ihrer täglichen Arbeit« sollte nicht den Arbeitgebern, sondern ihnen selbst gehören. Zu dieser Zeit hatte ich Sozialismus, Kommunismus und Kapitalismus verstehen wollen. In Frankfurt bekam ich endlich die Gelegenheit, *Das Kapital* von Karl Marx ausgiebig zu studieren und mich mit der Zukunft der Gewerkschaften in Deutschland auseinanderzusetzen. Die Inhalte unserer Seminare waren: Fragen der Gesellschafts- und Gewerkschaftspolitik, Fragen des Sozial- und Arbeitsrechts, wirtschaftspolitische Probleme und ökonomische Theorien sowie die Anfänge der Arbeiterbewegung in Deutschland. Drei Monate lang diskutierten wir beispielsweise in einem Seminar über die Theorien von Marx und über seine Ideen. Das »Experiment DDR« war zwar endgültig beendet, aber die Idee einer Gesellschaft, in der Arbeitnehmer mehr Rechte bekommen sollten, blieb lebendig.

Steve hätte sich gefreut zu erfahren, dass mich unsere Gespräche in Buffalo an die Akademie der Arbeit gebracht hatten. Die Probleme am Arbeitsplatz, die wir gemeinsam erlebt hatten, waren nun das Hauptthema meines Studiums.

Die »Wende« war in vollem Gange. Unser Professor für Soziologie wollte das Ende der DDR mit uns analysieren. Er glaubte, er könne mit seinen »Wessi-Kenntnissen« den anwesenden Ossis unter den Studierenden erklären, was alles schiefgelaufen war. Ich war empört und ging nach dem Seminar zu ihm ins Büro. Ich nahm kein Blatt vor den Mund und erklärte ihm, es müsse ein Podiumsgespräch geben, bei dem die Ossis über ihr Leben und ihre Erfahrungen im Sozialismus berichten könnten. So geschah es. Das Gespräch fand wenig später statt. Es ging über vier Stunden und war fantastisch. Mit Ehrlichkeit und Trauer erzählten die Kommilitonen von ihren Lebenserfahrungen, sie berichteten aus ihrer Kindheit und davon, was sie in der DDR gut und was sie schlecht gefunden hatten.

Solche reflektierten Gespräche führte ich regelmäßig auch mit Klaus. Er besuchte mich alle vier Wochen in Frankfurt. Klaus erzählte mir von den Erfahrungen, die er in der UdSSR gemacht hatte. »Stagnation« war ein Wort, das ich oft von ihm und von den anderen Ossis hörte. Die Wirtschaft der DDR wäre erfolgreicher gewesen, wenn COCOM den Ostblock nicht boykottiert hätte. Die gestörten Lieferketten für wichtige Produkte und neue Technologien hatten die Umsetzung der Pläne in vielen Betrieben immer wieder durcheinander gebracht. Ab 1986 waren sehr viele Menschen in der DDR ungeduldig geworden. Ich wusste durch Jeffreys Berichte aus dem Linden-Institut, dass genau solche Lieferketten-Störungen von Washington geplant gewesen waren. Die DDR-Wirtschaft sollte in die Knie gezwungen werden. Mit dieser Strategie war bereits 1949 begonnen worden, und sie blieb während des gesamten Kalten Krieges bestehen.

Das Wort »Kleingeist« kam oft in den Gesprächen mit den Ossis vor. Viele Mitglieder der DDR-Regierung sowie Männer und Frauen in leitenden Positionen und im Kulturbereich waren nicht flexibel gewesen, um eine Erneuerung einzuleiten. Doch ohne Erneuerung und ohne junge Menschen in leitenden Positionen konnten viele DDR-Bürger keine lebendige und flexible Zukunft in ihrem Land sehen.

Unter den Teilnehmenden unseres Jahrgangs, die aus dem Osten kamen, wollten viele die neuen Konsummöglichkeiten nutzen und gingen in der Frankfurter Innenstadt einkaufen. Sie kauften Radios, Fernseher und Schnickschnack mit großer Freude. Alles war im Fluss. Wie würde die Zukunft in den neuen Bundesländern aussehen?

Zwei Männer, was nun?

Weiterhin durfte niemand wissen, wer ich wirklich war und wie meine eigentlichen Arbeitsaufträge bei den weißen Südafrikanern in der Botschaft und beim US-Militär gelautet hatten. Diese Belastung machte mich manchmal schwermütig. Nach sechs Monaten mit Klaus fasste ich den Mut, ihm zu erzählen, wer ich wirklich war.

Klaus war schockiert und hatte große Angst, dass ich und Jeffrey vom BND enttarnt werden würden. Jeden Monat berichteten die Zeitungen von ehemaligen Kundschaftern der DDR, die entdeckt und verhaftet worden waren. Ich lebte jedoch in dem sicheren Glauben, dass unser Kollektiv alle Akten zerstört hatte.

Meine Offenbarung brachte eine neue Intimität in unsere Beziehung. Unsere Liebe wurde stärker. Dies war von mir nicht unbedingt gewollt, da ich Jeffrey immer noch liebte und ohne ihn nicht leben wollte. Wäre es möglich, zwei Männer gleichzeitig zu haben? Jeffrey, den Amerikaner, und Klaus, den Deutschen? Etwa zehn Jahre zuvor hatte Jeffrey seinen Wunschtraum, zwei Frauen gleichzeitig zu lieben, mit Evi ausgelebt. Vielleicht, dachte ich, könnte nun ich als Frau zwei Männer haben …

Im Studentenwohnheim der Akademie hatte ich zwei gute Freundinnen gefunden. Christa und Bärbel waren ein paar Jahre älter als ich, beide westdeutsch, emanzipiert und selbstbewusst. Wie ich suchten sie einen neuen Arbeitsplatz bei der Gewerkschaft. Abends saßen wir drei beisammen und unterhielten uns über unsere Zukunft in der Gewerkschaft. Dort herrschte zumeist ein kumpelhaftes Miteinander, oft traf man sich beim Bier in der Kneipe. Bier korrekt zu zapfen, lernte ich an der Akademie, getrunken habe ich jedoch stets nur wenig. Auch das Rauchen in der Kneipe war mir als Nichtraucherin unangenehm. Wollten wir wirklich so ein Leben führen? Das Leben als Gewerkschaftssekretär, egal welcher Gewerkschaft, bedeutet viel Arbeit, viele Überstunden und noch am Abend auf Sitzungen mit Gewerkschaftsmitglieder zu diskutieren. Würde ich eine solche Stelle beim DGB oder der ÖTV annehmen, wäre ich in Zukunft nicht so oft zu Hause wie früher. Für Jeffrey und unseren Sohn würde das eine komplizierte Umstellung im Familienleben bedeuten.

Wir drei diskutierten auch, woran es lag, dass so wenige Frauen studieren wollten. An der Akademie waren in meinem Jahrgang siebenundzwanzig Männer und sechzehn Frauen eingeschrieben. Die Akademie versuchte, mehr Frauen für das Studium zu gewinnen, doch während der Frauenanteil bei uns noch siebenunddreißig Prozent betrug, sollte er schon im Jahrgang 1993/94 auf neunzehn Prozent zurückgehen und 1994/95 auf sechzehn Prozent. Wir drei Freundinnen waren jedoch überzeugt, dass es Ausdruck unserer neuen Rolle als Frau war, hauptamtlich bei der Gewerkschaft und mit so vielen Männern auf Augenhöhe zu arbeiten. Die Ehemänner waren allein zu Hause und sollten die Kinder versorgen.

In unseren intensiven »Frauen-Gesprächen« redeten wir auch über unsere Partnerschaften. Unsere Freiheit, ein eigenes Zimmer im Studentenwohnheim zu besitzen, bedeutete, dass wir uns ohne Probleme mit einem Liebhaber treffen konnten. Alle Frauen und auch die Männer an der Akademie erkannten diese neue Freiheit außerhalb ihrer Familie. Und manche probierten sie während ihres Studienjahres aus.

Wie die Männer im Umkleideraum nach dem Fußballspiel über Frauen und Frauenkörper lästern, sprachen Christa, Bärbel und ich offen und mit Humor über unsere Männer. Was wollten wir als Frauen, was wollten unsere Herzen in diesem Studienjahr an der Akademie? Was wollte ich mit meinen achtunddreißig Jahren? Ich fragte mich, wie es mit zwei Männern wäre, mit zwei Körper-Typen, zwei Arten zu lieben, zwei Gehirnen, der eine Soziologe, der andere Mathematiker? Zwei verschiedene Zukunftsvorstellungen, zwei unterschiedliche Herkünfte und Kulturen, amerikanisch und ostdeutsch. Es war verdammt schwer, die Gefühle für diese zwei Männer ins Gleichgewicht zu bringen.

Ich wollte beide Männer: Jeffrey als Ehemann und Klaus als zweiten Partner. Mich bewegten folgende Gedanken: Ich hatte Jeff zwanzig Jahre lang geliebt und fühlte ein Pflichtbewusstsein gegenüber unseren drei Kindern. Hinzu kam die Angst, dass sie mich wegen dieser zweiten Beziehung verurteilen würden. Unser Kind brauchte noch einige Jahre, bis es erwachsen war. In dieser Zeit sollte es weiterhin in seiner gewohnten Umgebung leben, also mit Jeff. Für mich gab es noch eine andere Angst: Jeffrey war schwer an Diabetes erkrankt. 1993 musste er für vier Wochen zu einer Diabetes-Rehabilitation nach Mölln. Konnte ich ihn in dieser Zeit mit meiner Beziehung zu Klaus konfrontieren?

Klaus ging in Jena täglich laufen. Er hatte seine sportliche Identität als Marathonläufer am Rennsteig in Thüringen gefunden. Seit der Wende besuchte er Marathonläufe in verschiedenen Städten des wiedervereinigten Deutschlands und in Europa. Er schrieb mir regelmäßig Briefe aus seinem Büro an der Universität, später aus der Fachhochschule Schmalkalden, und versuchte mir zu erklären, wie wichtig Marathon für sein Gemüt sei. Da ich seit meiner Geburt Asthma habe, konnte ich das nicht nachvollziehen, doch seine Briefe las ich abends gern.

Das selbsterzeugte Chaos ließ mir weniger Zeit für mich und mein Studium. Ich litt an einer inneren Unruhe. Meine Sicherheit für eine Zukunft im sozialistischen Teil Deutschlands war durch das Ende des »Experiments DDR« zerstört worden, nun wollte ich selbstständig eine neue Zukunft durch finanzielle Stabilität und Klarsicht aufbauen.

Oft wurde ich mitten in der Nacht wach und konnte den Gedankensturm in meinem Kopf nicht zur Ruhe bringen. Sollten Jeff und ich wirklich verhaftet werden, wie würden wir es durchstehen? Im Keller der Akademie stand eine Badewanne, die einzige auf dem gesamten Gelände. Sie war hässlich, aber ich wusste, wenn ich mir dort ein Melissenbad einließe, könnte ich meine Seele beruhigen und besser schlafen. In manch einer Woche nahm ich dreimal mitten in der Nacht ausgiebige Bäder im Keller der Akademie.

Vaters Beerdigung in Buffalo

Anfang Dezember 1992 starb mein Vater. Meine Mutter rief an, ich müsse sofort nach Hause kommen. Der jüdische Glauben schreibt vor, dass Verstorbene innerhalb von drei Tagen beerdigt werden. Ich flog sofort nach Buffalo. Mein Stiefbruder Armand half, die Beerdigung zu organisieren.

Der Tag der Beerdigung im Dezember war sehr kalt, aber die Sonne schien hell und blendend. Auf dem Friedhof verabschiedete ich mich mit einer Rede von meinem Vater. Er war eine sehr komplexe Persönlichkeit gewesen, ein Macher, ein Geschäftsmann und bis ins hohe Alter ein aktiver Casanova, charmant und von einer großen Überzeugungskraft. Geld, Erfolg und viele Liebhaberinnen waren für ihn extrem wichtig gewesen, doch im amerikanischen Raubtier-Kapitalismus der Achtzigerjahre hatte er alles verloren außer meiner Mutter. So war er am Ende seines Lebens absolut mittellos.

Armand und ich verbrachten fünf Tage bei meiner Mutter. Ich entschied mich, ihm von meinem Liebeskummer und dem Beziehungschaos zu erzählen. Mein Bruder war inzwischen sechzig Jahre alt und hatte bereits sechs Ehen hinter sich. Er war geübt in solchen Fragen, auch weil er Doktor der Psychologie war und schon viel Erfahrung in der Eheberatung gesammelt hatte. Er schlug vor, im Februar 1993 nach Deutschland zu Besuch zu kommen, wir würden dort alles mit Jeffrey besprechen und gemeinsam nach einer Lösung suchen. Ich nahm sein Angebot an.

Auch meiner Mutter erzählte ich von der Affäre und von meinem verwirrten Herzen sowie von meinen Gefühlen für Jeffrey und Klaus. Sie war nicht überrascht. Sie erinnerte mich daran, dass ich erst neunzehn gewesen war, als ich mich in Jeffrey verliebt hatte. Ich hatte nie eine andere Beziehung erlebt. Sie riet mir, ich solle versuchen, mich langsam wie aus einem Sumpf aus dieser neuen Beziehung herauszuziehen. Ich sollte bis zum achtzehnten Geburtstag unseres Sohnes warten und danach entscheiden, ob Jeffrey noch der richtige Ehemann für mich wäre. Sie empfahl mir, vorsichtig und langsam die Liebe zu dem zweiten Mann zu beenden und es wieder mit Jeffrey allein zu versuchen.

Die Gespräche in Buffalo waren sehr wertvoll für mich. Ich flog zurück nach Frankfurt und stürzte mich in die Arbeit. Wir mussten bis März eine Seminararbeit schreiben und im Laufe des Jahres alle vier Monate schriftliche Prüfungen in drei Fächern ablegen. Die Forschung und das Schreiben taten mir gut und halfen mir, meine Gefühle und Gedanken in Ruhe zu sortieren.

Abschluss an der Akademie der Arbeit

Für meine Seminararbeit wollte ich ein Zitat aus der Wirtschaftszeitschrift *Capital* vom Mai 1991 mit Interviews prüfen. Auf der Titelseite stand: »Das neue Amerika liegt im Osten?« Ich knüpfte Kontakte zu Betriebsräten verschiedener Unternehmen in unterschiedlichen Branchen unter anderem in Berlin, Stuttgart und Erfurt. Ich untersuchte Strukturveränderungen seit 1990 in den Betrieben und führte viele Interviews. Besonders wichtig war die Frage: Was bringt ein Lohnverzicht für Ostdeutschland? Für die Arbeit machte ich mich mit meinen Notizen in einem leeren Seminarraum in Frankfurt breit.

In dieser Zeit, die ich allein an der Akademie verbrachte, versuchte ich, mir meine Zukunft mit und ohne Jeffrey und Klaus vorzustellen. Klaus hatte im Frühjahr 1993 Erfolg bei seinen Bewerbungen. Er bekam eine gut dotierte Stelle als Beamter an der Fachhochschule Schmalkalden. Er war nun Professor, und seine ostdeutschen Studenten waren von seinem Unterricht begeistert. Er hatte zudem die Aufgabe bekommen, eine neue Fakultät für Wirtschaftsinformatik aufzubauen. Nach der Wende wurden viele junge und gut ausgebildete Informatik-Spezialisten gebraucht. Klaus verlor endlich seine Existenzangst im wiedervereinigten Deutschland.

Im Februar kam mein Bruder wie besprochen nach Karlsruhe, und Jeffrey, er und ich diskutierten zu Hause intensiv über die Zukunft. Ich musste zurück zur Akademie, aber zuvor verabredeten wir, dass Klaus mit seiner russischen Frau aus Jena nach Frankfurt kommen würde. Armand sollte dort eine Mediation mit ihm, Olga, Jeff und mir machen.

Als Vorbereitung auf die Diskussionen über unsere Beziehungsprobleme erzählte Jeffrey Armand von der Mischung aus Trauer und Wut, die er empfunden hatte, als er von meiner Affäre erfuhr. Und er erzählte ihm von seiner Affäre mit Paula.

Der Betrug – *JEFFREY*

Ich hatte keine Ahnung, dass Bea mich seit drei Monaten betrogen hatte. Seit dem Anfang ihrer Affäre mit Klaus im Mai 1992 hatte sie angegeben, mich leidenschaftlich zu lieben, auch weil ich sie immer tatkräftig in ihren Bestrebungen nach Bildung und Karriere ermutigt und unterstützt hatte. Im Juli 1992 rief mich dann Klaus' Ehefrau nachts an und informierte mich schreiend, dass meine Frau eine »Hure« sei und eine sexuelle Beziehung mit ihrem Mann unterhielte. Sie forderte mich auf, ein Machtwort als Ehemann zu sprechen, und verlangte, dass meine Frau aufhören solle, ihre Ehe zu zerstören. Ich war völlig überrascht und versuchte vergeblich, Klaus' Ehefrau zu beruhigen, indem ich ihr versprach, mit Bea zu reden.

Am nächsten Wochenende konfrontierte ich Bea mit der Affäre. Ich berichtete ihr, dass Klaus' Ehefrau mich mehre Nächte telefonisch belästigt habe. Im Prinzip sah ich die Möglichkeit, zwei Menschen gleichzeitig zu lieben, als eine natürliche Sache an. Ich verstand Beas Wunsch, die Nähe zur DDR durch eine Liebesbeziehung zu erleben. Was mich aber zutiefst enttäuscht und verletzt hatte, war Beas Schweigen und ihr Verheimlichen der Affäre mit Klaus über mehrere Monate.

Bea sagte mir: »Warum lässt du dich von Klaus' Frau belästigen? Du solltest ihr einfach sagen, dass sie mich direkt in der Akademie anrufen soll, wenn sie etwas an der Beziehung auszusetzen hat.«

Ich fragte mich: Wenn Klaus' Ehefrau mich nicht informiert hätte, wie lange noch hätte Bea mir ihre Affäre verschwiegen?

Ich erzählte Armand von Paula, mit der ich im September eine Beziehung begonnen hatte, sechs Monate nach dem Anfang von Beas Beziehung zu Klaus. Ich war von Paulas Lebendigkeit und Heiterkeit angetan. Ich fühlte mich durch Beas Handeln verwirrt, deprimiert und herabgesetzt. Und so war es kein Wunder, dass ich Aufmerksamkeit, Respekt und unbekümmerte Unterhaltung in einer Liebesbeziehung suchte. Ein Schachzug war das keineswegs von mir.

Bald war ich in diese gut aussehende Frau mit den lockigen blonden Haaren verknallt. Trotzdem sagte ich Armand, dass das nie passiert wäre, wenn ich mich nicht allein und betrogen gefühlt hätte. Ich erklärte: »Ich habe Paula nicht gebeten, in unsere Wohnung einzuziehen, und ich wollte nicht in ihre Wohnung einziehen. Aber wir beide hatten

Kinder, die betreut werden mussten. Die Lösung, einige Nächte bei mir und einige Nächte bei Paula zu verbringen, war perfekt. Ich reagierte wegen meiner verletzten Gefühle so, nicht aus Vernunft. Ich will Bea zurück als Ehefrau und Liebhaberin.«

Eheberatung

Paula hatte Jeffrey ganz für sich allein gewollt. Als seine Ehefrau glaubte ich, dass die Beziehung zu ihr ein Schachzug von Jeff gewesen war, um mich aus meiner Beziehung zu Klaus herauszuholen.

Eine Woche nach Armands Ankunft trafen wir uns am Wochenende in einem Freizeitraum in der Akademie für die Mediation. Olga kam herein, sie trug schwarze Stiefel, die bis über ihre Knie reichten. Ihre Kleidung und Körperhaltung waren schockierend. Jeffrey, Armand und ich fielen fast vom Hocker. Sie war bereit, auf mich loszugehen, aber Armand versuchte in aller Ruhe zu vermitteln. Drei Stunden dauerte das Gespräch.

Ein Thema war die große Belastung für die Kinder aus unseren beiden Familien. Jeffrey fühlte sich alleingelassen. Sein Arbeitsplatz am Kernforschungszentrum füllte ihn nicht mehr aus. Er war kein Spion mehr, und seine Ehefrau hatte seit einem Jahr einen Liebhaber. Er litt unter diesen Umständen. Ich erklärte, ohne die Spionagearbeit zu erwähnen, dass Jeff einen wesentlichen Teil seiner Identität verloren hätte und seit 1990 »nur noch Wissenschaftler« sei. Jeffreys Kräfte würden nachlassen; sich um den Haushalt und die Kinder zu kümmern, würde ihm zu viel werden. Ich erinnerte mich an ein Gespräch, das wir an einem meiner freien Wochenenden von der Akademie geführt hatten Damals hatte Jeff zu mir gesagt, er sei nicht geboren, um den Staubsauger zu benutzen. Ich dachte: Ich auch nicht!

Olga war wütend auf Klaus. Sie lebten ihren gemeinsamen Alltag in Jena, dabei war es immer wieder zu Beziehungsproblemen und heftigen Auseinandersetzungen gekommen. Ich musste zugeben, dass Klaus und ich großes Chaos in unseren beiden Familien angerichtet hatten.

Nach der Mediation vereinbarten Klaus und ich, eine Zeit lang Abstand voneinander zu halten. Wir wollten versuchen, langsam Distanz zwischen uns zu schaffen. Klaus schrieb mir regelmäßig Briefe, ab und zu sprachen wir am Telefon.

Ich fragte mich in den nächsten zwei Monaten: Was ist die erwachsene Liebe? Angst und Liebe waren in meinem Leben wie Yin und Yang ineinander geschmiedet. Allein in meinem Bett an der Akademie liegend, schrieb ich die folgenden Stichworte auf:

- Intim sein
- Lieben und lachen
- Gemeinsame Ziele im Leben haben
- Gemeinsame Ziele für die Zukunft
- Stark für einander sein
- Während Krankheitsphasen stark für meinen Partner sein
- Mich als Frau weiter entwickeln
- Während Trennungsphasen durch seine oder meine Arbeit stark bleiben
- Sehnsucht nach dem Austausch in der Privatsphäre
- Körperliche Sehnsucht
- Innere Sehnsucht nach seinem Körper, seinem Geruch, seinen Händen
- Humorvolle Spiele miteinander im Alltag
- Liebkosen und Zeit für den Partner

Ich überlegte lange: Wäre es möglich, dass Klaus und ich uns einmal im Monat treffen würden, um auf den Wolken zu segeln?

Klaus plante, am 25. April für den Marathon nach Paris zu fahren, und erzählte mir davon. Ich war überzeugt, dass es sinnvoll für mich wäre, dort von ihm Abschied zu nehmen. Er stimmte sofort zu, dass ich mit ihm nach Paris fuhr. Wir trafen uns in Frankfurt und bestiegen mit zwei alten Fahrrädern der Akademie den Zug. Es war unser erster, einziger und letzter gemeinsamer Urlaub.

Paris war, wie immer im April, wunderschön, voller Farben und sehr warm. Die Konditoreien hatten ihre Schaufenster mit Figuren aus Schokolade geschmückt. Ich dachte zurück an das Osterfest 1982, das ich mit Jeffrey und unserem Kind in dieser prächtigen Stadt verbracht hatte, ich erinnerte mich an unsere Gespräche mit IEAL im *Hôtel Ritz*. Mir wurde bewusst, wie sehr sich mein Leben seitdem verändert hatte. Doch ich versuchte, die bedrückenden Gedanken zu verdrängen.

Ich genoss es, wieder in Paris zu sein. Mit unseren Fahrrädern fuhren wir kreuz und quer durch die Stadt, besuchten Trödelmärkte und genossen die Crêpes mit Marmelade. Doch Klaus fand Paris alles andere als bezaubernd, er sah nur eine hässliche Großstadt.

Nach dem Marathon aßen wir in einem Restaurant neben unserem Hotel Pizza. Es war unser Abschied, aber wir wollten danach irgendwie Freunde bleiben.

Zurück in Deutschland schrieben wir einander ab und zu. Wann und wie geht eine erwachsene Liebe zu Ende?

Ein Arbeitsplatz an der Akademie der Arbeit

Nach meinem Abschluss an der Akademie schlug Professor Dieter Döring vor, mich im Lehrbetrieb als Mitarbeiterin für den nächsten Lehrgang zu übernehmen, befristet vom 4. Mai 1993 bis zum 31. März 1994. Döring schrieb in seiner Empfehlung: »Der vorzügliche persönliche Eindruck, den die Dozentenschaft von den Leistungen und den pädagogischen Fähigkeiten von Frau Altman-Schevitz hatte, führte dazu, sie als Assistentin einzustellen. Hervorgehoben werden sollte, dass Bea wiederholt selbst die Initiative ergriff, wenn im Lehrgangsablauf Probleme auftraten, zum Beispiel unser DDR-Podiumsgespräch mit allen Studenten. Wichtig waren auch ihre Anregungen für den Diskurs zwischen den Studenten aus der alten Bundesrepublik und den neuen Bundesländern. Weitere Aktivitäten von Bea bezogen sich auf Erscheinungen der Ausländerfeindlichkeit in der bundesrepublikanischen Gesellschaft sowie Probleme der Rüstungspolitik. Selbstverständlich dient die Tätigkeit als Assistentin auch der wissenschaftlichen Weiterbildung. Frau Altman-Schevitz hat dabei ihr Hauptinteresse auf den Bereich Volkswirtschaft gerichtet.«

Ich war so glücklich, noch ein Jahr in der politischen Bildung bleiben und als Assistentin an der Akademie arbeiten zu können.

Jeffrey freute sich ebenfalls für mich. Wir hatten ein Jahr Zeit gewonnen, um unsere Ehe und Liebesbeziehung zu stabilisieren.

Ich erkundigte mich an der Fachhochschule in Frankfurt, ob ich in Hessen mein Diplom als Sozialpädagogin FH erwerben könne. Im Mai bekam ich einen Termin. Die Professoren waren sehr herzlich und schauten sich an, was ich vorzuweisen hatte: meinen Bachelorabschluss an der Syracuse Universität, mein Handbuch für die US-Armee und mein abgeschlossenes Studium an der Akademie der Arbeit. Sie kamen zu dem Schluss, dass ich sofort einen Studienplatz am Studienkolleg für ausländische Studierende an der Fachhochschule bekommen könne. Alle meine Abschlüsse wurden anerkannt. Mein Wunsch, ein deutsches Diplom zu erlangen, würde sich nun endlich erfüllen. Die Professoren suchten die notwendigen Vorlesungen für mich aus, und schon im Frühjahr 1994 sollte ich mit meiner Diplomarbeit beginnen können. Sollte ich alle Prüfungen bestehen, hätte ich mein Diplom 1995 in der Tasche.

Jeffrey und ich gingen in Karlsruhe in eine Eheberatung. Dort wurde uns geholfen, unsere Probleme zu artikulieren und Lösungen zu finden. Meine berufliche Zukunft stand im Mittelpunkt. Wie weit weg von Karlsruhe könnte ich eine Arbeitsstelle annehmen? Was könnte Jeffrey aushalten? Unser Sohn war sehr glücklich, dass wir wieder als Mom und Dad für ihn da waren.

8. Kapitel

Enttarnung

Hausdurchsuchung und Verhaftung – JEFFREY

Im Frühjahr 1994 änderte sich unser Leben dramatisch. Das Bundeskriminalamt war auf unsere Spur gekommen.

Am 3. Mai klingelte es an unserer Wohnungstür. Ich öffnete. Mehrere BKA-Beamte, geführt von einer Oberkommissarin, standen vor mir. Sie zeigte mir einen Hausdurchsuchungsbefehl, der wegen Verdachts auf geheimdienstliche Tätigkeit für eine fremde Macht ausgestellt worden war.

Ich wusste sofort, dass diese Hausdurchsuchung im Rahmen der Auswertung der »Rosenholzdateien« stattfand. Die CIA hatte Deutschland 1993 die »Rosenholzdateien« zugänglich gemacht, die kurz nach dem Mauerfall aus der MfS Zentrale gestohlen und an die USA verkauft worden waren. Nach der Verhaftung des Ehepaars Rupp, das die NATO auf höchster Ebene infiltriert hatte, wurde mir klar, dass es nur eine Frage der Zeit war, bis auch Bea und ich an der Reihe waren. In den Medien stand, dass in der an Deutschland übergebenen Liste die Deck und dazugehörigen Klarnamen von DDR-Spionen standen. Nach der Verhaftung des Ehepaars Rupp war mir klar, dass es nur eine Frage der Zeit war, bevor Bea und ich an die Reihe kämen.

Ich war nicht nervös, als die Polizei nun nach belastenden Objekten und verräterischem Material suchte, schließlich hatten wir alles vor vier Jahren vernichtet. Zwei »Säckchen« Sachakten und einundzwanzig harmlose Gegenstände wurden sichergestellt, zum Beispiel mein Terminkalender für mehrere Jahre, als ob ich geheime Treffs dort eingetragen hätte. Aber die Polizei konnte unsere Wohnung nicht mit leeren Händen verlassen.

Bea war zwar von unserem HV AKollektiv aufgeklärt worden, dass sie als Frau mit Kind nach einer Enttarnung vielleicht nicht sofort ins Gefängnis gebracht werden würde, aber sicher konnten wir uns darüber nicht sein.

Während der Hausdurchsuchung bat ich die Polizei um die Genehmigung, meine Tochter Tanya in San Francisco anzurufen. Tanya war zu dieser Zeit eine bekannte Journalistin beim San Francisco Chronicle. Sie war überrascht und erschrocken, aber auch gefasst genug, um einen Kollegen zu bitten, die Story zu schreiben. Die Presse in den USA reagierte schnell, da ich als AntiKriegsaktivist der Sechzigerjahre bekannt war und mit meiner jüdischen Herkunft nun in Deutschland verhaftet wurde. Am nächsten Tag standen die Schlagzeilen zu meiner Verhaftung sowie meine Widerlegung der Anklage auf der ersten Seite und wurden durch die Presseagenturen weiterverbreitet. Auch die Zeitungen in meinem Heimatort Wilmington und in Buffalo veröffentlichten die Geschichte.

Schließlich wurde ich zum Bundesgerichtshof gebracht und dem Haftrichter vorgeführt.

Dann war ich weg.

Von der Mai-Feier in den Knast

Zwei Tage vor der Hausdurchsuchung hatte ich in Karlsruhe mit Jeff und unserem Sohn im Tierpark mit Tausenden Arbeitnehmern den 1. Mai gefeiert. Es war ein sonniger, entspannter Tag. Musik wurde gespielt, politische Reden über die Zukunft gehalten, viele Büchertische mit aussortierten Büchern aus der ehemaligen DDR waren aufgebaut. Die Bücher hatte Arno, ein Bekannter aus linken Kreisen, abgeholt. Die Bibliotheken in den neuen Bundesländern warfen nach der Wende viele Bücher weg, anders als am 10. Mai 1933 wurden sie jedoch nicht öffentlich verbrannt. Möglichst viele Publikationen über Sozialismus und Klassenkampf sollten verschwinden. Alles war Geschichte, es sollte Geschichte bleiben.

Alle Mitglieder des Ausländerbeirats nahmen mit ihren Familien und Kindern an der Maifeier teil. Jeffrey war im Beirat weiterhin sehr beliebt und aktiv. Lothar Hüneke hielt seine feurige 1.-Mai-Rede und war glücklich, als er mich wieder in Karlsruhe sah.

Am Tag darauf fuhr ich zu einem Seminar des Deutschen Paritätischen Wohlfahrtsverbandes in der Hessischen Rhön. Das Thema lautete: »Leitungsaufgaben und Führung von sozialen Einrichtungen«. Das Seminarhaus war ruhig und hell mit großen Fenstern und schönen Holzbalken. Nach dem Abendessen wollte ich spazieren gehen. Da stand plötzlich Klaus vor der Tür. Ich erschrak, weil er ohne eine Verabredung aufgetaucht war. In einem Brief an ihn hatte ich erwähnt, dass ich dieses Seminar besuchen würde. Schmalkalden, sein neuer Arbeitsort, war nur eine Stunde entfernt, und er hatte die Gelegenheit sofort genutzt.

Ich ärgerte mich, denn für mich war die Liebesbeziehung beendet. Dennoch spazierten wir eine halbe Stunde durch den nahegelegenen Park. Klaus erzählte mir voller Begeisterung von seiner Arbeit an der Fakultät. Ich blieb distanziert, denn ich wollte das Lebenskapitel mit ihm endgültig beenden. Er spürte meine Kälte und fuhr nach einer Stunde wieder ab.

Ich ging weiter spazieren und dachte darüber nach, wie unsere Beziehung auf diese Weise, mit Kälte und schlechten Gefühlen, hatte zu Ende gehen können.

Ich schlief dennoch gut, fühlte mich am nächsten Morgen stark und freute mich auf den Tag. Alle Seminarteilnehmer frühstückten gemeinsam und gingen dann in den Seminarraum. Gegen zehn Uhr kam eine Frau aus der Verwaltung und bat mich, mit ihr ins Büro zu kommen. Dort standen vier Beamte vom Bundeskriminalamt.

Sie baten die Leitung um ein Büro, in dem sie allein mit mir sprechen könnten. Ich wusste sofort, die Zeit für meine Verhaftung war gekommen.

Einer der Beamten las mir den Haftbefehl vor: »Beatrice Emily Altman, geboren am 13. Oktober 1955 in New York, USA, wohnhaft Gutenbergplatz 1, 76135 Karlsruhe, ist zur Untersuchungshaft zu bringen. Die Beschuldigte ist dringend verdächtig, von 1977 bis mindestens November 1989 in Karlsruhe und andernorts für den Geheimdienst einer fremden Macht, nämlich das Ministerium für Staatssicherheit der ehemaligen DDR, eine geheimdienstliche Tätigkeit gegen die Bundesrepublik Deutschland ausgeübt zu haben, die auf die Mitteilung oder Lieferung von Tatsachen, Gegenständen und Erkenntnissen gerichtet war. Das Vergehen ist strafbar nach Paragraf 99 Absatz 1 Nummer 1 Strafgesetzbuch.« Seit Januar 1977 war ich mir der Gefahr bewusst gewesen, dass dieser Tag kommen könnte. Allerdings gab es nun, 1994, die DDR nicht mehr, und auch die UdSSR war zusammengebrochen. Dennoch hatte ich noch immer die Anweisungen aus dem Kollektiv im Kopf: »Sage gar nichts.«

Etwas ungeniert fragte ich die BKA-Beamten, ob sie etwas zu essen und einen starken Kaffee wollten? Meine Rolle war plötzlich nicht die einer Gefangenen, sondern einer Gastgeberin. Ich bat die Hausleitung, Kaffee und eine Kleinigkeit zu essen zu bringen. Die vier Männer bedankten sich, da sie schon um fünf Uhr ihren Dienst in Karlsruhe angetreten hatten. Um sieben Uhr waren sie bei Jeffrey in der Wohnung gewesen, wo sie festgestellt hatten, dass ich mich nicht in Karlsruhe aufhielt. Sie hatten ihre Leitstelle informiert und waren dann sofort nach Hessen gefahren. Sie erzählten mir später, dass sie extrem schnell fuhren, da sie befürchteten, ich würde die Flucht ergreifen.

Ich wurde nach dem Essen ohne Handschellen ins BKA-Auto gesetzt und nach Fulda gebracht. Dort musste ich eine Nacht in einer Zelle im Polizeirevier verbringen. Die Polizisten waren erleichtert, dass ich keinen Aufstand machte, als ich in die Zelle eingeschlossen wurde, in der sich nur ein karges Betonbett befand. Später bekam ich zwei Decken und eine Tasse Tee. Ich dachte darüber nach, dass ich diese Verhaftung seit 1990 befürchtet hatte. Ich hatte natürlich immer gehofft, die Bundesregierung würde uns nicht enttarnen und wir würden als Familie normal weiterleben. Aber das Risiko war ein ständiger Begleiter gewesen.

In der Nacht in der Zelle dachte ich über zwei Bücher nach: die gesammelten Briefe von Rosa Luxemburg aus dem Gefängnis und Angela Davis' Briefe aus dem Gefängnis. Beide Frauen waren für mich Vorbilder. Natürlich befand ich mich nicht in der Weimarer Republik, nicht in Nazideutschland und auch nicht im Kalifornien Anfang der Siebzigerjahre. In Amerika hätte meine Strafe für Spionage vielleicht zwanzig Jahre Gefängnis betragen. Wäre ich bei meiner Arbeit in der Smiley-Kaserne verhaftet worden, wäre ich sofort in die USA geflogen und in ein Militärgefängnis gebracht worden. Hätte man mich in der südafrikanischen Botschaft verhaftet, wäre ich nach Johannesburg in ein Gefängnis gebracht worden. Fuldas Polizeirevier war dagegen harmlos. Dieser Gedanke, dass es viel schlimmer hätte kommen können, beruhigte mich und ich schlief ein.

Am nächsten Morgen wurde ich mit Kaffee und belegten Brötchen geweckt und um sieben Uhr in einem Dienstwagen nach Karlsruhe gebracht. Im Auto schlief ich ein. Mein Kopf kippte im Schlaf auf die Schulter eines Polizeibeamten neben mir, aber das störte ihn nicht. Im Gegenteil. Er ließ mich weiterschlafen.

Das Polizeiauto fuhr zur Bundesanwaltschaft beim Bundesgerichtshof. Dort wurde ich in ein Zimmer gebracht, in dem mir mein Haftbefehl laut und deutlich vorgelesen wurde: »Frau Altman war Inoffizielle Mitarbeiterin des Referats 1 der Abteilung I der Hauptverwaltung Aufklärung des MfS. Dieser Abteilung oblag die Bearbeitung des Staatsapparats der Bundesrepublik (außer militärischen Objekten und Geheimdiensten).«

Es fiel kein Wort über meine Tätigkeit in der südafrikanischen Botschaft oder bei der US-Armee in Karlsruhe. Ich dachte: Okay, hör zu, was noch kommt. Ein Herr Schmidt von der Bundesanwaltschaft betrat den Raum. Er war etwa vierzig Jahre alt, ein hübscher Mann mit blonden Haaren. Sehr freundlich las er weiter: »Die bisherigen Ermittlungen begründen den dringenden Verdacht folgenden Sachverhalts: Die Beschuldigte (Deckname ›Lares‹ – MfS-Reg.-Nr. XV 248/77) arbeitete gemeinsam mit ihrem Ehemann, dem gesondert Verfolgten Dr. Schevitz (Deckname ›Robert‹), als sogenannte Residentur im Operationsgebiet für die HV A I.«

Es war ein komisches Gefühl, so öffentlich vom Bundesanwalt Schmidt als »Lares« bezeichnet zu werden.

Niemand außerhalb unseres Kollektivs hatte bisher meinen Decknamen gekannt.

Er las weiter: »Dr. Schevitz, von 1976 bis 1980 Assistenzprofessor an der Freien Universität Berlin und ab Mai 1980 Wissenschaftlicher Mitarbeiter im Kernforschungszentrum Karlsruhe, beschaffte Informationen und Unterlagen aus seinen verschiedenen Tätigkeitsbereichen (unter anderem zur Kernenergiepolitik der USA und der Bundesrepublik). Die Beschuldigte fungierte als Kurierin und transportierte das von ihrem Ehemann gewonnene Material zu einem ihrer gemeinsamen Führungsoffiziere, dem MfS-Major Willy A., nach Ostberlin.«

Dann erklärte mir Herr Schmidt laut und eindringlich: »Die Beschuldigte muss im Falle ihrer Verurteilung wegen des Gewichts der Tat und der langen Dauer ihrer Verratstätigkeit mit einer nicht unbeträchtlichen Freiheitsstrafe rechnen.«

Er betonte immer wieder, er wisse »alles« über mich, und ich solle hier und heute »alles« zugeben. Ein zweiter Beamter kam hinzu und sagte dasselbe, allerdings in einem weniger höflichen Ton.

Mein erster Gedanke war: So viel wissen sie nicht über mich, sonst würden sie nicht so viel Druck ausüben. Aus alten Filmen über Strafprozesse in Deutschland und in Amerika, beispielsweise den von Angela Davis, sowie über Steve Bikos Prozess in Südafrika wusste ich, dass man am besten gar nichts sagt. Von mir würde Herr Schmidt nichts erfahren, weder heute noch in Zukunft. Ich hörte still zu, bis er fertig war, dann verlangte ich, sofort meine Rechtsanwältin Aune Riehle aus Karlsruhe zu sprechen. Jeffrey und ich kannten Aune gut, weil sie bereits seit Jahren mit dem Ausländerbeirat zusammenarbeitete. Ihr Sohn war im gleichen Alter wie unserer. Sie hatte viele Fälle von Asylsuchenden vertreten, aber »Spionage für eine fremde Macht« gehörte bisher nicht zu ihrem Arbeitsfeld. Es war um die Mittagszeit, als ich in ein Zimmer geführt wurde, in dem schon Jeffrey saß. Ich hatte ihn seit unserer Festnahme nicht gesehen. Wir nutzten die Gelegenheit, um uns sofort fest zu umarmen. Beim Mittagessen, das wir unter Beobachtung gemeinsam einnehmen durften, erzählte mir Jeff von der Hausdurchsuchung und seiner Verhaftung. Er sagte mir auch, dass er vom Rechtsanwalt Armin Zielinski vertreten werde.

Nach dem Mittagessen wurden Jeff und ich gemeinsam dem Haftrichter Maier vorgeführt. Unsere Rechtsanwälte waren anwesend. Richter Maier erklärte uns, dass Jeffrey als Agent eine herausragende Stellung als Führungs-IM gehabt habe und sofort in die Untersuchungshaft gebracht werden würde. Diese sollte er in Hohenasperg antreten. Die Festung Hohenasperg dient bereits seit dem achtzehnten Jahrhundert als Gefängnis und seit 1968 als Justizvollzugskrankenhaus. Ich war sehr beruhigt. Jeffrey würde dort sein Insulin bekommen, und sollte er ernsthaft krank werden, gab es Ärzte, die sich um ihn kümmern würden.

Jeffrey wirkte äußerlich ruhig, aber ich erkannte an seinem Verhalten, wie aufgeregt er war. Der Richter äußerte sogar, dass er erstaunt sei, dass wir nicht extrem nervös wären. Jeffrey bat sofort darum, Kontakt zur CIA aufnehmen zu dürfen. Diese müsse darüber informiert werden, was passiert war und in welches Gefängnis er gebracht werde. Sein Wunsch wurde notiert. Richter Maier ließ erkennen, dass wir beide mit Respekt behandelt werden sollten.

Anschließend an die gemeinsame Haftvorführung war ich mit Richter Maier und meiner Rechtsanwältin allein. Der Richter las erneut aus dem Haftbefehl vor. Mir wurde weiterhin nur zu Lasten gelegt, dass ich die von Jeffrey gewonnenen Informationen als Kurierin nach Ostberlin transportiert hatte. Mich wunderte, dass meine Arbeit bei den US-Streitkräften in Karlsruhe nicht erwähnt wurde. Offensichtlich hatte das BKA nicht in der Smiley-Kaserne ermittelt.

Richter Maier las weiter: »Die Beschuldigte muss im Falle ihrer Verurteilung wegen des Gewichts der Tat und der langen Dauer ihrer Verratstätigkeit mit einer nicht unbeträchtlichen Freiheitsstrafe rechnen, deren Aussetzung schon wegen ihrer Höhe von Gesetzes wegen nicht in Betracht kommt. Die Beschuldigte verfügt über eine qualifizierte Ausbildung und – als Amerikanerin – über Fremdsprachenkenntnisse und persönliche Kontakte, die ihr ohne weiteres eine Existenz insbesondere im englischsprachigen Ausland ermöglichen. Dass die Ausbildung der Beschuldigten inhaltlich auf die Verhältnisse in Deutschland zugeschnitten ist, ist nicht geeignet, dem bestehenden Fluchtanreiz wirksam zu begegnen. Auch nicht die familiären Bindungen, die die Beschuldigte selbst angegeben hat: Sie hat in Deutschland keine sonstigen Familienangehörigen. Zudem ist davon auszugehen, dass sie in den USA Aufnahme fände, von wo aus ihr keine Auslieferung in die BRD droht.«

Während Richter Maier las, sah ich den Bundesanwalt Schmidt in das Büro hineinschleichen. Schmidt hatte meinen Haftbefehl formuliert und wollte nun beobachten, wie ich darauf reagierte. Im Haftbefehl hieß es weiter: »Auch Verdunklungsgefahr ist hier zu bejahen.

Bei Straftaten von der Art, wie sie der Beschuldigten angelastet werden, liegt diese Gefahr im Allgemeinen offen zutage, weil die Beteiligten von ihren Auftraggebern regelmäßig zu konspirativen Vorgehen angewiesen und darin auch häufig geschult wurden.«

In gewissem Sinne hatten sie recht. Von Anbeginn war ich darin trainiert worden, wie ich mich bei einer Verhaftung zu verhalten hätte.

Zum Schluss erklärte der Richter, man werde noch weiter ermitteln müssen, wie hoch unser Verrat gewesen sei. Weil man »die Gefahr verschleiernder Absprachen« befürchte, sei es wichtig, uns beide in Untersuchungshaft zu setzen.

Erstaunlicherweise hatte ich kaum Angst und legte sofort mit meiner Erwiderung los: Ich müsse mich um meinen Sohn kümmern. Außerdem müsse ich in den nächsten drei Wochen unbedingt meine Seminare an der Fachhochschule in Frankfurt am Main abschließen. Ich erklärte Richter Maier, wie wichtig mein Diplom als Sozialpädagogin sei, um meine Familie in Zukunft zu ernähren. Ich hätte auch keineswegs vor zu flüchten, da mein Mann in Amerika nicht krankenversichert werden würde. Unser Lebensmittelpunkt sei seit 1975 Deutschland, und wir wollten hier bleiben. Unser Sohn brauche meine Unterstützung, um sein Schuljahr zu Ende zu bringen.

Dann erzählte ich Richter Maier, dass meine Mutter am 10. Mai nach Deutschland kommen würde. Dieser Besuch war seit Weihnachten geplant, gebucht und bezahlt. Ich erklärte ihm, wie viel Angst sie vor Deutschland und den Deutschen habe, weil ihr die Gräuel der Nazis noch sehr präsent wären. Sie würde trotzdem herkommen, und ich wollte diesen Kontakt zu ihr besonders jetzt haben. Richter Maier war sprachlos.

Der Besuch meiner Mutter und mein Bestreben, in Deutschland als Sozialpädagogin zu arbeiten, machten ihn nachdenklich. Er bat uns um eine Pause und ging hinaus, um ausführlich mit Herrn Schmidt zu diskutieren. Kurz danach kamen die beiden Männer zurück.

Der Richter erklärte, dass die Bundesanwaltschaft und er meiner Bitte stattgeben würden. Ich müsse mich ab sofort alle drei Tage bei der Polizei melden, sofort nach meinen Seminaren in Frankfurt zurück nach Karlsruhe in meine Wohnung fahren und mich dort aufhalten.

Richter Maier und Herr Schmidt erklärten mir, dass dies eine große Ausnahme sei. Normalerweise dürfe niemand, für den Untersuchungshaft angeordnet sei, in ein anderes Bundesland fahren. Ich solle nicht unterschätzen, wie großzügig er und Herr Schmidt zu mir seien.

Aune Riehle und ich bedankten uns und wurden hinaus begleitet.

Unterstützung durch Freunde und Familie

Nachdem ich mit Aune Riehle den Haftrichter Maier verlassen hatte, war ich erleichtert. Ich musste nicht in die Untersuchungshaft und würde mein Studium ordentlich abschließen können. Als Erstes ging ich zur Bank, weil ich befürchtete, unser Konto würde gesperrt werden. Ich hob achthundert D-Mark ab und war erst einmal beruhigt. In Gedanken machte ich eine Checkliste:

- Wo ist unser Kind?
- Wen soll ich kontaktieren?
- Wer soll wissen, was passiert war?
- Können wir unsere Wohnung behalten?
- Wer wird mich unterstützen?
- Was sage ich meiner Mutter???

Der Sitz der Bundesanwaltschaft in Karlsruhe war nur drei Kilometer von unserer Wohnung entfernt. Das erwies sich als Vorteil, weil ich regelmäßig mit dem Fahrrad zu Richter Maier und Bundesanwalt Schmidt fahren konnte.

Wir aßen bei unserer Nachbarin Barbara zu Abend. Unser Gespräch war extrem lebendig, weil wir so viele Gedanken austauschten. Barbara hatte bereits angefangen, eine Liste zu erstellen und die Namen von

Freunden aus der linken Szene, dem Ausländerbeirat, Jeffreys Kollegen am Kernforschungszentrum und im Betriebsrat notiert.

Nun überlegten wir, wie uns die Freunde unterstützen könnten. Wir mussten schnell ein Team aufbauen, um alles Wichtige in Ruhe zu erledigen. Barbara wollte alle persönlich anrufen und ein Spendenkonto für Jeffrey einrichten.

Meine Mutter rief an. Sie hatte im Radio WBEN von unserer Verhaftung gehört. Nun war sie glücklich zu hören, dass ich wieder zu Hause bei unserem Kind war. Sie erzählte, dass sie bereits meinen Cousin Alan, der als Rechtsanwalt in Buffalo arbeitete, angerufen hätte, um ihn zu fragen, ob sie trotz unserer Verhaftung nach Deutschland fliegen solle. Sie fühlte sich sicher in Buffalo, aber wegen der Reise hatte sie Angst. In ihrem Kopf herrschte wieder die Vorstellung von Nazi-Deutschland vor. Mein Cousin Alan hatte ihr den Rat gegeben, nicht zu fliegen, sie könne sonst auch ins Gefängnis kommen. Ich fand diesen Rat wenig hilfreich. Unser Junge sprach ebenfalls mit seiner Oma und bat sie, nach Karlsruhe zu kommen. Es gelang ihm schnell, sie zu überzeugen. Wir beide machten ihr deutlich, dass die Bundesrepublik Deutschland ein Rechtsstaat sei. Wir erklärten ihr, dass wir zwei sehr gute Rechtsanwälte in Karlsruhe gefunden hätten, die verhindern würden, dass sie im Gefängnis landete.

Im Anschluss an unser Telefonat rief meine Mutter meinen Halbbruder Armand an. Sie bat ihn, nach ihrer Rückreise aus Deutschland zu uns nach Karlsruhe zu kommen, um uns zu unterstützen. Sie würde seinen Flug und Aufenthalt bei uns bezahlen.

Ich fand diese Idee sehr gut für uns alle. Unsere Verteidigung könnten wir am besten im gemeinsamen Gespräch als Familie planen und durchführen.

Wir erhielten auch viel Beistand aus unserem Umfeld in Karlsruhe. Am nächsten Morgen rief Lothar Hüneke vom DGB an, um mir seine Unterstützung anzubieten. Er bedauerte sehr, dass wir verhaftet worden waren. Lothar stand hinter uns und äußerte kein einziges Wort gegen unsere Agententätigkeit. Er war froh, dass ich nicht in Untersuchungshaft saß. Barbara informierte mich, dass bereits die erste Spenden eingegangen waren und weitere Freunde Geldspenden angekündigt hatten. Zwei von Jeffreys Kollegen aus dem

Kernforschungszentrum Karlsruhe riefen an und boten mir ihre Unterstützung an, ebenso der Betriebsratsvorsitzende.

Am 8. Mai fuhr ich mit dem Auto nach Frankfurt am Main. Auf der Autobahn bemerkte ich, dass ich von einem Auto mit BKA-Beamten verfolgt wurde. Vielleicht dachten sie, ich wollte mich mit Mitgliedern unseres Kollektivs treffen. Sie wurden enttäuscht. Ich war ausschließlich auf dem Weg zur Fachhochschule.

Gleich nach meinen Seminaren führte ich mehrere Gespräche. Zuerst besuchte ich Professor Walter Kiehl, einen linken Sozialdemokraten und Antifaschisten. Er wollte mir sofort helfen. Ich wollte wissen, wie ich die Wohnung und das Auto halten könne. Jeffrey bekam kein Gehalt, und ich war arbeitslos, nachdem meine Stelle bei der Akademie der Arbeit im März ausgelaufen war. Karlsruhe war mein erster Wohnsitz, aber in Frankfurt hatte ich meinen zweiten Wohnsitz angemeldet. Wir machten eine Aufstellung, alle Ausgaben und Einnahmen wurden überprüft. Das Auto könnte ich abmelden.

Alle Versicherungen sollte ich ruhen lassen, bis der Prozess zu Ende wäre. Wohngeld stand uns als Familie in Karlsruhe zu. Er riet mir, sofort zur Wohngeldstelle zu gehen. Ich solle mich nicht dafür schämen, dass Jeffrey in Untersuchungshaft saß.

Als Nächstes sprach ich mit meiner Professorin Wiebke Wüstenberg, sie betreute meine Diplomarbeit. Auch sie verstand meine Situation und handelte schnell. Wir vereinbarten, dass ich meine Arbeit im September abgeben könne.

Das letzte Gespräch führte ich mit Professor Saldo. Er kannte mich am längsten durch mein Handbuch für die US-Armee. Auch er sagte mir sofort seine Unterstützungen zu.

Nach diesen Gesprächen war ich erleichtert. Ich fuhr zurück nach Karlsruhe, wieder mit Begleitung der BKA-Beamten.

Jeffs Erinnerung an die Vorführung vor den Haftrichter

Zwei Wochen nach unserer Haftvorführung bekam ich einen Brief von Jeffrey aus Hohenasperg, den mir sein Rechtsanwalt Armin Zielinski bei einem Besuch übergab. Jeffrey schrieb mit seinem typischen Humor, wie er die Vorführung beim Haftrichter Maier erlebt hatte:

»Wir beide haben oft im Fernsehen gesehen, wie ehemalige HV A-Angerhörige nach der Verhaftung mit Hubschraubern zum Gelände des Bundesgerichtshofs nach Karlsruhe geflogen wurden. Wir beide hatten nicht die Ehre, mit dem Hubschrauber zu fliegen. Du musstest drei Stunden mit dem Auto gefahren werden. Für mich war es nur eine kurze Autofahrt von unserer Wohnung zum Bundesgerichtshof.

Ebenso wie du war ich lange innerlich auf diesen Moment der Vorführung vorbereitet gewesen. Richter Maier hat mir die Anklage vorgelesen: ›Verdacht auf geheimdienstliche Agententätigkeit‹. Durch die Ermittlungen des BKA wusste Maier, dass ich ein Führungs-IM der HV A 1 gewesen war. Er sagte: ›Sie waren hoch geschätzt von der DDR, mein lieber Dr. Schevitz. Immerhin haben die Akten der HV A angegeben, dass Sie über die Jahre dreizehn Ordner voll Informationen geliefert hatten.‹

Aus einer Richtlinie des MfS, der ›Richtlinie 1/79 für die Arbeit mit Inoffiziellen Mitarbeitern (IM) und Gesellschaftlichen Mitarbeitern für Sicherheit (GMS)‹ vom

8. Dezember 1979, las er mir vorwurfsvoll vor, was von mir als Führungsoffizier erwartet worden sei:

›Führungs-IM sind IM, die im Auftrag des MfS andere, ihnen übergebene IM [...] führen. Ihr Einsatz und der Einsatz der ihnen übergebenen IM hat vorrangig zur komplexen politisch-operativen Sicherung von Bereichen, Territorien, Objekten und Personenkreisen zu erfolgen. Sie sind einzusetzen zum

- Lösen von Aufgaben der Zusammenarbeit mit den ihnen übergebenen IM [...]. Das betrifft die relativ selbständige Erziehung und Befähigung, die Auftragserteilung und Instruierung, die qualifizierte Trefftätigkeit und Verbindungshaltung, die Gewährleistung des Schutzes, der Konspiration und Sicherheit der übergebenen IM und GMS sowie die Realisierung von Teilaufgaben zu deren Überprüfung,

- eigenständigen Erarbeiten operativ bedeutsamer Informationen entsprechend ihren objektiven Voraussetzungen und subjektiven Möglichkeiten [...].

Wesentliche Anforderungen an FIM sind:

- eine solche berufliche oder gesellschaftliche Tätigkeit und Stellung sowie Belastbarkeit, die für einen längeren Zeitraum die Gewähr für eine konspirative Arbeit bieten einschließlich der dazu erforderlichen Zeit,
- ein fester Klassenstandpunkt, ein klares Feindbild sowie Grundkenntnisse des Marxismus-Leninismus, um die Strategie und Taktik der Partei zu verstehen,
- die in der bisherigen politisch-operativen Arbeit unter Beweis gestellte Zuverlässigkeit, Ehrlichkeit und ein ausgeprägtes Verantwortungsbewusstsein,
- Erfahrungen und Fähigkeiten in der Erziehung und Führung von Menschen,
- ausreichende politisch-operative Erfahrungen und Ausbildung in der Arbeit als IM, vor allem in der Beherrschung der Regeln der Konspiration,
- Einschätzungs- und Urteilsfähigkeit, geistige Beweglichkeit sowie Selbstständigkeit und Ausdauer,
- Kenntnisse über die zu sichernden Bereiche, Territorien, Objekte und Personenkreise.‹

Nach diesem Vortrag des Richters fühlte ich mich geschmeichelt. So hatten mich also meine Genossen und ihre Vorgesetzten gesehen. Der Wert unserer langwierigen Arbeit und die Risiken, die wir auf uns genommen hatten, wurden bestätigt.

Nach dieser Einschätzung meiner Agententätigkeit konnte ich verstehen, dass Richter Maier mich am liebsten in eine mittelalterliche Festung einsperren wollte. Er befahl, mich in die Untersuchungshaft in das Justizvollzugskrankenhaus Hohenasperg zu bringen. Es existiert ein Spruch über Hohenasperg: ›Es dauert nur fünf Minuten, um hinaufzukommen, aber Jahre, um wieder hinunterzugelangen.‹«

Für Jeff sollte es nur vier Monate dauern, um von Hohenasperg hinunterzugelangen. Diese vier Monate würden allerdings viele neue Erfahrungen und Begegnungen mit sich bringen. Seine Gedanken, so schrieb Jeffrey, würde er besser nicht laut äußern. Er wollte niemandem den Eindruck vermitteln, dass er die Vorwürfe gegen sich auf die leichte Schulter nehme.

Untersuchungshaft in der Festung Hohenasperg – JEFFREY

Ich wurde in die Kleiderkammer geführt, in der ich meine Habe abzugeben hatte. Ich bekam graue und blaue Häftlingskleidung, die für alle Gefangenen gleich ist. Ziel dessen ist, dass man auch seine individuelle Identität am Gefängniseingang abgibt. Natürlich tat ich das nicht. Ich, der Haftrichter und die BKABeamten wussten, wer ich war: ein Führungsoffizier des DDRAuslandsgeheimdienstes und ein Antifaschist.

Nach einem Tag in meiner Zelle kam ein Kalfaktor vorbei, der im Gefängnis Hilfsdienste leistete und einen Wagen mit auszuleihenden Büchern vor sich herschob. Darunter war ein Buch über die Geschichte der Burg Hohenasperg. Ich begann sogleich zu lesen: Zu Beginn der Zeit des Nationalsozialismus, im Frühjahr und Sommer 1933, waren hier zahlreiche katholische, sozialdemokratische und kommunistische Hitlergegner inhaftiert und gefoltert worden. Mindestens einhunderteins Gefangene, von denen zwanzig Namen durch die Vereinigung der Verfolgten des Naziregimes – Bund der Antifaschistinnen und Antifaschisten ermittelt werden konnten, waren aufgrund des extrem harten Strafvollzugs gestorben. Ihrer wird mit einer Gedenktafel auf dem Gefangenenfriedhof gedacht. Ich spürte eine Verbundenheit mit diesen Menschen. Auch ich war in Haft wegen meines Eintretens für den Erhalt und Weiteraufbau einer antifaschistischen sozialistischen Gesellschaft.

Zudem wurde das Gefängnis bei den ersten zentral geplanten Deportationen von Sinti und Roma aus ganz Südwestdeutschland westlich des Rheins im Mai 1940 als Zwischenstation für inhaftierte Familien genutzt. Zumindest bis Anfang 1943 diente Hohenasperg als Durchgangsstation für Sinti unter anderem in das »Zigeunerfamilienlager« des Konzentrationslagers AuschwitzBirkenau, in dem die Häftlinge ermordet wurden.

Ich war stolz, Teil der Geschichte eines Gefängnisses zu sein, in dem der bekannte Dichter Christian Friedrich Daniel Schubart von 1777 bis 1787 ohne Verhör, Anklage oder Urteil eingekerkert gewesen war. Aus den Zeilen seines Gedichts »An den Frieden« habe ich Kraft geschöpft:

Friedensgöttin, komm, ich flehe
Dir mit hochgehobner Hand,
Komm herab von deiner Himmelshöhe,
Dich bedarf mein armes Vaterland.

Im Gegensatz zu Schubart, der 1781 von Friedrich Schiller besucht worden war, hatte ich auf Hohenasperg keine berühmten Besucher. Immerhin kam regelmäßig mein Anwalt Armin Zielinski – er konnte mir mehr helfen als ein bekannter Schriftsteller. Armin leistete mir nicht nur juristischen, sondern auch emotionalen Beistand. Ich kann mich zwar nicht daran erinnern, dass mir Armin bei der Vorbereitung der Ermittlungsverhöre viele nützliche Ratschläge gab, aber die jahrelange Vorbereitung und der detaillierte Aufbau meiner Legende hatten mir bereits den Weg durch die Haft gewiesen. Obwohl ich auf mich selbst gestellt war, wusste ich mein Kollektiv und meine Frau im Schatten hinter mir.

Mein Schatten Bea war mehrmals zu Besuch. Obwohl wir nicht über die Anklage sprechen durften, konnte sie einmal sogar auf meinem Schoß sitzen und mein Bein streicheln. Plötzlich dachte ich nicht mehr an Spionage, sondern spürte die Erotik des Augenblicks zwischen uns.

Meine Mutter besucht uns in der Krise

In den nächsten vier Monaten sollte ich ständig von BKA-Beamten in Zivil verfolgt werden, aber ich musste diese Tatsache akzeptieren. Vielleicht hofften sie, auf diese Weise meinen HV A-Kontakten auf die Spur zu kommen. Andererseits gab es die HV A seit 1990 nicht mehr, viele Top-Spione waren verhaftet worden, viele saßen bereits länger im Gefängnis. Womöglich wollten sie mich mit ihrer Verfolgung auch nur beunruhigen.

Ich hatte die Auflage bekommen, mich alle drei Tage beim Polizeirevier um die Ecke zu melden. Die Beamten dort waren nett zu mir. Ich musste nur meinen Namen eintragen, ein Ritual, und wurde stets mit Respekt behandelt.

Mein Antrag auf Wohngeld wurde sofort genehmigt. Die Wohnungsgröße und die Miete waren für unsere Familie angemessen. Sogar unser gebrauchtes Auto durften wir behalten. Ich bekam umgehend Arbeitslosengeld. Unser Versicherungsvertreter, der uns gut kannte, riet mir, alle Versicherungen zu behalten, aber die Beiträge bis zum Prozessende ruhen zu lassen.

Am 10. Mai kam meine Mutter in Frankfurt an. Trotz unseres Kummers waren wir glücklich, dass sie da war. Die Notsituation schweißte uns zusammen. Meine Mutter hatte bereits vieles in ihrem Leben durchgestanden, aber eine in Deutschland der Spionage angeklagte Tochter war Neuland für sie. Ich erklärte ihr, dass wir niemals in der Wohnung über unsere Situation reden durften. Solche Themen könnten wir nur bei Spaziergängen oder im Restaurant besprechen. Meine Mutter hatte genügend Spionagefilme gesehen und akzeptierte diese Tatsache umgehend.

Für ihren vierwöchigen Aufenthalt liehen wir uns wieder einen Rollstuhl aus, mit dem meine Mutter gut unterwegs sein konnte, um den Park, die Einkaufsbummel und den Markt zu genießen. Sie holte jeden Tag etwas Süßes von der Bäckerei am Gutenbergplatz und wählte alle drei Tage eine neue Brotsorte aus. Deutsches Vollkornbrot gab es in Buffalo nicht. Da sie von 1939 bis 1942 in einer deutschen Metzgerei in Buffalo gearbeitet hatte, war sie zudem sehr glücklich, nun vier Wochen lang die verschiedenen Würste ausprobieren zu können.

Meine Mutter wollte alles über unsere Spionagearbeit hören. Ich berichtete ihr in den nächsten Tagen davon, blieb allerdings bei unserer Legende: Jeffrey und ich waren nach offizieller Lesart Doppelagenten. Sie hörte gespannt zu und erklärte mir, dass mein Onkel Gordon schon 1977 so etwas vermutet hätte. Sie war sehr erleichtert zu erfahren, dass Jeffrey im Gefängnis Hohenasperg medizinisch betreut wurde. Ihre Angst war groß, dass sein Diabetes, verbunden mit dem Stress, gefährlich Folgen haben könnte.

Vor der Reise hatte meine Mutter dreitausend US-Dollar in ihre Unterwäsche eingenäht. Diese gab sie mir nun. Wir sollten drei Monate damit auskommen.

Sie wollte Jeffrey im Gefängnis besuchen. Sein Anwalt organisierte eine Sondererlaubnis, und wir fuhren gemeinsam hin. Bei der Eingangskontrolle wurden uns die Handtaschen abgenommen, und wir wurden durchsucht. Für meine Mutter war es wirklich wie in einen Agentenfilm, die Prozedur beunruhigte sie absolut nicht. Sie war plötzlich eine Schauspielerin in unserem Familien-»Spionagefilm«. Sie würde ihrer Seniorengruppe in Buffalo nach ihrer Rückkehr so viel zu erzählen haben.

Nach einer halben Stunde im Wartezimmer durften wir zu Jeffrey. Zwei BKA-Beamte saßen am Tisch neben uns. Jeffrey war sehr aufgeregt, aber froh, uns beide zu sehen. Er erzählte viel über seine Mitgefangenen. Ich hielt seine Hände und sah in seinem Gesicht, dass der Aufenthalt im Gefängnis für ihn nicht außerordentlich hart war. Insulin hatte er, die Fußballweltmeisterschaft, die 1994 in den USA ausgetragen wurde, war in vollem Gange, und er konnte sich alle Spiele mit seinen Haftgenossen anschauen. Bevor wir gingen, wollte meine Mutter unbedingt, dass wir gemeinsam mit Jeffrey beteten. Wir hielten uns am Tisch an den Händen, und sie trug laut das Gebet vor. Ich konnte auf Jeffs Gesicht ablesen, wie tief ihn das bewegte.

Unser Besuch hatte vierzig Minuten gedauert, dann durften wir einander umarmen und uns verabschieden. Ich wusste in meinem Herzen, dass Jeffrey alles gut überstehen würde.

Zellengenossen – JEFFREY

Hohenasperg ist ein multikulturelles Gefängnis. Gefangene verschiedener Nationalitäten sind dort untergebracht. In meinen vier Monaten dort waren ein Libanese, ein Deutscher, ein Roma und ein Engländer meine Zellengenossen. In benachbarten Zellen saßen ein ehemaliger Sandinist der nicaraguanischen Befreiungsfront, ein Türke, der sich als Kalfaktor recht frei im Flur bewegen durfte, und ein bürgerlicher Wirtschaftskrimineller. Für einen promovierten Soziologen wie mich stellte dieser Ort eine Fundgrube dar und ermöglichte »Participant Observation« (teilnehmende Beobachtung) im wahrsten Sinne! Dorado, ein großer, redseliger, stolzer RomaMusiker, belegte das Bett neben mir. Ein Freund aus dem Kernforschungszentrum hatte mir Kassetten mit Musik von Django Reinhardt geschickt, Dorado und ich hörten sie gemeinsam an, während er mir Geschichten von Roma und Sinti-Musikern erzählte. Dorado hatte gelegentlich selbst in einer Gruppe gespielt. Es war selbstverständlich, dass Dorado in Anbetracht der Verfolgung und Vernichtung der Roma durch die Nazis ein Antifaschist war. Ich genoss Ansehen bei ihm, weil er meinen Mut als Spion würdigte. Er hatte nichts gegen die DDR. Dorado war ein lustiger Mensch und Entertainer, und es machte ihm Spaß, in Rollenspielen mit mir für meinen Prozess zu üben. Dabei saß ich mit einer MikrofonAttrappe auf seiner Bettkante, und wir führten »Rundfunk Interviews« durch.

Wütend und fassungslos reagierten wir, als wir erfuhren, dass es sich bei dem kränkelnden, alten Mann, der regelmäßig an unserer Zellentür vorbei zur Dusche schlurfte, um den NaziKriegsverbrecher Josef Schwammberger handelte. Schwammberger war KZ-Kommandant und SSOberscharführer gewesen. Er hatte laut Gerichtsurteil willkürlich aus Rassenhass gemordet, gegenüber Juden hatte er dabei besonders grausam gehandelt. Bei Menschen, die ihm persönlich negativ aufgefallen waren, hatte er immer wieder drei von ihm bevorzugte Strafmethoden praktiziert: Er prügelte seine Opfer und peitschte sie aus, meist nachdem sie sich ausziehen mussten, zudem hetzte er seinen abgerichteten Schäferhund Prinz auf sie und zwang sie, ihren eigenen Kot oder Erde herunterzuwürgen. Schwammberger hatte sich nach dem Krieg nach Argentinien abgesetzt. Dort war er entdeckt und 1990 ausgeliefert worden.

Der frühere SandinistaKämpfer Artur und ich beschlossen, Schwammberger unseren Ärger und unsere Wut ins Gesicht zu sagen. Wir marschierten in seine Zelle und schrien ihn an. Ich war überwältigt von meinem Hassgefühl und hätte diesen NaziMörder am liebsten umgebracht. Aber seine offensichtliche körperliche Schwäche brachte mich zur Vernunft. Er war erschrocken in sein Bett gesunken, die Wachleute kamen und drohten, uns zu verlegen.

Bis dahin hatte ich als Treppenputzer gearbeitet und mich dabei frei auf dem Flur bewegen können. Diesen Job verlor ich nun. Ich wurde in meine Zelle verbannt. Doch Dorado und unsere Mitgefangenen aus den anderen Zellen hatten uns nach unserer Aktion zugejubelt. Ab diesem Zeitpunkt war ich im ganzen Gefängnis bekannt.

Ich durfte täglich eine Stunde in den Hof gehen. Weil die Aussicht dort schön war, machten die Hofgänge meinen Zwangsaufenthalt erträglicher. Doch es schmerzte mich, immer wieder zu spüren, dass meine Bea unerreichbar blieb. Freude machten mir die Tischtennisspiele mit den Wachleuten. Der energische Ballwechsel mit meinem Gegner bereitete mich physisch und psychisch auf das spätere Duell mit dem Strafrichter vor. Kontrolle über den Tischtennisball auszuüben, erinnerte mich daran, dass ich auch im Gerichtssaal die Kontrolle nicht verlieren dürfte. Mit dem Spiel trainierte ich vier Monate lang, auf meinen Füßen schnell und wendig zu bleiben. Ich wurde Meister unter den Mitgefangenen, in den meisten Spielen besiegte ich auch die Wachleute.

Wir Gefangenen gestalteten unser tägliches Leben gesellig. Ich litt nicht unter Einsamkeit. Wir kauften oft Tortenböden in unserem kleinen Laden, belegten sie mit gefrorenen Erdbeeren und gaben Tortenguss darauf. Ein erfahrener Gefangener hatte einen Tauchsieder aus Drähten gebastelt: Er steckte diese Drähte in die Steckdose, was manchmal von Funken begleitet wurde, und kochte uns Wasser für löslichen Kaffee.

Die Gefangenen nebenan hatten heimlich ein Loch in die Wand zwischen unseren Zellen gebohrt, um zu kommunizieren. Der Durchbruch wurde von uns allen gefeiert. Das Bohrloch wurde auch als Schleuse benutzt, um Erdnussbutter auf einem Essstäbchen sowie Haschisch und andere Drogen hindurchzureichen. Aki, der türkische Kalfaktor, der durchaus von allen gemocht wurde, organisierte die Lieferungen. Wenn nur Erdnussbutter auf einem Holzstäben erschien, war das für alle lustig. Wenn aber der Libanese den durchgereichten Hasch in der Toilette rauchte oder sich der Deutsche, der an Morbus Crohn litt, nach der Einnahme von Kokain in der Toilette übergab, hört es auf, lustig zu sein. Der Drogenkonsum verwandelte die Freundlichkeit in Aggressivität. Einmal musste ich den jüngeren Deutschen auf den Boden werfen, um ihn zu beruhigen. Beim Libanesen hatten bereits meine physischen Drohungen den gewünschten Beruhigungseffekt.

Eine besondere Bindung

In der dritten Woche ihres Besuchs in Karlsruhe fragte uns meine Mutter, ob wir gemeinsam einen Ausflug nach Holland machen wollten. Ich durfte Karlsruhe nicht verlassen. Wir baten Jeffreys Freund Leonard Henny, ob unser Sohn und seine Oma auf seinem Hausboot übernachten könnten. Leonard stimmte herzlich zu.

Leonard, der viele Dokumentarfilme auf der Leipziger Filmwoche gezeigt hatte, erzählte meiner Mutter und unserem Sohn, dass er verstand, was Jeffrey 1976 bewegt hatte, sich für die Spionagearbeit zu entscheiden. Er hatte selbst Kontakt zur HV A gehabt, durch das Leipziger Filmfest, hatte eine Zusammenarbeit aber abgelehnt.

Nach vier Wochen »Urlaub« in Deutschland und Holland brachten wir meine Mutter zum Flughafen in Frankfurt und verabschiedeten uns von ihr. Die Wochen bei ihr hatten uns stabilisiert und sie war froh, dass sie uns besucht hatte und uns in unserer schwierigen Zeit helfen konnte.

Dann fuhren wir zur Fachhochschule in Frankfurt. Bei dem Besuch empfingen meine Professoren mich herzlich und Frau Professor Wüstenberg gab mir grünes Licht für meine Diplomarbeit: »Schulen im Exil – die verdrängte Pädagogik nach 1933« sollte der Titel lauten. Das Thema fand sie sehr spannend und freute sich, dass ich mich mit Reformpädagogik und Faschismus sowie der »Inneren Emigration« der Reformpädagogik des jüdischen Erziehungs- und Bildungswesens zwischen 1933 und 1938 beschäftigen würde. Sie wollte selbst mehr über Minna Specht erfahren, die nach dem Zweiten Weltkrieg aus der Emigration nach Deutschland zurückgekehrt war und von 1946 bis 1951 die Odenwaldschule im hessischen Heppenheim geleitet hatte.

Professor Wüstenberg und alle anderen Professoren an der Fachhochschule waren sehr besorgt über die rechtsextremen Entwicklungen, die sich Anfang der Neunzigerjahre Bahn brachen. 1992 hatten Rechtsextreme mehr als zwanzig Menschen getötet. Pogrome wie 1991 im sächsischen Hoyerswerda hatten die Lehrenden an der Fachhochschule Frankfurt wachgerüttelt. Es wurde als wichtig erachtet, dass angehende Sozialpädagogen und Sozialpädagoginnen in der Ausbildung an der Fachhochschule mehr zu diesem Thema lernten. Denn am Arbeitsplatz würden sie in Ost- und Westdeutschland sehr schnell mit schwierigen Situationen konfrontiert werden.

Vorbereitung auf die Auseinandersetzung mit der deutschen Justiz

Eine Woche später kam mein Bruder Armand nach Frankfurt. Er lachte mit uns, war charmant, und wir waren froh, ihn wiederzusehen. Wir stellten unser Faltbett im Wohnzimmer auf, und Armand packte seine sieben Sachen aus seinem Rucksack aus. Er war bereit, hier mit uns zu wohnen, bis Jeffrey aus dem Gefängnis entlassen werden würde. Unser Sohn, Armand und ich luden Barbara von nebenan ein. In den nächsten Monaten kochten wir vier immer öfter zusammen. Armand liebte gutes Essen und politische Gespräche.

Bei einem Spaziergang, gleich nach seiner Ankunft, erzählte ich Armand die wahre Geschichte unseres Agentenlebens zwischen 1977 und 1989. Er war sprachlos und gleichzeitig fasziniert – und stolz, dass seine kleine Schwester so etwas gewagt hatte.

Armand war politisch links orientiert, Anti-Faschist und gegen die rechten Strömungen in den USA. Aber er lehnte die Ostblockländer, die DDR und im Prinzip auch den Sozialismus ab. DDR und UdSSR waren in seinen Augen Diktaturen. In den nächsten vier Monaten diskutierten wir regelmäßig und heftig miteinander.

Trotz unserer unterschiedlichen Meinungen hörte er sich meine Geschichten und unsere Legende mit Neugier an. Mit seinen sechzig Jahren war er fit und voller Tatkraft, und er war bereit, gemeinsam mit Jeff und mir die Auseinandersetzung mit der deutschen Justiz in Angriff zu nehmen. Er wusste, dass die CIA drei Jahre nach Gründung der Bundesrepublik einen »Psychologischen Strategieplan für Deutschland« verabschiedet hatte. Das Geheimpapier mit dem Tarnnamen »*Pocketbook*« (Taschenbuch) skizzierte in mehreren Kapiteln, wie der junge deutsche Staat vom amerikanischen Geheimdienst unterwandert werden sollte. Die CIA-Direktive sah unter anderem Bestechung einflussreicher Politiker vor, die Beeinflussung der kulturellen Elite, die Unterwanderung der führenden Parteien und die Abwehr kommunistisch-sozialistischer Einflüsse. Armand wollte noch mehr dazu recherchieren, um für den Gerichtsprozess gut informiert zu sein.

Kurz nach Armands Ankunft gingen wir zu Jeffreys Strafverteidiger Armin Zielinski, um gemeinsam unsere Verteidigungslinie zu entwickeln. Wochenlang besprachen wir neue Argumente für die Verteidigung. Eine wichtige Frage war, ob Jeffrey gegen eine Kaution aus der Untersuchungshaft kommen könnte? Wir wollten verhindern, dass er aus dem Krankenhaus in ein normales Gefängnis mit hartgesottenen Kriminellen verlegt werden würde.

Jeffrey war aufgrund seines Diabetes zu sechzig Prozent als schwerbehindert anerkannt. Die langjährige Zuckerkrankheit hatte zu einer Augenerkrankung geführt, die die Gefahr barg, dass er durch eine Netzhautablösung erblindete. Hinzu kamen Nierenfehlfunktionen, Bluthochdruck und Nervenerkrankungen der Beine. Dies machte es erforderlich, dass Jeffrey vierundzwanzig Stunden am Tag eine Insulinpumpe zur Gewährleistung der kontinuierlichen Insulinzufuhr bei sich trug. Er benötigte im Gefängnis ständige medizinische Betreuung. Mit Jeffreys Anwalt besprachen wir den Zeitplan für den Prozess. Armin schätzte, dass er im Frühjahr 1995 stattfinden würde. Er hoffte sehr, dass Jeffrey das Gefängnis vorher auf Kaution verlassen könnte. Auch meine Hoffnung war es, dass wir alles bis zum Januar 1996 hinter uns bringen würden.

Armand wollte mehr über die Prozesse gegen DDR-Spione seit dem Mauerfall erfahren. Er war sicher, es müsste eine Datenbank über alle Prozesse seit 1990 geben. Armin musste ihn enttäuschen, so etwas existierte nicht. Jeder Strafprozess war anders. Und in unserem Fall, weil wir Amerikaner sind, würde es besonders schwierig und kompliziert werden.

Nur Armin konnte sich ohne weiteres mit Jeffrey im Gefängnis treffen. Nach jedem seiner Besuche saßen wir zusammen. Es beruhigt mich, dass Jeffrey regelmäßig so einen intellektuellen Gesprächspartner zu Besuch hatte.

Razzia im Gefängnis

Im Juli 1994 feierten wir den sechzehnten Geburtstag unseres Sohnes mit einer Art Indianerfest. In unserer Wohnung wurde getrommelt und getanzt. Am nächsten Tag besuchten wir Jeffrey in Hohenasperg mit Erlaubnis von Richter Maier.

Beiläufig erzählte Jeff während unseres Besuchs von der Drogensituation. Alarmiert gingen Armand und ich am nächsten Tag zu Richter Maier. Armand übernahm die Führung als Dr. Armand Altman.

Richter Maier saß bei seinem Morgenkaffee und war sehr entspannt. Unsere Besuche waren zu regelmäßigen interessanten Pausen für ihn geworden. Armand berichtete ihm von dem tolerierten Drogenkonsum auf Jeffreys Zellenflur. Er erzählte dem Richter ruhig, aber sehr ernst, dass die Staatsregierung in Stuttgart ein Problem habe. Drogenkonsum in diesem Ausmaß sollte man nicht der Presse berichten. Richter Maier merkte sehr wohl, dass Armand eine Warnung aussprechen wollte. Er hatte bereits die Presseberichte aus den USA über Jeffreys Verhaftung im Mai 1994 gelesen. Dass die amerikanische Presse auch über den Drogenkonsum in Hohenasperg berichtete, wollte er auf keinen Fall. Er blieb ruhig, bedankte sich, und wir fuhren mit unseren Fahrrädern zurück nach Hause. Innerhalb der nächsten zwei Stunden gab es eine Razzia im Gefängnis. Jeffreys Zelle und die Nachbarzelle wurden gründlich durchsucht. Der geliebte Kalfaktor Aki wurde in ein anderes Gefängnis verlegt. Danach kehrten Ruhe und für Jeffrey ein bisschen mehr Langweile ein.

Abschluss der Ermittlungen der Staatsanwaltschaft

Als uns im Spätsommer die Akten der Staatsanwaltschaft zugestellt wurden, erschlug mich der Umfang der Anklageschrift regelrecht. Sie war rund dreihundertfünfzig Seiten stark, inklusive aller Vernehmungsprotokolle. Armand und ich saßen vier Stunden im Büro meiner Anwältin, ich übersetzte alles für Armand ins Englische. Die

Akten beinhalteten heftige Aussagen von Zeugen und an manchen Stellen belastende Listen der Themen, zu denen Jeffrey Informationen aus verschiedenen Bonner Ministerien und dem Bundeskanzleramt gesammelt hatte. Ich war überwältigt, was dort alles stand. Als Führungsoffizier für die HV A wurde Jeffrey als Krimineller und Verbrecher dargestellt.

Nachdem meine Anwältin Aune alles gelesen hatte, bekam sie kalte Füße und bat mich, einen anderen Rechtsanwalt für den Prozess zu suchen. Sie könne mich nicht vertreten. Sie arbeitete allein mit einer Schreibkraft, der Zeitaufwand wäre viel zu hoch für sie. Zusätzlich wäre mein Fall besonders kompliziert, da wir »Doppel-Agenten« seien und Amerikaner noch dazu. Sie wusste von einer Kanzlei in Berlin, die bereits mehrere angeklagte mutmaßliche Spione vertreten hatte.

Die Ermittler hatten gute Arbeit geleistet. Es war bedrückend und ernüchternd, die Protokolle der Zeugenvernehmungen zu lesen. Alle Mitglieder unseres Kollektivs, Horst, Lutz und Willy, waren in Berlin stundenlang vernommen worden. Horst hatte fast gar nichts preisgegeben. Er war weiterhin Fachmann im Spionagegeschäft, blieb souverän und selbstsicher.

»Sage gar nichts«, war sein Credo, und das befolgte er. Bei seiner Vernehmung kam nur eine einzige Information heraus, nämlich dass wir von 1977 bis 1989 dabei gewesen waren.

Lutz hatte mehr Details preisgegeben. Als unser Bindeglied zu Ostberlin hatte er uns vier- bis fünfmal im Jahr in der Bundesrepublik oder in der Schweiz getroffen. Er schilderte ausführlich die Reiserouten zu unseren Treffen. Er berichtete, dass er stets mit dem Zug von Ostberlin nach Zagreb, Mailand oder in eine andere Stadt in einem anderen Land gefahren sei und dabei genau darauf geachtete habe, ob ihm jemand folgte. Nur wenn ihm nichts aufgefallen sei, sei er mit dem Zug weiter nach Düsseldorf, Mannheim, Basel oder Zürich gefahren. Er erzählte auch von den falschen britischen Reisepässen, die uns die HV A gegeben hatte, damit wir zu einem Treffen mit dem Kollektiv nach Budapest reisen konnten. Falsche Reisedokumente wurden regelmäßig benutzt, so war die Staatsanwaltschaft von dieser Information nicht überrascht.

Lutz beschrieb ausführlich, dass ich stets bei den Treffs in Ostberlin dabei gewesen war. Er schien stolz zu sein, so lange mit einer mutigen und emanzipierten Frau zusammengearbeitet zu haben. Nachdem ich seine Aussage gelesen hatte, war ich sicher, ich würde eine längere Haftstrafe bekommen, genau wie Haftrichter Maier es in meinem Haftbefehl angekündigt hatte.

Willys Vernehmung machte mich wütend. Er war detailversessen, wie immer in unserer dreizehnjährigen Zusammenarbeit. Präzise berichtete er, was ich für meine Spionagearbeit gelernt hatte: das Abhören der Funksendungen jede Woche sowie das Ablichten von Dokumenten in unserer Wohnung. Genauso detailliert beschrieb Willy, wie die Filme im toten Briefkasten im Zug versteckt worden waren. Er wollte deutlich machen, wie akkurat ich jahrelang für die HV A gearbeitet hatte. Sein Zwang zu detaillierter Beschreibung wurde zu meinem Verhängnis.

Ich übersetzte alles mündlich und Seite für Seite für Armand. Er war sprachlos. Warum nur hatte Willy so genau meine und Jeffreys Tätigkeit geschildert. Ich vermutete, dass er meine Genauigkeit in meiner technischen Arbeit hervorheben wollte, aber musste er der BKA-Polizistin dafür so viel erzählen? Vielleicht hatte er an seinen eigenen Strafprozess gedacht und sich eine mildere Strafe erhofft, wenn er freiwillig mit dem BKA zusammenarbeitete.

Unserer Quelle »Surfer« merkte man an, dass er bei der Vernehmung sehr aufgeregt war. Er dachte zu Beginn, dass er vernommen wurde, weil er einen entfernten Verwandten in der DDR hatte. Dieser Verwandte hatte ebenfalls für die HV A gearbeitet, was wir jedoch nicht wussten. Stotternd erzählte er unaufgefordert über seine Herkunftsfamilie, die ursprünglich aus Ostdeutschland stammte. Erst danach bat ihn die BKA-Beamtin, zur Sache zu kommen und über seine Kontakte zu Jeffrey und mir zu berichten.

»Surfer« erklärte, wie er mich während des Sommersemesters 1983 an der Universität Heidelberg kennengelernt hatte. Er beschrieb, dass ich als Studentin in seiner Vorlesung gesessen und dass sich sein Seminar mit der neuen Partei Die Grünen befasst hätte. »Surfer« berichtete der BKA-Beamtin von unserem Gespräch, in dem er über seine Arbeit als freischaffender Wissenschaftler erzählt und erwähnt hatte, dass er nach Aufträgen suchte, um Geld zu verdienen.

Die vernehmende BKA-Polizistin äußerte während der Vernehmung »Surfers«, dass sie beeindruckt sei, wie mein Studium in Heidelberg in unsere Agententätigkeit eingeflossen war.

Suche nach einem Berliner Rechtsanwalt

Nachdem Armand und ich die Akten gelesen hatten, nahmen wir sofort Kontakt zur Kanzlei in Berlin auf. Zwei Tage später fuhren wir mit dem Nachtzug nach Berlin und waren am nächsten Tag in der Kanzlei. Die zwei Rechtsanwälte erklärten uns, dass sie viel Erfahrung mit solchen Fällen hätten. Der jüngere der zwei, Rechtsanwalt Fleischmann, würde meinen Fall übernehmen.

Armand war zuvor noch nie in Berlin gewesen, also führte ich ihn zwei Tage lang durch die Stadt. Natürlich diskutierten wir dabei lange über das »Experiment DDR«. Armand war überzeugt, dass die individuelle Freiheit das höchste Gut des Menschen sei. Zwar war für ihn der Kapitalismus ein Krebsgeschwür, er glaubte aber nicht, dass man etwas gegen diesen Krebs unternehmen könnte. Die politische Welt von 1994 überforderte ihn. Zuletzt war er 1972 und 1973 an der Universität in Buffalo politisch aktiv gewesen.

Armand war sehr beeindruckt von meiner Meinung zur politischen Situation in Deutschland. Obwohl ich ihm erklärte, wie ich die Welt hier erlebte, blieb er fest davon überzeugt, dass nur solche Staaten eine Zukunft hätten, die die individuellen Freiheiten, wie Rousseau sie beschrieben hatte, für jeden Bürger garantierten. Wie er die Zukunft sah, kümmerte mich jedoch zu dieser Zeit wenig. Ich kämpfte um meine eigene Zukunft in Deutschland.

Wir blieben drei Tage in Berlin. Vor unsere Abreise zurück nach Karlsruhe gingen wir in die Sauna und in die Thermen im *Europa-Center* am Kurfürstendamm, um zu entspannen. Vom Blick von oben auf die Gedächtniskirche und den Mercedes-Stern auf dem Nachbargebäude war Armand fasziniert. Trotz der vielen Reisen, die er zwischen 1984 und 1994 gemacht hatte, war er entzückt, die warmen Mineralwasser-Bäder zu genießen, solch eine große Sauna-Kabine und so viele schöne Frauen ohne Kleider zu erleben. Der Ausflug war eine wohl verdiente Pause von der Arbeit, das Mineralwasser tat meinem Körper und meinem Kopf gut.

Zurück in Karlsruhe arbeiteten wir mit Nachdruck daran, Jeffrey auf Kaution frei zu bekommen. Armin war extrem skeptisch, weil die Anklageschrift für uns so verheerend ausgefallen war. Wir organisierten einen Termin mit dem Haftrichter Maier. Dieser hörte sich unsere Argumente genau an. Mein Bruder engagierte sich dabei besonders und versuchte, sowohl den Haftrichter als auch den Bundesanwalt Schmidt zu überzeugen.

Ein paar Tage später klingelte das Telefon, Armin sagte, dass der Haftrichter bereit sei, Jeffrey auf Kaution in Höhe von einhunderttausend D-Mark aus dem Gefängnis zu entlassen. Ich stöhnte, aber Armand klatschte. Er war überzeugt, dass wir das Geld irgendwie zusammenbekommen würden.

9. Kapitel

Der Prozess und das Leben danach

An der Legende festhalten – JEFFREY

In meiner Gefängniszelle gab es einen kleinen Tisch am Fenster, an dem ich mich wochenlang in meinem Kopf fantasie und detailreich auf meinen Prozess vorbereitete. Um mich in den psychischen Zustand eines CIAAgenten zu versetzen, las ich mit Akribie und Faszination den 1991 veröffentlichten Roman Gespenster: Das Epos der geheimen Mächte von Norman Mailer, alle tausend Seiten. Mailer, einer der gefeierten USamerikanischen Schriftsteller, schildert darin die Bizarrheit der internen Funktionsweise der CIA. Er hatte fast freien Zugang zur CIA erhalten, um seinen Roman zu schreiben.

Die intimsten Details über Arbeitsweise, Streit, Eifersucht und interne Intrigen haben mich nicht nur gefesselt, sondern vermittelten mir die Einzelheiten, die ich im Gericht brauchen würde. Meine Strategie war es, mich als CIAAgent auszugeben, von dem niemand in der CIA wusste, und dass nur ich und mein Führungsoffizier, James Rock, die Wahrheit kannten. Rock, der 1990 nach einem Herzinfarkt gestorben war, würde nicht mehr als Zeuge herangezogen werden können. Die inneren Zustände in der CIA, das interne Abschotten von Informationen, die herrschende Eifer und Karrieresucht würden mir helfen, mit meiner abenteuerlichen Geschichte durchzukommen. Mailers Roman beflügelte mich in meiner Zuversicht, dass das Gericht meine Legende niemals würde widerlegen können.

Jeffreys Entlassung aus der U-Haft

Armand und ich begannen, eine neue Checkliste zu erstellen. Könnten wir einhunderttausend D-Mark Kaution für Jeffrey zusammenbringen? Unsere Freunde in Karlsruhe waren nicht reich, aber manche hatten Eigentumswohnungen. Wir listeten Freunde und Bekannte auf, die helfen könnten, auch Kollegen aus dem Kernforschungszentrum, Mitglieder des Ausländerbeirats und einige andere. Ich schaute mir die Liste an, mindesten dreißig bis vierzig Anrufe wären nötig gewesen, um alle diese Freunde abzuklappern.

Es war Juli, im September sollte ich meine Diplomarbeit abgegeben. Armand drängte mich, mit dem Schreiben anzufangen. Er stellte mit mir einen Plan auf: Jeden Morgen von acht bis neun Uhr sollte ich fünf Personen auf meiner Liste anrufen. Danach würden wir zur Bibliothek fahren. Dort sollte ich jeden Tag, sechs Tage in der Woche, an meiner Arbeit schreiben. Unsere Freunde würden im Laufe der nächsten Wochen bei ihren Banken anfragen oder auf ihre Sparbücher schauen, ob sie genügend Geld hätten, um Jeffrey einen Teil seiner Kaution zu leihen. Fast alle waren sicher, dass Jeffrey nicht ins Ausland flüchten würde, aber die Entscheidung, uns so viel Geld zu geben, musste in jeder Familie in Ruhe ausdiskutiert werden.

Die Bibliothek lag mitten in der Stadt. Ich bekam einen kleinen Glaswagen mit abschließbaren Türen, in dem ich meine Bücher und Notizen deponieren konnte. Das Schreiben beruhigte mich, ich konnte währenddessen meine Ängste verdrängen. Ich wusste nicht, ob ich im nächsten Jahr im Gefängnis sitzen würde, und ich fürchtete, dass Jeffrey lange eingesperrt bleibt.

Für mein Abschlussthema musste ich mich intensiv mit dem Leben in Deutschland zwischen 1933 und 1945 befassen. Im Vergleich zu den Sorgen der Menschen dieser Zeit waren meine eigenen Zukunftsängste unbedeutend. In diesen Monaten in der Bibliothek wuchs mein Mut. Jeden Tag um zwölf Uhr dreißig holte mich Armand aus der Bibliothek ab. Wir aßen zusammen zu Mittag und sprachen über die Fortschritte meiner Diplomarbeit. Als sich der September näherte, war meine Arbeit fast fertig. An Jeffrey schrieb ich regelmäßig kurze Briefe, in denen ich ihm erzählte, wie das Leben ohne ihn weiterging. Er sollte wissen, dass ich in Zukunft in der Lage sein würde, unsere Familie zu ernähren und auch unsere Wohnung zu halten.

Jeden Tag fragte ich bei Freunden an, ob sie Jeff finanziell helfen könnten. Einige Banken waren nicht bereit, die Ersparnisse unserer Freunde für eine Bürgschaft für Jeffreys Kaution freizugeben. Die Banken stellten schwierige Fragen, schätzten das Risiko der Flucht als sehr hoch ein. Dennoch näherten wir uns mehr und mehr dem Ziel der einhunderttausend D-Mark.

Je näher Jeffreys Entlassung aus der U-Haft rückte, desto mehr wuchs auch meine körperliche Sehnsucht nach ihm. Fast jede Nacht träumte ich davon, dass wir uns liebten.

Endlich war es soweit. Wir hatten die Kaution beisammen. Jeffreys Entlassung war für den 6. September angesetzt, ausgerechnet der fünfundsiebzigste Geburtstag meiner Mutter. Armand und ich fuhren sehr früh nach Hohenasperg. Wir mussten warten, weil die Verwaltung noch mit den Papieren beschäftigt war. Armand und ich standen vor dem Tor. An diesem Spätsommertag blickten wir auf eine besonders bunte Landschaft, die Felder leuchteten golden. Unter uns lag das kleine Dorf Asperg, über uns ragte die mittelalterliche Burg in die Höhe, die vier Monate lang Jeffreys Aufenthaltsort gewesen war. Dieser Lebensabschnitt sollte nun ein Ende haben.

Als Jeffrey als freier Mann durch den Gefängnishof ging, standen seine Mitgefangenen an den Fenstern und jubelten ihm zu. Er trat durch das Tor und wir fielen uns endlich in die Arme und küssten uns lange und innig.

An diesem Abend veranstaltete der Ausländerbeirat von Karlsruhe im Programmkino eine Lesung und Filmvorführung mit Sally Perel, dessen Autobiografie unter dem Titel *Hitlerjunge Salomon* verfilmt worden war. Wir hatten Perel ein Jahr zuvor kennengelernt und freuten uns, ihn wiederzusehen. Es war eine gute Gelegenheit, uns bei den Mitgliedern des Ausländerbeirats für ihre großzügige Unterstützung während Jeffreys Haftzeit zu bedanken. Ein emotionales Ereignis für Jeffrey.

Danach gingen wir zurück in unsere Wohnung, zum ersten Mal seit vier Monaten wieder vereint. Ich weinte heftig, die Anspannung brach aus mir heraus. Die Familie war endlich wieder zusammen.

Ein Arbeitsplatz beim DGB

Die nächsten Wochen vergingen schnell, nach der pünktlichen Abgabe meiner Diplomarbeit erhielt ich mein Abschlusszeugnis als Diplom-Sozialpädagogin und begann mit der Suche nach Arbeit in Karlsruhe.

Lothar Hüneke bot mir eine Arbeitsbeschaffungsmaßnahme, eine ABM-Stelle, an. Er meinte, ich sei perfekt für diese Stelle. Es handelte sich um ein Projekt mit dem Arbeitsamt, das junge Wissenschaftler aus der Gewerkschaft unterstützte. In meiner Forschung dazu sollte es um »Regionale Konzepte für Vollbeschäftigung in Baden-Württemberg« gehen.

Der DGB-Leitung gegenüber erwähnte Lothar nicht, dass ich auf meinen Prozess wartete. Diese Nachricht hatte die oberen DGB-Etagen noch nicht erreicht, zum Glück für mich und meine Familie. Eine zweijährige Vollzeitstelle beim DGB zu bekommen, war wie ein Rettungsring in diesen Tagen. Ich sollte in Lothars Büro arbeiten, um auch Einblick in seinen Arbeitsalltag zu bekommen.

Armand flog im September 1994 nach Hause. Er wollte für den Prozess nach Karlsruhe zurückkommen. Zum Abschied fuhren Jeff und ich mit ihm nach Baden-Baden in die Therme. Dort hatten wir ein seltsames Erlebnis. Als wir nach einem Saunagang hinausgingen, um uns kalt abzuduschen, saßen fünf Männer nackt im Ruhebereich und nahmen warme Fußbäder. Plötzlich regte sich Jeffrey sehr auf und sagte laut: »Aha, Sie verfolgen mich sogar in der Sauna, um sicherzustellen, dass ich nicht abhaue!« Die übrigen Saunagäste erschraken, und die Männer schauten Jeffrey mit grimmigen Mienen an.

Dann verschwanden sie ziemlich schnell, aus welchen Gründen auch immer, und tauchten nicht wieder auf.

Wir fanden nie heraus, ob die Männer vom BKA gewesen waren oder nicht. Ich hatte jedoch selbst die Erfahrung gemacht, fast acht Wochen lang von BKA-Beamten verfolgt zu werden. Es war durchaus möglich, dass die Männer uns tatsächlich undercover und ohne Kleider beschattet hatten: verdeckt und unbedeckt zugleich.

Rat vom CIA-Kritiker und Ex-Agenten

Wir beschlossen, Kontakt mit Philip Agee in Hamburg aufzunehmen. Er war CIA-Agent in Latein- und Südamerika gewesen und hatte sich schließlich von der »Firma« abgewendet. 1975 war sein Buch *Inside the Company: CIA Diary* erschienen, auf Deutsch veröffentlicht als *CIA Intern. Tagebuch 1956–1974*. Darin prangerte er die CIA-Machenschaften überall in der Welt an.

Wir kannten sein Buch, und Jeffrey rief ihn an. Agee hatte schon in der Zeitung über unseren Fall gelesen und lud uns nach Hamburg ein. In seiner Wohnung stapelten sich Bücher, Zeitschriften und Zeitungen. Jeffrey berichtete ihm von unserer Geschichte und den Vorbereitungen für den Prozess. Er erzählte ihm, dass er das Gericht davon überzeugen wolle, ein Doppelagent zu sein, dass die CIA dies jedoch niemals zugeben würde. Um diese Legende überzeugend präsentieren zu können, brauchte er weiteres Detailwissen über die internen Abläufe bei der CIA.

Agee hörte aufmerksam zu. Dann erklärte er uns, wie die CIA funktionierte und arbeitete: Sie würde dies und das so machen, sie würde dies und das *nicht* so machen, sondern so. Mit den wertvollen Ratschlägen des Ex-Agenten im Gepäck fuhren wir nach Hause. Jeffrey über- arbeitete seine vorbereiteten Aussagen über Kontakte, Führungsoffiziere, Treffs und konspirative Wohnungen und war nun sehr zuversichtlich, dass seine Verteidigungsstrategie Erfolg haben würde.

Das Bühnenbild gestalten

Jeffrey war fast fertig mit seinen Vorbereitungen für den Prozess. Das Interesse der Staatsanwaltschaft lag auf seiner Tätigkeit und weniger auf dem, was ich hinter den Kulissen gemacht hatte.

Auch Armand kam wieder nach Deutschland. Mit ihm und unserem Sohn bei uns fiel uns das Warten auf den Prozess leichter. Dieser sollte im November vor dem Oberlandesgericht Stuttgart stattfinden. Jeffrey fuhr dorthin, um sich den Gerichtssaal anzusehen, in dem auch wir bald stehen würden. Er besuchte einen Prozess wegen geheimdienstlicher Tätigkeit. Dabei fiel ihm auf, dass sich Atmosphäre und Arbeitsweise vor Gericht wesentlich von denen in den USA unterschieden.

Seit unserer Verhaftung hatten wir in Karlsruhe regelmäßig Besuch von Journalisten aus Deutschland, den USA und aus der UdSSR erhalten. Sie wollten mehr über unsere Geheimdienstarbeit erfahren. Oftmals vermuteten wir, dass die angeblichen Journalisten in Wirklichkeit im Auftrag des BND, der CIA oder des KGB bei uns waren, um vor dem Prozess Informationen von uns zu erhalten. Wir baten die Journalisten stets darum, uns die erschienenen Artikel zuzuschicken: Manchmal erhielten wir sie, manchmal nicht.

Kurz vor dem Prozess wollten wir das Interesse der Presse für uns nutzen. Deshalb luden wir eine Woche vorher zu einer internationalen Pressekonferenz in Bonn ein. Wir traten die Flucht nach vorn an, wollten unsere Situation und unsere Motive schildern. Wir waren überzeugt, dass Jeffreys Aufklärungsarbeit zur Einhaltung des Kernwaffensperrvertrags beigetragen hatte und für die Stabilität in Europa wichtig gewesen war. Wir waren ebenso überzeugt, dass aus einer Konfrontation zwischen der BRD und der DDR eine nukleare Konfrontation zwischen den USA und der Sowjetunion hätte entstehen können. Für uns als Juden waren überdies die Sorgen vor einer möglichen Wiederbelebung des deutschen Antisemitismus und des Militarismus wichtige Motive unserer Tätigkeit.

Zwei Tage vor der Pressekonferenz schickten Armand und ich persönliche Einladungen an alle Presseagenturen im Bonner Pressehaus. Jeffrey und Armin fuhren mit dem Zug nach Bonn und mieteten einen großen Seminarraum im *Hotel Bristol.*

Der Raum füllte sich schnell, rund fünfundsiebzig Journalisten und Journalistinnen aus aller Welt waren gekommen. Es herrschte eine extrem angespannte Atmosphäre. Jeffrey und sein Anwalt Armin versuchten eine Stunde lang, die Fragen zu beantworten. Für viele der Anwesenden war es nach wie vor unbegreiflich, warum wir für das MfS gearbeitet hatten. Wir betonten erneut, was uns – trotz des hohen Risikos für unsere Familie und unsere Existenz – angetrieben hatte: unsere tiefliegenden Ängste, die sehr viel mit dem dunklen Kapitel der deutschen Geschichte zu tun hatten, sowie unser Wissen über das nukleare Potenzial und die Bedrohung während des Kalten Krieges.

Dann gaben wir die Termine für unseren Prozess an die Journalisten weiter:

30. Oktober	Jeffreys und Beas Vernehmungen
31. Oktober	Zeugenaussagen: ehemalige Mitarbeiter des MFS
7. November	Zeugenaussagen: aus den alten Bundesländern
8. November	Sachverständigenaussage: Sachverständiger für deutsch-amerikanische sicherheitspolitische Beziehungen und Souveränitätsfragen für Deutschland Zeugenaussage: Zeugin aus den USA
9. November	Urteilsverkündung (am Tag der Reichspogromnacht von 1938)

Beas Prozess-Tagebuch

Am Montag, dem 30. Oktober 1995, um neun Uhr begann unser Prozess. Der Saal 18 im Oberlandesgericht Stuttgart füllte sich mit Journalisten von der *Washington Post*, *New York Times*, *Frankfurter Allgemeine Zeitung*, *Pravda* und von mehreren kleinen Zeitungen. Die Atmosphäre war angespannt. Hinter mir sagte jemand leise:

»Masel tov«, Hebräisch für »Viel Glück«. Ich drehte mich um und hörte den Journalisten der *Pravda* flüstern: »Es fehlt hier im Saal nur der Mossad.« Ein Fernsehteam des ZDF durfte für etwa fünf Minuten filmen.

Vorn saßen die fünf Richter, den Vorsitz hatte Richter Sandlass, auf der linken Seite waren Jeffrey und ich mit unseren Rechtsanwälten platziert und rechts die zwei Vertreter der Bundesanwaltschaft.

Am ersten Tag mussten Jeff und ich aussagen. Ich begann. Um meine Motivation zu erläutern, erklärte ich:

»Ich muss eigentlich in meiner Kindheit beginnen. Ich bin jüdischer Herkunft, mein Mann ist ebenfalls Jude. Als ich ganz neu in der Bundesrepublik war, hatte ich ein mangelndes Vertrauen in die deutsche Nation, und zwar Ost wie West. Ich hatte mich intensiv, auch an der Uni, mit der deutschen Geschichte auseinandergesetzt, ebenso mit deutscher Literatur. Als ich 1976 in die Bundesrepublik kam, war Westdeutschland noch kein souveräner Staat. Eigentlich waren nur Amerika und die Alliierten in der Lage, den Frieden zu sichern. Deshalb war es mein Bestreben, dass die Amerikaner wissen sollten, welche Politik im Nuklearbereich in der Bundesrepublik und in der DDR vorherrschte. Meine gemeinsame Arbeit mit Jeffrey für den amerikanischen Nachrichtendienst bezog sich im Wesentlichen auf den Bereich der Nichtverbreitungspolitik beider deutscher Staaten.

Die Informationsbeschaffung war allein Jeffs Aufgabe. Ich habe nie irgendwelche Erkenntnisse, sei es zu Personen, Objekten oder brisanten Themenbereichen beschafft. Meine Aufgabe bestand in der moralischen Unterstützung. Ich habe mich eingebracht, indem ich meinem Mann zur Seite stand. Ich habe an Gesprächen mit James Rock in Westberlin und mit Lutz Schindler in Ostberlin teilgenommen.

Über meine Rolle als Ehefrau in dieser speziellen Situation habe ich mich mehrfach mit Jean Slater unterhalten. Wir waren mehrmals mit James Rock und Jeans Ehemann Dana Slater bei Seminaren am Linden-Institut in Berlin. Dana Slater war jahrelang beim Geheimdienst des Außenministeriums und später Leiter des Linden-Instituts in Washington. Er organisierte mehrere Seminare mit Jeffrey und James. James war sehr charmant und wollte stets, dass die Ehefrauen während der Linden-Seminare in Berlin schöne Ausflüge in die Berliner Museen machten. Abends sollten sie mit ihren Ehemännern an schönen Abendessen und Musikveranstaltungen teilnehmen. Jeder Mann brauche eine schöne Frau an seiner Seite, meinte James.

Jean und ich führten lange Gespräche in Berlin, sie sagte mir immer wieder, dass ich als Jeffreys Ehefrau ein eigenes Leben führen und sogar mein Studium fortsetzen solle. Sie war fünfundzwanzig Jahre älter als ich und begrüßte die Gelegenheit, sich mit mir auszutauschen. Sie riet mir, ich solle immer für Jeffrey da sein, weil seine Arbeit so anstrengend sei.

Die Arbeit, die wir als Ehepaar machten, bedeutete ›Teamarbeit‹. Ich war mir des Risikos einer nachrichtendienstlichen Tätigkeit durchaus bewusst. Aufgrund unserer Zielsetzung, der Friedenserhaltung, und aufgrund der tatsächlichen Möglichkeiten Jeffs, die Nichtverbreitungspolitik Deutschlands gegenüber Amerika darzustellen, war ich jedoch bereit das Risiko zu tragen.

Bei einer anderen Zielstellung wäre ich wahrscheinlich nicht bereit gewesen, das Risiko auf mich zu nehmen.

Heute, 1995, wo die Bundesrepublik souverän geworden ist, müsste ich die ganze Angelegenheit neu überdenken.

Um das Ziel, den Frieden zu sichern – zu dem die Bundesrepublik allein sicherlich nicht in der Lage gewesen wäre, bei dem die Amerikaner jedoch eine entscheidende Rolle spielten –, um dieses Ziel zu erreichen, habe ich auch in Kauf genommen, dass Informationen aus der Bundesrepublik in die DDR flossen. Hätten wir der DDR diesbezüglich keine Anreize bieten können, wäre unser Ziel nicht erreichbar gewesen.

Wie fing der Kontakt zu James Rock an? Ich erinnere mich, es war Weihnachten 1975. Jeff erzählte mir zum ersten Mal von James Rock. Rock hatte ihn gefragt, ob er am Linden-Institut in Berlin arbeiten wolle. Im April 1976 zogen wir dann in die Bundesrepublik, nämlich nach Berlin. Jeff hatte jetzt öfters Kontakt zu James Rock, ich sah ihn und seine Ehefrau anlässlich eines Opernabends in Westberlin zum ersten Mal. Das Ehepaar war mir sehr sympathisch.

Jeff erzählte mir, dass Rock die Idee hätte, dass wir Kontakt zu in der DDR lebenden Amerikanern aufnehmen sollten. Ich stand dieser Idee zuerst aus Angst eher ablehnend gegenüber; ich hatte keine Arbeit, mir fehlten die Deutschkenntnisse, und alles war insgesamt neu für mich, ich war gerade einundzwanzig Jahre alt. Rock gab uns Namen von Amerikanern in Ostberlin.

Im Laufe des Jahres 1977 führten wir ein Gespräch mit James Rock im Linden-Institut Berlin. Wir gingen mit James im Garten des Instituts spazieren. Wir unterhielten uns auch über die Kontakte zu Lutz und Willy von der HV A der DDR. James war sehr erfreut, dass wir so schnell als junges Ehepaar unser Ziel erreicht hatten.«

Alle Richter waren mit meiner Aufführung zufrieden, und es gab eine Mittagspause. Jeffrey und Armin versicherten mir, dass meine Aussage gut gewesen sei und ich alles klar und deutlich erklärt hätte.

Am Nachmittag war Jeffrey dran. Seine Aussage und die Befragung durch Richter Sandlass dauerten gute vier Stunden.

Am nächsten Tag kamen Willy, Horst und Lutz an die Reihe und wurden mit Fragen gelöchert. Richter Sandlass, der einzige Richter, der Fragen stellte, wollte aus ihnen herausbekommen, dass Jeff und ich freiwillig mit der HV A zusammengearbeitet hatten. Willy war wie immer bereit, viele Details zu berichten. Horst lehnte es ab, überhaupt mit dem Richter zusammenzuarbeiten. Lutz gab nur Information zur technischen Zusammenarbeit preis, eigentlich nichts Neues für den Richter. Es war erschütternd, neben Jeffrey zu sitzen, die drei Männer aus unserem engen Kollektiv zu beobachten und ihre Aussagen zu hören. Seit fast fünf Jahren hatten wir keinen Kontakt mehr zu ihnen gehabt.

Unsere Zusammenarbeit über die langen dreizehn Jahre hinweg plätscherte wie ein Bach durch meinen Kopf. Die vielen Gespräche, die menschlichen Kontakte, so viele Begegnungen, die Informationen über äußerst wichtige Themen, die wir nach Ostberlin geschickt hatten: Nichtverbreitungspolitik – Verstöße gegen den Kernwaffen-Sperrvertrag – Haltung der Bundesregierung zur Zusammenarbeit mit Atom-Schwellen-Mächten, zum Beispiel mit Südafrika, Brasilien, Pakistan – Reaktor- beziehungsweise Plutoniumgeschäfte mit dem Iran, Südamerika, Südafrika und Pakistan – Informationen über eine inoffizielle Reise bundesdeutscher Wissenschaftler nach Südafrika, die dort Verhandlungen über Atomgeschäfte führten – Energiegeschäfte der westdeutschen Industrie mit der Volksrepublik China, dabei war es um Aktivitäten des Unternehmens Kraftwerk Union AG in China gegangen, insbesondere um den Bau von Kernreaktoren und den damit verbundenen Technologietransfer – der Innerdeutsche Stromverbund – Vorbereitung der sogenannten Überprüfungskonferenz 1985 und einer für 1990 vorgesehenen Konferenz über die Einhaltung von Abrüstungsverträgen, der Durchführung von Inspektionen und der Verhinderung der weiteren Verbreitung sensitiver Technologie – Handhabung der COCOM-Liste (Technologieboykott) – Nukleare Entsorgung – Fotografieren von hochgerechnet 12.700 Seiten von Berichten und das Zusammenrollen von Filmen in der Dunkelheit – die Belegung des toten Briefkastens im Zug – die wöchentlichen Funksendungen und das Entschlüsseln von Mitteilungen aus Ostberlin.

Dreizehn Jahre meines Lebens hatte ich gehofft, dass wir durch unsere Informationen und durch diese anstrengende Arbeit dazu beitragen könnten, den Frieden zu erhalten: Nun war alles vorbei, das Experiment war vorbei, es gab neue Kriege im Mittleren Osten, die UdSSR war auseinandergebrochen und der Raubtier-Kapitalismus griff in Deutschland und weltweit weiter um sich.

Nach diesem emotional anstrengenden Tag freute ich mich, dass wir eine Woche Pause hatten.

Am Dienstag, dem 7. November, um neun Uhr ging der Prozess weiter. Nun kamen unsere Quellen »Cäsar« und »Surfer« vor die Richter. Beide versicherten, dass sie über die Jahre nur mit der amerikanischen Beratungsfirma IEAL zusammengearbeitet hatten. Sie hätten nie bezweifelt, dass Jeffrey und ich waschechte Amerikaner seien, und hätten die Arbeit mit Jeffrey stets interessant gefunden. Er habe Respekt für die Informationen gezeigt, die sie lieferten. Bei den Informationen sei es um aktuelle Themen aus der Politik der Bundesregierung gegangen. Die Bezahlung sei sehr gut und in US-Dollar gewesen. Jeffrey habe sie sogar von Washington aus angerufen und neue Aufträge erteilt. Ich sei stets eine herzliche Gastgeberin gewesen.

Die Richter wollten herausfinden, ob die HV A mit den beiden Männern tatsächlich keinen direkten Kontakte gepflegt hatte. »Cäsar« berichtete, dass er einmal zusammen mit Jeffrey zu einem Seminar im Linden-Institut Berlin eingeladen gewesen sei. Dabei habe James Rock ausführlich mit »Cäsar« über dessen Arbeit diskutiert. »Cäsar« habe jedoch nie vermutet, dass seine Informationen direkt über Rock an die CIA weitergegeben wurden.

Am Ende dieses Tages trat Dr. Paschen, Jeffreys Chef im Kernforschungszentrum, als Zeuge auf. Ich war sicher, er würde kein gutes Haar an Jeffrey lassen. Aber das Gegenteil war der Fall. Paschen lobte Jeffreys Arbeit, besonders bei den vielen Gesprächen in Washington, die sie gemeinsam geführt hatten. Jeffreys gute Kontakte und die Gespräche in Washington seien für Paschens Karriere am Kernforschungszentrum und bei der Etablierung des Büros für Technikfolgen-Abschätzung beim Deutschen Bundestag extrem hilfreich gewesen.

Am Ende dieses Tages waren die Richter einigermaßen durcheinander. Alle Zeugen hatten Jeffrey gelobt, und der Wind hatte sich immer wieder in Richtung USA gedreht.

Duell im Gerichtssaal / Der Clou

– JEFFREY

Je näher der Prozess rückte, desto mehr war ich im Kampfmodus. Ich wollte dem Gericht weismachen, dass ich im Dezember 1975 den Auftrag von James Rock angenommen hatte, beide deutsche Regierungen für die CIA auszuspähen. Und ich wollte der bundesdeutschen Justiz nicht die Genugtuung bereiten, mich zur reumütigen Schnecke zu machen. Die Bundesregierung hatte bereits ihr Ziel erreicht, das lebendige Experiment des friedlichen, solidarischen Sozialismus zu zerstören. Ich hatte nicht vor zuzulassen, dass diese Gesellschaft und ihre kapitalistische Ordnung auch noch mich als Menschen zerstörte.

Im Gegenteil: Ich war stolz, dass ich mich bewusst an der »unsichtbaren Front« für die Erhaltung des Friedens und für das Bestreben nach Freiheit und Gleichheit eingesetzt hatte. Ich hatte erkannt, dass diese Ziele nur in einer Gesellschaft erreichbar sind, in der Industrie, Landwirtschaft und das Gesundheitssystem in der Hand des Volkes liegen, nicht in der Hand des Großkapitals und einer Handvoll nicht gewählter Menschen.

Die kapitalistische Gesellschaftsordnung und die aus ihr resultierenden Kriege und Ausbeutungen hatten mich seit über dreißig Jahren wütend gemacht. Meine Wut floss jetzt in meine bis ins Detail ausgefeilte Verteidigung. Ich würde nicht zugeben, dass ich nur für den DDR-Geheimdienst gearbeitet hatte, sondern wollte dem Gericht klarmachen, dass es auch für die USA gute Gründe gegeben hatte, der Bundesrepublik nicht zu trauen. Über die Jahre hatte ich genügend Kontakte zu CIAMitarbeitern und in die Regierungskreise der USA, die der CIA zuarbeiteten, geknüpft, um zu wissen, dass dies der Wahrheit entsprach.

Das Ziel meiner Verteidigung war, die Richter aus dem Konzept zu bringen. Am Ende des Prozesses sollten sie nicht sicher sein, ob ich wirklich für den amerikanischen Geheimdienst gearbeitet hatte, um wie so viele andere Amerikaner in der BRD die Bundesregierung auszuspähen.

Ich war nicht übermütig, aber dreist wollte ich auf jeden Fall sein. Nur mit Dreistigkeit, davon war ich überzeugt, könnte ich mit einem milden Strafmaß rechnen. Die emotionale Kraft und physische Energie für diese forsche Verteidigungslinie speiste sich aus meinem dreißigjährigen Kampf gegen Krieg, Unterdrückung und Ausbeutung überall auf der Welt.

Und so sah meine Verteidigung – der Clou – aus:

Ich erklärte dem Gericht zunächst, dass James Rock erkannt hatte, dass die Politik der BRD und die Unterwanderungsaktivitäten der DDR die Interessen der USA bis aufs Mark treffen konnten. »Rock wusste, wovon er sprach, denn er konnte auf eine lange Erfahrung zurückgreifen. Er hatte seine nachrichtendienstliche Karriere 1944 im Stab von US-General Omar Bradley begonnen, der zum Zeitpunkt der deutschen Kapitulation vier amerikanische Armeen mit weit über einer Million Soldaten befehligte. Im Laufe der Zeit hatte er das Beste und das Schlechteste von Deutschland erlebt. Ende der Zwanzigerjahre hatte er an der FriedrichWilhelmsUniversität in Berlin studiert und das intellektuelle, literarische und freizügige pulsierende Berliner Leben genossen. Den Horror, den Deutschland in den Dreißiger und Vierzigerjahren angerichtet hatte, sah er, als er mit seinen Truppen in das KZ Buchenwald marschierte. James Rock hatte es sich zu seiner Lebensaufgabe gemacht, dabei zu helfen, dass das beste Deutschland wieder auferstehen könne.

Obwohl er Deutschland liebte, blieb er misstrauisch. Vor allem wusste er um die Bedeutung von Nachrichtendiensten. Sie konnten auf der einen Seite zur positiven Entwicklung einer stabilen freiheitlichen Gesellschaft beitragen, wie in der BRD, auf der anderen Seite aber auch antidemokratische Tendenzen verhindern, wie er sie in der DDR sah.«

Ich erzählte dem Richter weiter, dass James Rock Mitte der Siebzigerjahre eine geeignete Person gesucht hätte, die sowohl die Bundesregierung als auch die HV A des MfS ausspionieren könnte. »Rock war durch seine eigenen langjährigen Kontakte zur CIA auf eine Akte gestoßen, aus der hervorging, dass der Dekan von Princeton mich 1961 für die CIA anwerben wollte. Ich war dem Dekan damals aufgefallen, weil ich objektive Zeitungsartikel über Deutschland schrieb.

Ein Geheimdienst braucht objektive Analysen und Berichte. Genauso dachte James Rock, als er mich für die CIA anwarb.

Auch meine Verbindung zu Princeton war für ihn interessant. Mehrere deutsche Politiker hatten an der Universität Princeton studiert. Ich sollte durch solche Personen Kontakte auf und ausbauen, um in westdeutsche Regierungskreise einzudringen.

James Rock erklärte mir, dass die CIA mit mir zwei Fliegen

mit einer Klappe schlagen könne. Wegen meiner politischen Aktivitäten gegen den USgeführten Krieg in Vietnam könne ich unauffällig ein Anwerbungsangebot vom DDR-Geheimdienst HV A anregen.«

Rock war einsichtsvoll genug gewesen zu wissen, dass ein amerikanischer Neuer Linker dem bürokratisierten DDR-Staat kritisch gegenüberstand, so argumentierte ich weiter. Darauf hatte er seine Hoffnung gebaut, ich würde seinem Plan, gegen die DDR zu spionieren, zustimmen.

»Ich fühlte mich geschmeichelt«, erklärte ich dem Gericht, »war aber auch zwiegespalten. Rock wusste von meinen Schwierigkeiten, eine unbefristete akademische Stelle in St. Louis und in Buffalo zu bekommen. Nun bot er mir eine Chance auf eine sichere Stelle an. Allerdings zu dem Preis der Unsicherheit als Spion.

Für die Operation sollte ich den Decknamen ›Fox‹ bekommen, der Spitzname, den mir meine Kommilitonen in Princeton gegeben hatten. Der erste Schritt war, mich in Berlin unterzubringen. Dafür hatte Rock schon einen Plan. Er war seit Jahren ein großer Förderer der Freien Universität Berlin und speziell des JohnF.KennedyInstituts. Er wollte dafür sorgen, dass die Universität eine neue Professorenstelle für die Soziologie Nordamerikas mit dem Schwerpunkt politische und industrielle Soziologie schaffte. Die Stellenausschreibung würde exakt auf mein Profil und meine Schwerpunkte zugeschnitten werden.«

Als Nächstes erklärte ich, dass Rock wusste, dass es schwierig war, einen linken Professor im Berliner Senat durchzusetzen. Aber er hatte beste Beziehungen, und die Universität war abhängig von den Fördermitteln der Ford Foundation, deren Vorsitzender er war. Deshalb war er zuversichtlich, dass ich den Zuschlag für die Stelle bekommen würde. Ich sollte als linker Professor in Berlin ankommen, aber engen Kontakt mit ihm halten. Die Bewerbung hatte Erfolg. Ich sagte zu und kam im April 1976 mit meiner Lebensgefährtin in Berlin an.

»Unser Ziel war, dass mich die HV A anwirbt. Deshalb sollte ich meine linke Einstellung in meinem Unterricht und im gesellschaftlichen Leben in Westberlin vorerst beibehalten. Rock nannte mir im Sommer 1976 die Namen von drei englischsprechenden Personen in Ostberlin, die ich besuchen und über die politischen Verhältnisse in der DDR befragen sollte. Ich sollte die neuen Bekannten etwas später darüber informieren, dass ich den Wunsch hegte, in die DDR überzusiedeln. Die CIA wusste, dass diese Personen Kontakte zum Geheimdienst der DDR hatten. Durch diese Kontakte würde die HV A erfahren, dass ein linker Professor daran interessiert war, Gastprofessor in Ostberlin zu werden. Ich sollte mich jedoch nicht anbieten. Die HV A sollte auf mich zukommen und versuchen, mich anzuwerben.

Und so geschah es. Wie der Zeuge Willy ausführlich bei seiner Vernehmung schilderte, hat die HV A mich angeworben und mich in ein konspiratives Kollektiv von hauptamtlichen HV A-Mitarbeitern integriert.«

Das Gericht hörte mir aufmerksam zu, als ich zu den Details der Kontaktaufnahme mit der HV A kam: »Wie Rock geahnt hatte, sagte mir die HV A, dass ich mit meinem Abschluss an der EliteUniversität Princeton geeignet wäre, der DDR zu helfen, indem ich in der Bundesrepublik blieb und versuchte, das Bundeskanzleramt und die Bonner Ministerien auszuspähen. Damit waren wir an dem Punkt, an dem sowohl das MfS der DDR als auch die CIA der USA landen wollten. Beide Dienste wollten frühzeitig über die Positionen, Streitpunkte und Verhandlungsstrategien Bonns Bescheid wissen. So könnte die USA im Voraus wissen, was sie in internationalen Verhandlungen von der Bundesregierung zu erwarten hätte.

Gleichzeitig würde die USA erfahren, welche Informationen und Themen von der DDRRegierung erwünscht wären. Zudem erfuhr die CIA, wie die H VA Themen entwickelte und Aufträge an ihre Spione erteilte. Ein zusätzliches Ziel der CIA bestand darin, ein Kriterien-Raster der PersonenTypen zu erstellen, die das MfS als für eine Anwerbung geeignet ansah. Dieses Raster sollte auf der Grundlage meiner Anwerbungsversuche in der Bundesrepublik erstellt werden. Damit hätten wir auch die Namen der Menschen gekannt, die eventuell angeworben werden sollten. Darüber hinaus würde die CIA erfahren oder bestätigt bekommen, welche operativen Methoden für

Funkverkehr, Kurierkontakt, Fotografie und tote Briefkästen vom MfS benutzt wurden.«

Ich führte aus, dass mich beide Dienste mittelfristig als gutbürgerlichen Wissenschaftler oder Geschäftsmann in Bonn sahen. Beide hatten Interesse, dass ich in meinem Freundes und Familienkreis allmählich meine politische Einstellung änderte. »Durch meine jahrelange Lehrtätigkeit über marxistische Soziologie fiel es mir leicht, in politischen Diskussionen mit den Mitgliedern meines Kollektivs in Ostberlin mitzuhalten. Die HV A wusste natürlich nicht, dass James Rock mich bereits 1975 für die CIA angeworben hatte. Von meinem HV AFührungsoffizier Horst kam der Vorschlag, den Kontakt mit dem LindenInstitut und insbesondere mit James Rock, der seit 1974 Direktor der hoch angesehenen Einrichtung war, aufzubauen. In den dortigen Seminaren könnte ich Bekanntschaften mit westdeutschen Politikern knüpfen.«

Ich sagte den Richtern: »Der Vorwurf der Anklage, dass ich für den Geheimdienst der DDR tätig war, ist absolut richtig. Aber den Grund für diese Tätigkeit will die Bundesanwaltschaft verschweigen. Mein tatsächlicher Auftraggeber war die CIA, und dies will der Ankläger nicht an die Öffentlichkeit bringen. Dabei ist es hinlänglich bekannt, dass die US-Geheimdienste seit 1945 die Regierungsstellen und Inhaber dieser Posten in Deutschland ausspähen. Die Frage ist: War Dr. Schevitz ein Teil dieses Beschaffungsprozesses?«

Das Bündnis zwischen der BRD und den USA war seit Anbeginn eine »Allianz des Misstrauens«. Selbstverständlich interessierte sich die CIA auch für die Arbeitsweise des DDRGeheimdienstes. Deshalb lag es nahe, einen Mann wie mich – einerseits mit einer EliteAusbildung, andererseits ein Neuer Linker – als Doppelagent einzusetzen.

»Ich glaube, Herr Richter«, sagte ich, »Sie wollen die USA nicht ärgern und klagen mich deshalb nur an, für ›eine fremde Macht‹ gearbeitet zu haben. Die Wahrheit könnte die Bundesregierung in ihrer außenpolitischen Beziehung zu den USA stören.«

Bereits bei der Verhaftung am 3.Mai 1994 sowie am 4. Mai hatte ich bei Haftrichter Maier Kontakt zur amerikanischen Botschaft verlangt, weil ich Doppelagent wäre. Meine Frau hatte im Juni, als ich in Untersuchungshaft saß, Kontakt mit David Grant in der US-Botschaft in Bonn aufgenommen. Meine Schwiegermutter hatte in den USA Dana Slater vom LindenInstitut Washington kontaktiert. Mein Rechtsanwalt wusste von allen Kontaktversuchen. Aus den USA war keine Antwort zu uns gekommen. Der BND hatte ebenfalls nach Antworten gesucht, aber die USRegierung hatte ihm keine gegeben.

»Ihre Anfrage an das Justizministerium der USA, ob ich für die CIA gearbeitet habe, ist eine absichtliche durchschaubare Verschleierung Ihres wahren Ziels, nämlich der ehemaligen DDR eins auszuwischen», griff ich den Richter an. »Es hat keinen Zweck, Anfragen über mich an die CIA zu richten. Wir beide wissen das. Wir beide wissen, die CIA wird nie ihre Quellen preisgeben. Sie werden als Richter mit einer Mauer der Geheimnisse konfrontiert, weil Antworten die operativen Methoden der amerikanischen Geheimdienste offenbaren würden. Ihre Anfragen dienen nur der Begründung ihrer vorgeformten Verurteilung. Dem Sachverständigen, Direktor Dörrenberg vom Bundesamt für Verfassungsschutz, ist mindestens Naivität vorzuwerfen, wenn er zu Protokoll gibt: ›Im Übrigen sei mit Sicherheit davon auszugehen, dass, wäre Dr. Schevitz von der CIA geführt gewesen, diese dem Bundesamt für Verfassungsschutz dies längst signalisiert hätte.‹«

Doch die CIA hatte dem Gericht ein deutliches Signal geliefert, ohne ein »mea culpa«, wie es das Gericht öffentlich gefordert hatte. Eine ehemalige CIABeschäftige und eine Journalistin des Hollywood Reporter, die gemeinsam »Die Wilmington Girls« waren, hatten eine mehrseitige Erklärung an das Gericht abgegeben. Die »Wilmington Girls« kannten mich, seit ich elf Jahre alt war. Wir hatten zusammen gespielt und Nachmittagsunterricht in Hebräisch in der Synagoge meiner Heimatstadt Wilmington erhalten. Die beiden verbürgten sich für mich mit einer Vielzahl von Leumundszeugnissen und persönlichen Empfehlungen von Freunden, Kommilitonen und beruflichen Kollegen. Sie alle bescheinigten meine Treue zu den USA, meinen integren Charakter und meine jüdische Moral.

»In welcher Traumwelt lebt der Direktor des Bundesamts für Verfassungsschutz?«, argumentierte ich. »Glaubt er allen Ernstes, die CIA würde ihm deutlichere ›Signale‹ geben, als es die Leumundszeugnisse der ›Wilmington Girls‹ tun? Das Gericht hat die Schwäche seiner eigenen Argumentation nicht erkannt, als es erklärte: ›Der Zeuge und Sachverständige Dörrenberg hat beim Senat einen ausgezeichneten

Eindruck hinterlassen. An der Objektivität und der Richtigkeit seiner Angaben besteht kein Zweifel.‹«

»Herr Richter,« sagte ich zu Richter Sandlass, »Sie müssen Erfolg zeigen, obwohl Sie wissen, dass Sie keinen Erfolg erzielen können. Die CIA wird nie in der Öffentlichkeit zugeben, wie mir Tom Polgar, der ehemalige CIA Chief of Station in Bonn, telefonisch von seinem Ruhesitz in Florida am 15. September 1995 sehr stolz mitgeteilt hat, dass sie mehrere Hundert Agenten in West und Ostdeutschland hatte.«

Ich brachte Philip Agee und sein Buch Dirty Work: The CIA in Western Europe *(Schmutzige Arbeit: Die CIA in Westeuropa) von 1978 als Beweis vor, in dem er bestätigt: »Die CIA vertraut den deutschen Geheimdiensten wenig, weil dort viele DDR und sowjetische Agenten tätig sind. Und das ist nur einer der Gründe für die hohe Zahl an CIA-Agenten in Deutschland, denn sie müssen auch ein Auge auf die deutschen Geheimdienste richten.«*

»Nicht ich, sondern die Bundesanwaltschaft«, so führte ich weiter aus, »versucht eine Legende aufzubauen, indem sie meine sogenannte nichtoffizielle Abdeckung durch meinen unbefristeten Vertrag als Senior Associate Consultant der renommierten Firma IEAL verschweigt. Die Ziele von IEAL decken sich ziemlich genau mit den KIQ der US-Aufklärung, den Key Intelligence Questions, auf Deutsch: den wichtigen Geheimdienstfragen, nämlich der Nichtweiterverbreitung von Atomwaffen beziehungsweise von atomwaffenfähigem Material und dem ExportKontrollregime. Während meiner Vernehmung hat der Staatsanwalt diese KIQ ignoriert und meinen Vertrag sowie die neunundzwanzigseitige ›Einführung in das Personal, den Beirat und die Mitarbeiter von IEAL‹, in der ich als SeniorBerater aufgeführt bin, absichtlich ignoriert. Durch die von der CIA mitorganisierte Zusammenarbeit mit IEAL, die selbst auch etwa ein Prozent ihrer Arbeit für eine Vielzahl von Aufklärungsstellen der amerikanischen Regierung durchgeführt hat, war der Weg zu einem Zugang zu Bonner Ministerien, speziell zum Bundeskanzleramt, geebnet.«

Der Vorsitzende Richter wähnte sich in einem Rededuell mit mir. Aber ich hatte das Fechten während meiner Studienzeit in Princeton gelernt. Ich beherrschte Riposte und Finte, ich wusste wie ich meinen Gegner angreifen und in einem Scheinangriff verunsichern konnte. Manchmal gewann ich den Eindruck, dass Richter Sandlass Fechten in seiner Burschenschaft gelernt hatte. Er war ein würdiger Gegner im Gerichtssaal.

Ich zeigte dem Gericht ein Foto von einer Stelle unweit der amerikanischen Botschaft, an der ich einen Treff mit meinem CIA-Verbindungsmann hätte anfordern können. Ich erklärte, dass ich an diesem toten Briefkasten einen Magneten auf eine metallene Sonnenuhr an einer Steinwand legen sollte, fünfzehn Meter von der Anlegestelle der Mehlemer Fähre entfernt. Ich präsentierte noch ein zweites Foto von einem toten Briefkasten in Karlsruhe, bei dem es sich um einen Feuerhydranten außerhalb der SmileyKaserne handelte, in der meine Frau als Sozialarbeiterin arbeitete. Der Richter parierte meinen Vorstoß mit der Bemerkung, dass das Bild erst vor Kurzem aufgenommen worden sei. Ich erwiderte seinen Schlag und sagte, dass ich als Spion Fotos solcher Orte natürlich erst nach Beendigung meiner geheimdienstlichen Tätigkeit aufnehmen konnte.

Ein anderes Einzelgefecht drehte sich um eine Wohnung in Mehlem, Meisengarten 41b, eine Straße von der amerikanischen Botschaft an der Deichmanns Aue entfernt. Im September 1995 war ich nach Bonn gefahren, um ein Haus zu finden, von dem ich im Gericht behaupten konnte, ich hätte dort eine konspirative Wohnung für Treffs mit meinem CIA-Verbindungsmann gehabt. Ich war auf ein offensichtlich unbewohntes Haus gestoßen, einen Steinwurf von der amerikanischen Botschaft entfernt.

Ein kluger und schneller Arrêtstoß vom Richter folgte: »Ich glaube Ihnen nicht, dass die CIA dort eine konspirative Wohnung für Treffs mit Ihnen unterhalten hat. Ich werde den Staatsanwalt bitten, den Hausbesitzer ausfindig zu machen und morgen ins Gericht zu laden.« Dieses clevere Manöver des Richters zeugte von seiner Intelligenz. Ich hielt meinen Atem an und konnte nur hoffen, dass mich der Hausbesitzer nicht bloßstellen würde. Drei Tage später, am nächsten Verhandlungstag, wurde ein kleinwüchsiger Mann mit einer blauen Hamburger Schiffermütze auf dem Kopf in den Saal geführt. Ich hielt meinen Atem wieder an, als der Hausbesitzer erklärte, er habe das Haus 1980 vom Ehepaar Schwan geerbt. Er selbst wohne in Hamburg, aber das Haus sei seit dem Tod seiner Verwandten unbewohnt. Niemand konnte meine Behauptung widerlegen und beweisen, dass das Haus nicht von der CIA für unsere geheimen Treffs benutzt worden war. Mithilfe des Ehepaars Schwan konnte ich auch die Aussage von Herrn Dörrenberg vom Bundesamt für Verfassungsschutz entkräften. Er hatte ausgesagt: »Wegen zu hoher Kosten gibt es nicht eine einzige konspirative Wohnung in der Bundesrepublik Deutschland von der CIA«. Das Ehepaar Schwan dagegen, das den Amerikanern für die Befreiung von der Naziherrschaft ewig dankbar gewesen war, hatte einem Vorgänger des Bonner CIAChefs Tom Polgar einen hinteren Teil ihres Hauses für konspirative Gespräche überlassen, lediglich gegen Zahlung der Unkosten. Damit war die Aussage Dörrenbergs ohne Bedeutung. Das war ein Treffer mit meinem Florett!

Ich war zufrieden mit meiner Verteidigung.

Am letzten Tag des Prozesses erfolgte die rechtliche Würdigung: Ich würde nicht für eine geheimdienstliche Tätigkeit für die USA verurteilt werden. Das war mir von vornherein klar gewesen, denn eine solche Verurteilung hätte zu einem internationalen Eklat führen können. In meiner Verteidigungsstrategie war ich davon ausgegangen, dass es eine stillschweigende Vereinbarung zwischen der USRegierung und der deutschen Justiz gab: Die CIA würde eine Tätigkeit für sie nicht zugeben und die BRD mich im Gegenzug nur zu einer leichten Strafe verurteilen. Die rechtliche Würdigung lautete weiter: Da ich meine Tätigkeit für die DDR zugegeben hatte, musste ich für diesen Tatbestand verurteilt werden. Weil jedoch der wahre Grund für meine Tätigkeit für den DDR-Geheimdienst nicht eindeutig geklärt werden konnte, so der Richter, hielt das Gericht ein geringeres Strafmaß im Vergleich zu anderen DDRSpionen für angemessen.

Am 10. November 1995 erging das Urteil: »Der Angeklagte wird wegen geheimdienstlicher Agententätigkeit zu einer Freiheitsstrafe von einem Jahr und sechs Monaten verurteilt. Die Vollstreckung der Strafe wird zur Bewährung ausgesetzt.« Zu Bea hieß es: »Die Angeklagte Beatrice AltmanSchevitz muss eine Geldbuße in Höhe von zehntausend DMark zahlen, ohne Eintragung in ihr polizeiliches Führungszeugnis«

Mir wurde zugutegehalten, dass ich geständig und kooperativ gewesen war. »Er hat zudem eine geheimdienstliche Tätigkeit, wenn auch unter anderen Vorzeichen als ihm vorgeworfen, eingeräumt. Denn auch die nachrichtendienstliche Tätigkeit für die CIA gegen die Bundesrepublik wäre strafbar gewesen.«

Am Ende würdigte das Gericht sogar meine Verteidigungsstrategie: »Die tatsächliche Schwierigkeit, seine im Wesentlichen geschickt aufgebaute Einlassung und Schutzbehauptung letztlich unter Ausschluss vernünftiger Zweifel zu widerlegen, war dem intelligenten Angeklagten bis in sein letztes Wort bewusst.«

Das Gericht war zufrieden, erneut zu beweisen, dass die DDR geheimdienstlich in der BRD tätig gewesen war, auch wenn es meine Behauptung nicht widerlegen konnte, dass ich auch jahrelang für die CIA arbeitete. Ich erreichte mein Ziel: eine milde Strafe zu bekommen, weil ich Zweifel gestreut hatte, wer mein wirklicher Auftraggeber gewesen war.

Stehaufmännchen

Unser Leben musste nach dem Prozess weitergehen und finanziell abgesichert werden. So hatte Jeffrey bereits nach seiner Entlassung aus der Untersuchungshaft begonnen, an der Idee zu arbeiten, Geld durch Übersetzungen zu verdienen. Anfang 1995 besuchte er eine Messe für Maschinenbau und Anlagen in Karlsruhe und sprach mit vielen Ausstellern über ihren Bedarf für Übersetzungen. Diese Branche lebte vom Export. Der Zuspruch der Firmen war groß. Diese selbstständige Übersetzungsarbeit führte er nach dem Prozess fort und hatte im nächsten Jahr bereits mehrere Aufträge von mittelständischen Unternehmen.

Mit Staunen erlebte ich, wie Jeffrey Mitte 1996 forsch wie immer, aber zuvorkommend, im Lager der deutschen Niederlassung des Insulinpumpen-Herstellers Disetronic nahe Frankfurt direkt auf den Geschäftsführer Dr. Schäfer zuging und fragte: »Meine Frau hat eben ein Stellenangebot in Irland erhalten. Wer könnte dort meine Insulinpumpen warten und Zubehör besorgen?«

Prompt kam die Antwort zurück: »Niemand, wir haben keine Vertretung dort.«

Jeffrey reagierte schnell und entschlossen und erwiderte: »Dann könnte ich es tun. Schließlich bin ich vierzig Jahre Diabetiker und benutze seit acht Jahren Ihre Insulinpumpe.«

Dr. Schäfer, der durch und durch unternehmerisch dachte, reagierte genauso schnell wie Jeff: »Irland ist klein, aber Großbritannien ist groß. Würden Sie, Dr. Schevitz, überlegen, dort die Vertretung aufzubauen?«

Jeffrey hatte schon immer solche spontan und schnell denkenden Personen geschätzt. »Doch, würde ich«, schoss Jeff zurück.

»Dann legen Sie mir einen Businessplan vor. Danach reden wir weiter.«

Jeff hatte keine Kenntnisse von Unternehmensführung, aber er wusste, wo er sich diese aneignen könnte: in den Büchern der Harvard Business School, die als beste Wirtschaftshochschule in den USA bekannt war. Bald war Jeff zurück an seinem Schreibtisch, wo er sich so viel Wissen anlas, dass er zuversichtlich war, Dr. Schäfer einen Businessplan für die Gründung, den Ausbau und die Führung einer Disetronic-Niederlassung vorlegen zu können. Beeindruckt von Jeffreys Fleiß, seiner Ernsthaftigkeit und Gründlichkeit rief er den Vorstand aus der Schweiz zu einer Besprechung zusammen, um die Realisierbarkeit von Jeffreys Plan zu besprechen. Als kluge, schlitzohrige Geschäftsleute, wie es viele Schweizer sind, präsentierten sie Jeffrey ein Angebot. »Dr. Schevitz, wenn Sie zweihunderttausend D-Mark investieren, würden wir Ihnen die Vertretung übertragen.«

Sie wussten natürlich nicht, dass wir weder Rücklagen noch Vermögen besaßen und sogar noch dreißigtausend D-Mark Geldstrafe in Raten abzuleisten hatten. Deshalb war es einfach für Jeffrey, selbstbewusst zu behaupten:

»Sie müssen das unternehmerische Risiko tragen, nicht ich.« Nach Verhandlungen, die sich über Monate erstreckten, schlossen wir schließlich einen Vertrag über unsere zukünftige Tätigkeit in England.

Disetronic finanzierte uns ein Büro und eine Wohnung in England. Wir fanden beides in einem dreistöckigen Haus mit Garten im Zentrum von Greenwich. Es lag am Rande des Greenwich Parks, nur zehn Minuten Fußweg von der Themse und dem Trockendock des ehemaligen Teeschiffs »Cutty Sark« entfernt. Jeffrey saß häufig am Bug des wunderschönen Segelschiffs und träumte, er sei Kapitän auf hoher See. In Wirklichkeit war er Kapitän von Disetronic in England. Wir liefen abends am Ufer der Themse entlang und aßen *Fish & Chips*, gingen auf Jazzkonzerte oder fuhren mit unseren Inlineskates durch den großen Park. Kurz, wir genossen das Leben wieder.

Wir arbeiteten aber auch hart, sechs Tage in der Woche. Mit dem Auto fuhren wir durch ganz England, um Fachärzte in Krankenhäusern zu überzeugen, die Insulinpumpentherapie in ihren Kliniken einzuführen. Schließlich fanden wir fünf Krankenhäuser, die dazu bereit waren. Wir bildeten die Krankenschwestern aus und erläuterten potenziellen Anwendern und ihren Angehörigen die neue Therapieform. Wir fanden zudem junge Menschen, die die Therapie auf Messen vorstellten. Kurzum: Wir waren erfolgreich. Disetronic gab im Frühjahr 1998 grünes Licht, die Disetronic Limited, also eine eigene GmbH, in England zu gründen.

Ein halbes Jahr später gab die Firma bekannt, dass sie Jeffrey durch einen Engländer ersetzen wollten. Es war ein herber Schlag für uns. Wir zogen einen Rechtsanwalt für Arbeitsrecht zu Rate, der schließlich durchsetzte, dass Jeff eine Stelle bei der Disetronic-Geschäftsführung in Frankfurt bekam.

Als wir im Dezember 1998 Urlaub machten und nach Hopfen am See bei Füssen fuhren, waren wir überwältigt von der Schönheit des Ortes. Kurzerhand beschlossen wir, uns dort niederzulassen. Für seine Arbeit unter der Woche nahm sich Jeffrey eine kleine Wohnung in Bad Soden nahe Frankfurt, an den Wochenenden fuhr er dann zu mir nach Füssen. Mit seinem Schwerbehinderungsgrad durfte er bereits mit sechzig in Rente gehen.

Die Welt dreht sich weiter

Heute, am 13. April 2021, ist es genau fünfundvierzig Jahre her, dass ich nach Deutschland gekommen bin. Ich lebe in der Nähe von Füssen im Allgäu, direkt an der Grenze zu Österreich, sehe die Alpen jeden Tag vor meiner Haustür und gehe jeden Morgen mit meinem großen Hund BeBop spazieren. In Westberlin hat mein Leben im Schatten der Legende begonnen, hier in Füssen werde ich diese Legende nun endgültig ablegen.

Im April 2020 hatte ich mich entschieden, die zwölf Kartons aus dem Jahr 1995 zu öffnen und die Erinnerungen auszupacken. Diese Kartons hatten wir sofort nach unserem Gerichtsprozess gefüllt und mit dickem Tesa-Klebeband verschlossen. Nun endlich, im Ruhestand und im Alter von fünfundsechzig Jahren, konnte ich mir die Zeit nehmen, die Erinnerungen, die Akten und Notizen aus meiner Vergangenheit zu lesen und zu verarbeiten.

Mein Beruf als Sozialpädagogin bei der Stadt Kaufbeuren und unser politisches Engagement im Münchener Friedensbündnis sowie Projekte und Demonstrationen mit dem Munich American

Peace Committee und mit dem Deutschen Gewerkschaftsbund in Kaufbeuren haben viel Zeit in Anspruch genommen. In den letzten zwanzig Jahren hielten Jeff und ich politische Reden auf dem Marienplatz in München, schrieben Sketche für Antikriegskundgebungen und führten sie mit anderen Friedensaktivisten und Friedensaktivistinnen auf. Während der Präsidentschaft von George W. Bush Jr. trat Jeff einmal als Uncle Sam, einmal als Sheriff mit Flinte auf. Jeffrey hat mehrere »Münchener Peace Videos« gedreht und ins Internet gestellt. Die Homepage des Munich American Peace Committee baute er mit anderen Mitgliedern auf und führt sie heute weiter. Für das Allgäu drehten wir »Allgäuer Fortschritt«-Filme.

Für mich war in den letzten zwanzig Jahren die Zusammenarbeit mit den vielen politischen Aktivisten in Kaufbeuren ein Höhepunkt. Viele Stunden begleitete ich nach der Arbeit die Jugendgruppe »Salzstreuer«. Bertolt Brecht inspirierte die Jugendlichen, mit seinen Worten aus dem Aufsatz »Fünf Schwierigkeiten beim Schreiben der Wahrheit«: »Wenn man erfolgreich die Wahrheit über schlimme Zustände schreiben will, muss man sie so schreiben, dass ihre vermeidbaren Ursachen erkannt werden können. Wenn die vermeidbaren Ursachen erkannt werden, können die schlimmen Zustände bekämpft werden.« Die Jugendgruppe arbeitete zwischen 2006 und 2011 selbstständig die Geschichte der Stadt Kaufbeuren von 1933 bis 1945 in einer großen Ausstellung auf. Die schlimmen Zustände in dieser Zeit hatten dem Dutzend Schüler keine Ruhe gelassen. Mit einer Ausstellung und einem Mahnmal organisierten sie politische Bildung in Kaufbeuren. Die Gruppe gab dem Stadtrat Impulse und scherte sich nicht um kritische Stimmen. Sie wusste viele Menschen mit Einfluss auf ihrer Seite – darunter den Oberbürgermeister, den DGB Kaufbeuren und den ehemalige Ärztlichen Leiter des Psychiatrie-Krankenhauses – und setzte sich schließlich durch. Seit dem siebzigsten Jahrestag der »Reichskristallnacht« am 9. November 2008 steht vor dem Jugendzentrum in Kaufbeuren ein Mahnmal an die Opfer von Euthanasie, Zwangsarbeit und Konzentrationslagern. Das Denkmal »Mitläufer, Widerstand, und du?« zeigt einen Blinden, ein waches Auge und einen glatten runden Glaskörper in kühler Stahl-Geometrie und steht gegen die »Schlussstrich-Mentalität«.

Alle diese Aktivitäten in der politischen Bildung haben mir viel Hoffnung für die junge Generation in Deutschland gegeben.

Als Jeffrey in den Ruhestand ging, begann er seine Ausbildung als Systemischer Therapeut. Zwei Jahre später baute er eine eigene Praxis in einer Rehabilitationsklinik in Hopfen am See und in München auf. In seiner Praxis arbeitet er bis heute als Therapeut. Die letzten Jahre begleitete er Hunderte Patienten, um ihnen bei ihren Problemen zu helfen.

Parallel zu meiner hauptberuflichen Tätigkeit als Sozialarbeiterin bei der Stadt Kaufbeuren absolvierte ich die Ausbildung zur Systemtherapeutin und praktizierte mit Jeffrey Paartherapie in der Rehabilitationsklinik in Hopfen am See.

Unsere Kinder sind starke Persönlichkeiten und unabhängige Menschen geworden. Andrei ist seit mehr als zwanzig Jahren Hausmeister in einer Schule und lebt heute mit seiner Mutter in der Nähe von Berkeley in Kalifornien. Tanya lebt mit ihrem Mann und zwei Söhnen in San Francisco. Sie arbeitet als Chefin für Innovation und Kommunikation bei Reboot, einer gemeinnützigen Organisation für Kunst und Kultur, die jüdisches Denken und jüdische Traditionen neu interpretiert.

Vorwärts gelebt und rückwärts verstanden: Nachbemerkungen

Meine Gefühle zum »Experiment DDR« hatte ich nach 1995 wie in Watte sicher eingepackt. Nun habe ich die Erinnerungen an diese Zeit meines Lebens in meiner Autobiografie für mich und meine Familie aufgeschrieben und damit versucht, sie auf persönlicher und emotionaler Ebene einzuordnen. In den Achtzigerjahren hatten Jeffrey und ich die gleichen Träume – vielleicht auch Illusionen – wie viele Menschen in der DDR. Mein Leben wäre ärmer gewesen, hätte ich diese Träume nicht gehabt.

Mit diesem Buch möchte ich meinen Kindern und Enkelkindern erklären, dass ich sie in Gefahr gebracht habe, weil ich glaubte, einen Krieg zwischen den USA, Europa und der UdSSR verhindern zu können. Es wäre in den Achtzigerjahren durchaus möglich gewesen, dass ein Atomkrieg Deutschland und Europa verwüstet hätte und die Idee des Sozialismus in Rauch aufgegangen wäre.

Ist es nun an der Zeit, meine Wertvorstellungen über Bord zu werfen und meine politische Arbeit zu beenden?

Nein! Zwar wird es das »Experiment DDR« nie wieder geben, und die Kritiker sagen: »Gott sei Dank!«, doch wir leben heute wieder in unsicheren Zeiten, unter einem globalen und sehr brutalen Kapitalismus. Deshalb werde ich weiterhin für eine Gesellschaft eintreten, in der nicht Geld alle Dinge regelt.

Ich möchte mit meiner Autobiografie auch die nachfolgenden Generationen von Frauen ermutigen, ihr eigenes Leben gleichwohl für sich und für die Gesellschaft mit Elan, Zuversicht und Freude einzusetzen. Heute erkennen viele Menschen, dass in unserer Welt etwas nicht in Ordnung ist. Die jungen Menschen fangen beispielsweise unter dem Motto »Fridays for Future« an, wie ich mit sechzehn Jahren, die wichtigen Fragen zu stellen und den Stellenwert des politischen Engagements für ihre Zukunft kennenzulernen. Das macht mir Hoffnung.

Wenn Sie dieses Buch zuklappen, überlegen Sie, was Sie heute tun können, um neue Kriege, die Umweltzerstörung oder eine der anderen Gefahren unserer Zeit zu verhindern. Es braucht Mut, um die Wahrheit über die »schlimmen Zustände« aufzuklären. Sei es in Initiativen in Ihrer Schule, in Ihrem Verein, in Ihrer Kirche oder in Ihrem Jugendzentrum, in Ihren Familien und Freundeskreisen: Stehen Sie auf und mischen Sie sich ein!

Mit meiner Geschichte übergebe ich Ihnen den Staffelstab für die nächste Etappe: Ihre Etappe.

Danksagung

Jedes Buch lebt auch von den Menschen, deren Aufgabe es zu sein scheint, dem Autor beratend und hilfreich zur Seite zu stehen. Ich musste bis zu meinem fünfundsechzigsten Lebensjahr warten, ehe ich meine Geschichte der Jahre 1955 bis 1995 aufschreiben konnte. Im Ruhestand und im Pandemie-Lockdown kreativ zu sein, war für mich wichtig. Ein Mensch zu sein bedeutet für mich, meine eigene Geschichte wie ein Puzzle aus unzähligen einzelnen Momenten zu konstruieren – und aus vielen weiteren Geschichten, deren Puzzleteil ich bin.

Ich bedanke mich bei Dr. Gabi Gast, Heidi Thiel und Kerstin Feuerstein, alle drei Kundschafterinnen des MfS wie ich. Ich bin stolz sie als Freundinnen zu haben. Sie machten mir im Jahr 2020 durch ihre positive Einstellung Mut, meine Autobiografie aufzuschreiben. Ihre Überzeugung, dass WIR Frauen im Kalten Krieg einen besonderen Beitrag für die Erhaltung des Friedens geleistet haben, half mir.

Meinem Coach Robert Domes möchte ich danken. Seine Schreibwerkstatt im März 2020 in Kloster Irsee im Ostallgäu gab mir den entscheidenden Anstoß, dieses Buch zu schreiben. Der Journalist und ehemalige Redakteur bei der *Allgäuer Zeitung* ist Autor mehrerer Bücher. Besonders hervorzuheben ist *Nebel im August, die Lebensgeschichte des Ernst Lossa.* Robert hat viele Stunden investiert, um mein Manuskript zu lesen und mir Verbesserungsvorschläge zu geben. Er hat verstanden, dass ich meine Lebensgeschichte auf Deutsch schreiben wollte, obwohl Englisch meine Muttersprache ist.

Das Buch entstand tief im Ostallgäu. Durch meine Kontakte in Berlin sowie meine Freundschaft zu Victor Grossman traf ich mich im Januar, Juli und August 2021 in Berlin mit vielen alten Freunden, um über das Buch zu reden. Besonders Victor, der mein Manuskript mit seinem scharfen Blick als Journalist, der sowohl in den USA als auch in der DDR gearbeitet hat, las, machte kritische Vorschläge.

Im Allgäu arbeitete ich intensiv mit Oliver Graf zusammen. Er ist 1977 in Westdeutschland geboren, hat das Manuskript sorgfältig gelesen und Rechtschreibfehler aufgespürt. Besonders über mein Leben im Amerika der Fünfziger- und Sechzigerjahre verlangte er Aufklärung, über die politischen Ereignisse und wie sie mich als junges Mädchen und Jugendliche beeinflusst haben.

Dr. Tanja Seider, 1976 geboren und aufgewachsen im Allgäu, ist beruflich in der politischen Bildung aktiv. Sie hat mein Manuskript aus der Perspektive der politischen Bildungsarbeit kommentiert.

Bei BEBUG / edition berolina war Bettina Kurzek verantwortlich für die erste Ausgabe dieses Buches. Antje Käske hat das Manuskript als begeisterte Korrekturleserin mit vielen Verbesserungen druckfertig gemacht.

Ich möchte einen besonderen Dank an Bernd Bücking aussprechen, der die Karikaturen für mein Buch zeichnete. Bereits im Frühjahr 2021 trafen wir uns im Ostallgäu, um den Inhalt der Abbildungen zu besprechen. Seine Zeichnungen schildern, was nicht in der Zeitung steht oder in Fotos über meine Tätigkeit gezeigt werden darf. Er ist leider am 21. September 2021 an Covid-19 verstorben, aber seine kreativen Bilder werden immer in meinem Buch weiterleben.

Mit seinen besonderen technischen Fähigkeiten hat Günter Pelzl meine Familienfotos für den Verlag vorbereitet. Günter veröffentlichte 2020 seine Biografie *Der Fälscher. Als Forscher im Operativ-Technischen Sektor des MfS.*

Ich widme das Buch meinem Mann und Mitstreiter Jeffrey Schevitz. Er hat jede Seite mit mir durchgelesen und die Kapitel über seinen Gefängnisaufenthalt und den Gerichtsprozess selbst geschrieben. Wir sind seit 1975 ein Team und Liebespaar und haben nun unsere besondere Geschichte gemeinsam auf Papier festgehalten.

Bibliografie

»Ein Amerikaner in der BRD«. In: Klaus Eichner und Gotthold Schramm (Hrsg.): *Top-Spione im Westen.* Berlin 2003, S. 299–314.

»›Loni‹: Spur = hinterlassenes Zeichen«. In: Klaus Eichner und Gotthold Schramm (Hrsg.): *Top-Spione im Westen.* Berlin 2003, S. 315–319.

Zdenek Červenka und Barbara Rogers: *The Nuclear Axis: Secret Collaboration between West Germany and South Africa.* New York 1978.

Klaus Eichner und Andreas Dobbert: *Headquarters Germany: Die US-Geheimdienste in Deutschland.* Berlin 2008.

Victor Grossman: *Crossing the River: Vom Broadway zur Karl-Marx-Allee: Eine Autobiografie.* Berlin und Böklund 2014.

Katja Hoyer: *Beyond the Wall, East Germany, 1949 - 1990.* London 2023

Katja Hoyer: *Diesseits der Mauer, Eine neue Geschichte der DDR 1949 - 1990.* Hamburg 2023

Egon Krenz: *Gestaltung und Veränderung. Erinnerungen.* Berlin 2023

Robert Scheer: *With Enough Shovels: Reagan, Bush and Nuclear War.* New York 1983.

Anna Starcke: *Survival: Taped Interviews with South Africa's Power elite*. Kapstadt 1978.

Die auf Seite 226 zitierte »Richtlinie 1/79 für die Arbeit mit Inoffiziellen Mitarbeitern (IM) und Gesellschaftlichen Mitarbeitern für Sicherheit (GMS)« befindet sich heute im Stasi-Unterlagen-Archiv, hier zitiert nach: Helmut Müller-Enbergs (Hrsg.): *Inoffizielle Mitarbeiter des Ministeriums für Staatssicherheit. Teil 1: Richtlinien und Durchführungsbestimmungen*. Berlin 2001, S. 319.

Glossar

BfV – Das Bundesamt für Verfassungsschutz (BfV) ist der deutsche Inlandsnachrichtendienst.

BKA – Das Bundeskriminalamt (BKA) ist die Zentralstelle der Kriminalpolizei in der Bundesrepublik Deutschland.

BND – Der Bundesnachrichtendienst (BND) ist der Auslandsnachrichtendienst der Bundesrepublik Deutschland. Er ist nach dem Zweiten Weltkrieg – unter Führung des US-Imperialismus – aus der „Organisation Gehlen" hervorgegangen, einem Netzwerk faschistischer Agenten und Kollaborateure (vor allem in der UdSSR) unter Leitung des Wehrmachtsgenerals und Leiters der nationalsozialistischen Aufklärungsabteilung „Fremde Heere Ost", Reinhard Gehlen.

Bundeskanzler Helmut Kohl – war ein deutscher CDU-Politiker und führte als Bundeskanzler der Bundesrepublik Deutschland von 1982 bis 1998 eine CDU/CSU/FDP-Koalition.

Bundeskanzler Helmut Schmidt – war ein deutscher SPD-Politiker. Von 1974 bis 1982 war er als Regierungschef einer sozialliberalen Koalition nach dem Rücktritt Willy Brandts der fünfte Bundeskanzler der Bundesrepublik Deutschland. Er setzte sich für den so genannten NATO-Doppelbeschluss ein, der die Stationierung von Mittelstreckenraketen in Westeuropa vorsah, dies aber mit einem Verhandlungsangebot an die Sowjetunion zum beidseitigen Verzicht auf diese Waffensysteme verband. Diese Entscheidung war in der Bevölkerung und seiner Partei sehr umstritten. Aus der Protestbewegung gegen den NATO-Doppelbeschluss ging am Ende von Schmidts Amtszeit die neue Partei der Grünen hervor. Schmidt verfolgte in den frühen 1980er Jahren die Verbesserung der Beziehungen zwischen den beiden deutschen Staaten.

Bundeskanzler Willy Brandt – Willy Brandt war von 1969 bis 1974 Bundeskanzler der Bundesrepublik Deutschland. Von 1964 bis 1987 war er Parteivorsitzender der SPD und von 1976 bis 1992 Präsident der Sozialistischen Internationale. Unter dem Motto „Wandel durch Annäherung" gab er die bis Ende der 1960er Jahre an der Hallstein-Doktrin orientierte Außenpolitik der Bundesrepublik auf und orientierte mit seiner „neuen Ostpolitik" und den „Ostverträgen" auf die ökonomische Destabilisierung des „Ostblocks".

CDU/CSU – Die Christlich Demokratische Union Deutschlands (CDU) ist eine konservative und wirtschaftsliberale Partei. Zusammen mit ihrer Schwesterpartei, der Christlich-Sozialen Union (CSU), wird sie auch als „Union" bezeichnet. Die CDU stellt sich in allen Bundesländern außer Bayern zur Wahl, die CSU ausschließlich in Bayern.

Détente – ist die Politik der Beilegung von Konflikten zwischen Staaten auf diplomatischer Ebene. In der Bundesrepublik Deutschland gilt die Regierungszeit von Willy Brandt als Zeit der „Entspannungspolitik".

Hallstein-Doktrin – die Forderung der Bundesrepublik Deutschland nach dem Alleinvertretungsrecht für alle Deutschen. Die Bundesrepublik drohte allen Ländern, außer der UdSSR, mit dem Abbruch der diplomatischen Beziehungen, wenn diese die DDR international anerkennen würden. Diese vom Staatssekretär im Auswärtigen Amt, Walter Hallstein, formulierte Hallsteindoktrin wurde zweimal angewandt: 1957 gegen Jugoslawien, 1963 gegen Kuba. Im Zuge der Ostpolitik unter Bundeskanzler Willy Brandt wurde diese stumpfe diplomatische Waffe aufgegeben.

HVA – Hauptverwaltung für Nachrichtenwesen des Ministeriums für Staatssicherheit der DDR

James Earl „Jimmy" Carter Jr – von 1977 bis 1981 Präsident der Vereinigten Staaten von Amerika. Carter war der erste US-Präsident seit Ende des Zweiten Weltkrieges, unter dessen Regierung die USA keinen offenen Krieg führten. In dieser Zeit wurde mit der Sowjetunion der Salt-II-Vertrag zur Rüstungsbegrenzung geschlossen und die USA nahmen erstmals diplomatische Beziehungen zur Volksrepublik China auf.

„Kalter Krieg" – Konflikt zwischen den Westmächten unter Führung der Vereinigten Staaten von Amerika und dem sogenannten Ostblock unter Führung der Sowjetunion. Zu einer direkten militärischen Auseinandersetzung zwischen den Supermächten USA, der Sowjetunion und ihren jeweiligen Militärblöcken kam es nie, die Möglichkeit eines „heißen" Krieges zwischen den Großmächten drohte aber permanent. Hintergrund war die Systemkonfrontation zwischen Kapitalismus und Kommunismus.

MfS – Ministerium für Staatssicherheit der DDR

NATO – Der Nordatlantikpakt wurde 1949 im Zuge der Eindämmungspolitik der USA gegen die Sowjetunion und den Kommunismus geschlossen. Zunächst auf 20 Jahre begrenzt, wurde er wegen des anhaltenden „Kalten Krieges" 1969 auf unbestimmte Zeit verlängert.

Ostpolitik – Ostpolitik im engeren Sinne ist die Außenpolitik der Bundesrepublik Deutschland zwischen 1969 und 1989, beginnend mit der Regierung Willy Brandt und Walter Scheel, die im Rahmen des Ost-West-Konflikts vorgeblich einen Ausgleich mit der Sowjetunion und den osteuropäischen Staaten anstrebte.

Richard M. Nixon – von 1969 bis 1974 Präsident der Vereinigten Staaten von Amerika, unterstützte (nach anfänglicher Skepsis) die Ostpolitik Brandts. Die größte Herausforderung, die Nixon bei seinem Amtsantritt vorfand, war der Vietnamkrieg, den er von seinen Vorgängern „geerbt" hatte und der die Nation spaltete. 1973 schloss er einen Frieden, der faktisch einer verzögerten Kapitulation gleichkam.

Ronald Reagan – von 1981 bis 1989 Präsident der Vereinigten Staaten. Seine Außenpolitik beschrieb Reagan als „Frieden durch Stärke", sie war bestimmt durch Antikommunismus und das Ziel, die Sowjetunion, die er als „Reich des Bösen" bezeichnete, ideologisch und militärisch herauszufordern und den sowjetischen Einfluss in der „Dritten Welt" mit allen Mitteln zu bekämpfen (Reagan-Doktrin).

„Rosenholz-Akten" – eine Sammlung von 381 CD-ROMs mit 280.000 Akten mit Informationen über Personen, die als Quellen und Ziele oder Mitarbeiter und Helfer der HVA tätig waren. Die „Rosenholz-Akten" sind während des Anschlusses der DDR an die BRD unter unklaren Umständen bei der CIA gelandet.

SPD – Die Sozialdemokratische Partei Deutschlands (SPD) ist eine politische Partei in Deutschland. Vorläufer waren der 1863 gegründete Allgemeine Deutsche Arbeiterverein und die 1869 gegründete Sozialdemokratische Arbeiterpartei. Diese schlossen sich 1875 zur Sozialistischen Arbeiterpartei Deutschlands zusammen und nahmen 1890 ihren heutigen Namen an. Die SPD gilt als älteste noch existierende Partei in Deutschland. In der Weimarer Republik stellte sie mit Friedrich Ebert das erste demokratisch gewählte Staatsoberhaupt der deutschen Geschichte.

Vietnamkrieg – Der Vietnamkrieg (1955 bis 1975) bleibt eines der größten Desaster der US-Geschichte und ein Trauma für die Weltmacht. Aus dem Bürgerkrieg wurde ein amerikanischer Krieg und die USA schickten immer mehr Soldaten nach Südvietnam, 1968 waren es 550.000. Ab Herbst 1964 entstand eine Friedensbewegung, die zu den größten Protestbewegungen in den USA zählt.